W0035308

17.9.92

Herausgegeben von Bernhard Roloff
und Georg Seeßlen

Grundlagen des populären Films 1

Kino, das ist Faszination, Traum und Vergnügen. Das Kino spiegelt unsere Ängste und Wünsche. Das Kino entführt uns aus der Alltagswirklichkeit und ist doch zugleich ein Kommentar zu ihr. Das Kino verstehen, heißt deshalb auch, die Gesellschaft und unsere Rolle in ihr verstehen.

Der populäre Film ist die Form des Kinos, die Unterhaltung für alle bieten will. Er bedient sich dazu bestimmter Genres, die von der Erwartungshaltung des Publikums geprägt sind. Sein Wesen ist die Schaffung und Aufrechterhaltung von Mythen, in denen sich moralische und kulturelle Vorstellungen verdichten.

Die zehnbändige Reihe «Grundlagen des populären Films» bringt einen neuen Ansatz in die Filmliteratur. Hier werden erstmals die wichtigsten Genres des Unterhaltungsfilms erschlossen: ihre Geschichte beschrieben, ihre Merkmale erklärt und ihre sozialen Bezüge ermittelt.

Im Western-Kino gewinnt die Legende des weißen Mannes (und ihr Abbau) Gestalt. Aus der Geschichte des Westens nimmt das Genre seine Bilder und Mythen: die Verheißung des gelobten Landes, der Puritanismus der Kolonisatoren, die Magie der Waffe, die Freiheit des Grenzers, das Gesetz von Eroberung und Flucht. Angefangen bei «The Great Train Robbery», einem der frühesten und einflußreichsten Filme überhaupt, entwickelt sich das Western-Kino über Serienhelden, Pferdeopern, Traditionswestern zu einem Genre, das weit über sein Entstehungsland hinaus wirkt und bis in die Gegenwart neue Varianten hervorbringt.

Programm Roloff und Seeßlen

Georg Seeßlen / Claudius Weil

Western-Kino

Geschichte und Mythologie des Western-Films

Mit einer Filmografie von Peter Horn
und einer Bibliografie von Jürgen Berger

Rowohlt

16.–18. Tausend Februar 1985

Originalausgabe
Veröffentlicht im Rowohlt Taschenbuch Verlag GmbH,
Reinbek bei Hamburg, November 1979
Redaktion Ludwig Moos
Umschlagentwurf Heinz Waldvogel
(Foto: John Wayne in «The Searchers», National Film Archives/
Stills Library, London)
Für die Bereitstellung der Filmfotos danken wir den Verleihfirmen und dem
National Film Archives/Stills Library, London
Die Taschenbuchausgabe erfolgt mit freundlicher Genehmigung des Verlages
B. Roloff (Programm Roloff & Seeßlen), 8919 Schondorf/Ammersee
Copyright © 1979 by Programm Roloff & Seeßlen
Satz Times (Linotron 404)
Gesamtherstellung Clausen & Bosse, Leck
Printed in Germany
980-ISBN 3 499 17290 9

Inhalt

Vorwort

Über kein Genre des populären Films ist soviel geschrieben worden wie über den Western. Immer wieder hat er die Phantasie, aber auch den Kategorisierungswahn von Kritikern und Filmhistorikern angesprochen.

Erstaunlicherweise steht einer Flut von theoretischen Veröffentlichungen, die häufig genug den Western eher als Anlaß denn als Gegenstand ihrer Überlegungen sehen, nur ein bescheidener Anteil von Aufsätzen und Büchern gegenüber, die versuchen, die Geschichte und Entwicklung dieses Genres nachzuvollziehen, das keineswegs so erratisch und starr in seiner Ikonographie ist, wie es einige Autoren wollen. Daher glauben wir, daß das vorliegende Buch trotz einer Reihe von Veröffentlichungen, darunter so vorzügliche wie die von Joe Hembus, Jon Tuska oder Jean-Louis Rieupeyrout, um nur drei sehr verschiedene Ansätze zu erwähnen, eine Lücke in der Darstellung des populären Films schließen hilft.

Die Arbeit an diesem Buch gibt ein wenig vom Hauptproblem des Genres wieder, das darin besteht, zu einer Einfachheit über sehr komplizierte Wege zu gelangen. Bei der Fülle des Materials bestand die Hauptaufgabe zunächst einmal darin, eine schlüssige Perspektive für die Darstellung der Geschichte des Western zu finden, und wir haben uns schließlich dafür entschieden, das Genre in seinen Heldengestalten darzustellen, von ihrer Geburt aus dem historischen Mythos über die Phase ihrer großartigen Selbstverständlichkeit bis zu Entwicklungspunkten, wo sie Gebrechen, Neurosen und Zweifel an den Tag legten. Zur Wahl dieser Perspektive (die natürlich auch durch andere Elemente korrigiert wird, wo es nötig ist) hat uns bewogen, daß sich so am ehesten darstellen läßt, was uns das Genre zu sagen hatte und hat und wie es auf die historisch-politischen Gegebenheiten reagierte.

Zugleich mit der Geschichte des Western-Films sollte durch unsere Arbeit eine bestimmte Art dargestellt werden, historische Erkenntnisse und Erfahrungen zu verarbeiten, zu verdichten und, wo sie das Wohlbefinden stören könnten, umzuinterpretieren und zu verdrängen. Das heißt, wir haben versucht, jene «Mythologie des Western», von dem so viel die Rede ist, in ihren Entstehungen und Wirkungen aufzuspüren. Hierbei mußte, was in diesem Rahmen sich versteht, selektiv vorgegangen werden.

Neben den Helden und den Mythen des Western ist ein dritter roter Faden für die Entwicklung der Genre-Geschichte durch den Begriff der *frontier* definiert, der Grenze, die sich als eine Chiffre für das Freiheitsverständnis des modernen Menschen interpretieren läßt. Mit dem Vorgang des *closing of the frontier*, dem Ende dieser mythischen Grenze, die der Western wie unter einem inneren Zwang nachvollziehen mußte, ergibt sich auch ein Anhaltspunkt für die Widerspiegelung der Krise unseres Bewußtseins von Geschichte in der Unterhaltung. Die Gewalttätigkeit, die diese Unterhaltung immer mehr zu prägen scheint, erweist sich so auch als eine Reaktion auf den Geschichts- und Utopieverlust, für den die Geschichte des Western als Beispiel herangezogen werden kann.

Die Aufgabe dieses Buches wäre erfüllt, wenn der Leser neben einem Überblick über die Geschichte des Western auch einen Zuwachs an Möglichkeiten hätte, eine Ordnung in seine Kino-Erfahrungen zu bringen, die dem Glück, das die Bilder eines guten Western noch immer bedeuten, das Glück der Souveränität gegenüber dem Material des Genres hinzugesellte. Um dies zu erreichen, haben wir weniger versucht, Thesen und Kategorisierungen aufzustellen, als Wege aufzuzeigen, auf denen weiter fortzuschreiten wäre. «Western-Kino» sollte ein Einführungsbuch für den Kinofreund werden, das über die bloße Nacherzählung und die «Fachveröffentlichung» hinausgeht. Das Kino ist nicht zu Ende, wenn der Vorhang fällt; die Bilder bleiben in unseren Köpfen, und manche waren schon vorher da.

Als erste Hilfe für eine weitere Beschäftigung mit dem Thema mag Jürgen Bergers Bibliographie dienen, die alle relevanten Veröffentlichungen zum Western-Film zusammenfaßt. Wir haben für diese wertvolle Ergänzung ebenso zu danken wie für die Hilfe bei der Material- und Bildbeschaffung und für Literaturhinweise. Besonders verpflichtet sind wir Jürgen Berger, Peter Horn, Christian Rost, Beate Seeßlen-Hurler und Fernand Jung. Gewidmet soll das Buch keinem Star oder Regisseur des Western sein, sondern den Leuten im Publikum.

Stichworte zum historischen Mythos des Westens

Die Kolonisation

Amerika – das ist auch die lange Geschichte vom Exodus vieler Menschen aus ihren eng und feindlich gewordenen Heimatländern. Die gemeinsamen Erfahrungen der Kolonisatoren waren die wirtschaftlichen Veränderungen, die in Europa neue Zwänge für den einzelnen hervorbrachten und eine radikale Veränderung von Lebensrhythmus und Alltagsleben bewirkten: die Umwandlung der Gesellschaften von agrarischen und feudalherrschaftlichen Strukturen zu immer mehr merkantilen, später frühkapitalistischen Herrschaftsformen. War dieser Prozeß im ganzen gesehen langwierig und vollzogen sich die großen Übergänge fast unmerklich, so gestaltete sich die Entwicklung für den einzelnen in nichts anderem als in Schicksalsschlägen. So ist verständlich, daß höchstens im Fall religiös verfolgter Gruppen der Auswanderung so etwas wie eine politische Bewegung vorausging, ansonsten aber, wer sich in Amerika eine neue Heimat suchte, dies als ganz persönliches Schicksal erfuhr. Von daher wird ein wenig deutlich, warum der Individualismus in der Idee von Amerika eine so zentrale Bedeutung hat. An seinem Anfang stand ein Verlust, angefangen bei dem der materiellen Existenzmöglichkeiten bis zu dem der kulturellen Identität.

Dieser gesamte, lange und «zähe» historische Vorgang nahm seinen Anfang schon drei Jahrhunderte vor der Fahrt des Kolumbus, als die Handelsstädte entstanden und deren Machtzuwachs zu politischen Konflikten führte, und fand sein Ende eigentlich erst im Ersten Weltkrieg. Dieser Prozeß schuf notwendig den Aussiedler und Pionier, der in seiner Heimat nichts mehr verloren und nichts mehr zu gewinnen hatte. Er wurde dabei, je nach Intention und Herkunft, entweder zum legalisierten Eroberer, der im Dienste seiner Heimatnation handelte, zum Kolonisator, oder er wurde zum rebellischen «verlorenen Sohn» wie Johann August Sutter, der für sich und die Seinen das grundsätzlich Neue verlangte, zum Pionier.

Parallel zu dieser Fluchtstimmung gab die wirtschaftliche Entwicklung durch den Konflikt zwischen bürgerlicher Geld-Macht und feudaler Grundbesitz-Macht eine Motivation insbesondere für den Adel, in den Kolonien neuen Grund zu erwerben und dadurch seine Position zu stärken. Diese Motive bewogen unter anderem auch solch legendäre Personen wie Sir Walter Raleigh, der Neufundland und zunächst auch Virginia «besaß», Sir Ferdinando Gorges (Maine), Lord Baltimore (Maryland) oder den Herzog von York (New York).

Grundbesitz war für die bäuerlichen Auswanderer eine Hoffnung auf Freiheit und für den alten Adel eine Hoffnung darauf, im Kampf gegen das Bürgertum und seine Zins- und Buchhaltungskultur zu bestehen. «Landhunger» ist ein Wort aus den Geschichtsbüchern, dahinter verbirgt sich der Kampf ums Überleben, um eine Identität. Dieselbe Idee, nämlich neues Land zu nehmen, war zugleich Ausdruck einer konservativen und einer progressiven Strömung, diente gleichzeitig der Erhaltung alter Machtzusammenhänge und neuer individueller Möglichkeiten. Auf diesen Widerspruch hin lassen sich zahlreiche Mythen der amerikanischen Geschichte und eine Reihe der Herrschaftsformen zurückverfolgen, die sich in den zweihundert Jahren der Unabhängigkeit herausgebildet haben. Und viele Elemente des amerikanischen Denkens entstanden aus diesem unerschütterlichen Glauben an den Grundbesitz, der reiche und arme, alte und junge, fortschrittliche und reaktionäre Menschen gleichermaßen beherrschte. Der epische Western mit seinen Siedlerzügen und Stadtgründungen hat diesen konstanten Drang in verklärende Bilder übersetzt; zum Image eines jeden Cowboy-Stars gehörte es, sich große Ranchgebiete von seinen Tantiemen erworben zu haben, als Erfüllung eines «Auftrags» sozusagen, für den ihn sein Publikum ausgewählt hatte. Schließlich läßt sich in der von uns Europäern stets diagnostizierten amerikanischen «Fetischisierung» von Geld und Erfolg eine Art der Verschiebung von «Triebzielen» sehen.

Was auf dem alten Kontinent noch als Widerspruch nebeneinander existierte, der Grundbesitz und die Handels- und Bankwirtschaft, das verband sich in den Kolonien und besonders in Amerika zu einer neuen politischen Kraft. Der «Viehbaron» des Western und «seine» Stadt sind ein Ausdruck hiervon. Auf der Grundlage von Grundbesitz wurde das neue Land durch Handelsgesellschaften beherrscht. «Zu dem von den ersten englischen Kolonisten nach Amerika verpflanzten Erbgut der wirtschaftlichen Ideen gehörten: der Hang zum Grundbesitz als Grundlage für Reichtum und Wohlergehen, das Prinzip des wirtschaftlichen Individualismus und die Praxis der korporativen wirtschaftlichen Unternehmung. Diese Ideen sollten von Anbeginn an die Basis für die neu entstehende Kultur Amerikas bilden» (Max Savelle).

Im Verlaufe der wirtschaftlichen Umwandlungen kristallisierte sich in Europa der moderne Staat heraus, der gegründet wurde durch das Bündnis der Monarchen mit der neuen bürgerlichen Klasse. Dieses Bündnis bestimmte zunächst auch die Politik in den Kolonien; die Interessen des Kolonialstaates waren nahezu identisch mit den Interessen der Handelsgesellschaften. Andererseits hatten sich im Verlauf der politischen Geschichte Englands und insbesondere durch die «Glorreiche Revolution» von 1688/89 die Machtbefugnisse des Parlaments erweitert, und es war daher die Idee, daß auch die Vertretung des Volkes an der Regierung zu beteiligen sei, ein Teil des politischen Erbgutes der Pioniere.

Auch die religiöse Haltung der Menschen machte eine starke, anhaltende Wandlung durch; eine notwendige Befreiung aus Lethargie stand am Beginn der Landnahme. Im katholischen Weltbild gab es zu Gott keinen anderen Weg als über den Priester und die Kirche. Eine eigene, persönliche Beziehung zu seinem Gott zu haben war der Ausgangspunkt der neuen christlichen Lehren, insbesondere von Martin Luther und Johann Calvin, die mit der wirtschaftlichen Entwicklung und der durch sie begründeten individualistischen Haltung an Einfluß gewannen. Der Protestantismus motivierte zur eigenständigen Leistung und zur persönlichen Erfahrung; vor allem der calvinistische Glaube, der Englands anglikanische Staatskirche in großem Maße beeinflußte, verwob wirtschaftliche und politische Macht mit Gottgefälligkeit. Die anglikanische Kirche selbst war in ihrem Wesen allzu eklektizistisch, als daß sie eine religiöse Einheit hätte bilden können. Sie beinhaltete ebenso katholizistische wie lutherische und calvinistische Formen und Vorstellungen. Hiergegen bildete sich schon bald nach der Loslösung der anglikanischen Kirche eine Opposition, die zum Teil außerhalb (»Separatisten«, «Kongregationalisten»), zum Teil innerhalb der Kirche («Puritaner») für einen «reinen» Glauben und die daraus abgeleitete Moral eintraten.

Neben den Indianern waren für die Engländer die hauptsächlichen Rivalen um das Land die Franzosen und die Holländer, die die Kolonisation etwa zur gleichen Zeit begannen, während Spanier und Portugiesen im Süden des Kontinents bereits seit einem Jahrhundert Kolonien besaßen. Warum es gerade die angelsächsischen Puritaner waren, die sich durchsetzten und zur führenden Kraft wurden, geht zum Teil sicher auch auf die religiöse Motivation der Aussiedler englischer Herkunft zurück, die weder am Erfolg noch am Recht der Landnahme den geringsten Zweifel aufkommen ließ.

Sosehr die englischen Siedler, die sich schwarze Sklaven auf ihre Plantagen (etwa in Virginia) holten, den englischen Lebensstil und, soweit dies möglich war, den Stil der englischen Aristokratie nachahmten, so sehr mischten sich doch auch mehr und mehr eigenständig amerikanische Elemente in das Denken der Kolonialisten, und diese Elemente basierten zu einem nicht geringen Teil auf der Pionier-Mythologie, auf heroischen und legendären Vorstellungen, die sich durch die Indianerkämpfe und den Befreiungskrieg gebildet hatten. Auf dieser Grundlage entstand eine neue Aristokratie mit vorwiegend dynastischen Herrschaftsprinzipien.

Im Gegensatz zu den Landaristokraten von Virginia waren die Puritaner New Englands Vertreter des Mittelstandes, einer, wenn man so will, kleinbürgerlichen Bewegung, die ihre Unduldsamkeit und die Identität religiöser und politischer Verfassungen nur unter dem Druck neuer Einwanderergruppen und zögernd aufgaben. Diese bürgerliche Kultur brauchte den Fortschritt, technisch, moralisch, politisch. Der Nord-Süd-Konflikt, der sich, Jahrzehnte später, in einem blutigen Bürgerkrieg,

«The Covered Wagon» (Der Planwagen – 1923) von James Cruze.

dem ersten «modernen» Krieg der Weltgeschichte, entlud, war in diesem Spannungsfeld bereits vorgezeichnet. Der integrative Mythos der Landnahme, der die heterogensten politischen Ideen vereint hatte, mußte seine verbindende Wirkung verlieren, nachdem die ihm zugrundeliegenden Systeme sich in «reiner» Form wieder voneinander geschieden hatten. Umgekehrt ergab sich aus dem «realpolitischen» Konflikt zwischen Nord und Süd, der mit einem seltsam ambivalenten Sieg des Nordens geendet hatte, die Notwendigkeit des neuen Mythos vom Westen, in dem zum zweitenmal die Einigung der Nation in der Bewegung der Landnahme unternommen wurde. Das historische Erbe der Pioniere, der Grundwiderspruch, den sie aus ihrer Heimat nach Amerika brachten und der dort durch Revolutionen und Kriege gelöst wurde (oder nicht), hatte im Bürgerkrieg keine Auflösung, sondern nur den erschreckendsten Ausdruck gefunden. Erst im Westen konnte die Nation zu sich selbst finden. Darum ist auch nicht der Prä-Western oder Bürgerkriegsfilme sondern der Western «der amerikanische Film par excellence».

Die Indianer

Die Indianer, wie sie waren oder sind, haben sicher nicht sehr viel damit zu tun, wie der Western sie zeigt. Sie haben vielleicht aber auch nicht viel mit dem Bild gemeinsam gehabt, das in den Köpfen der weißen Christen von ihnen entstand. Es standen sich zunächst nicht die *Existenz* der Indianer und die *Existenz* der Weißen gegenüber – hier hätte man sich (und hat man, wie das Leben der ersten Pioniere zeigt) durchaus «arrangieren» können. Vielmehr hat die *Existenz* der Indianer die *Mythologie* der Weißen gefährdet. Nicht ihre Vorstellungswelt, ihr materieller Anspruch oder gar eine (zunächst gar nicht vorhandene) Aggressionsbereitschaft flößten dem Siedler Furcht ein, sondern die bloße Existenz der Eingeborenen. Anders ausgedrückt: Weil und solange es den Indianer gab, war dem weißen Christen die Welt aus den Fugen, hatte sein ganz auf wörtliche Auslegung der Bibel ausgerichteter Glaube einen gefährlichen Riß, und es war durchaus nicht die Sophisterei einiger Spinner, die heftig darüber debattieren ließ, ob Indianer eine Seele haben oder nicht, sondern Ausdruck allgemeiner Verunsicherung, die zunächst in vielfältigen traumatischen oder verklärenden Versuchen zur Sinnerstellung, später in manifester Brutalität mündete.

Weil die Indianer das Weltbild der Europäer verwirrten, mußten sie sterben – es fand sich in der Bibel keine Erklärung für ihr Vorhandensein. Sie waren nicht die Nachkommen Noahs, stammten nicht von den Stämmen Sem oder Japhet ab, nicht einmal von Ham, wie die Neger; die Indianer treten gleichsam von außen an die überlieferte Schöpfungsgeschichte heran und stellen sie in Frage.

Immer wieder versuchte die «weiße Mythologie» den Indianer zu integrieren, mit wechselndem Erfolg. Die «rationale» Wissenschaft erklärte die Herkunft des Indianers aus Asien, auf dem Weg über eine nun zerstörte Landbrücke. Im Laufe ihrer Wanderungen nach Süden haben sie, den jeweiligen Naturbedingungen angepaßt, die verschiedenartigen Kultur- und Gesellschaftsformen entwickelt, denen man nun gegenüberstand. Einige sahen die Indianer als Nachfahren eines pazifischen Volkes, als Erben von Atlantis. Und in manchen religiösen Mythologien – insbesondere die Mormonen dachten und denken noch heute so – wurden die Indianer zum «auserwählten Volk» des Alten Testaments, das seiner Mission untreu geworden ist. Leslie A. Fiedler erinnert in diesem Zusammenhang an den Rancher in «Cat Ballou» (1965 – Regie: Elliot Silverstein), der zutiefst erstaunt darüber ist, daß ein Indianer nicht auf seinen hebräischen Gruß «Shalom» reagiert.

(Es gibt aber für diese Vorstellung ein viel früheres Beispiel noch aus der Zeit der Stummfilm-Western. In dem Ken Maynard-Film «The Red

«Flaming Star» (Flammender Stern – 1960)
von Don Siegel mit Elvis Presley (Mitte).

Raiders» aus dem Jahr 1926 regt sich ein Kavallerie-Sergeant furchtbar
über einen jüdischen Rekruten auf, der beständig «mit den Händen redet». Als dieser einiger Indianer gewahr wird, die das Fort besuchen, in
dem die Soldaten stationiert sind, und sich mittels Zeichensprache ver-
ständigen, stutzt er, betrachtet die Nasen der Indianer, faßt sich an seine
eigene, hat dann die Erleuchtung und ruft: «Brudders!» Er nimmt zwei
der Indianer beiseite und «redet» mit ihnen, in «Zeichensprache», wie er
meint. Nach einiger Zeit hat er den ganzen Schmuck und die Kleider der
Indianer für eine Handvoll Plunder eingetauscht. Enttäuscht wendet er
sich an seinen Sergeant und meint, daß es sich bei den Indianern doch
nicht, wie er angenommen hatte, um die «verlorenen Stämme» Israels
handelt, denn ein Jude hätte sich niemals so leicht übers Ohr hauen
lassen.)

Die Begegnung mit dem Indianer ist für den WASP (White Anglo-
Saxon Protestant) die eigentliche mythologische Grundsituation, durch
die er entweder zu einem neuen Menschen wird, der den Europäer in
sich überwindet, oder scheitern muß. «Der Western ist demnach in seiner archetypischen Form ein Werk der Literatur, in dem ein verpflanz-
ter WASP in der Wildnis auf ein radikal fremdes Wesen, den Indianer,
trifft. Das Ergebnis dieser Begegnung ist entweder die Verwandlung des
WASP in einen Menschen, der weder Weißer noch Indianer ist (das geschieht manchmal durch Adoption, manchmal durch reine Nachahmung, niemals jedoch durch Rassenmischung), oder die Vernichtung

des Indianers (er wird entweder bekehrt, in ein Getto geschickt oder bisweilen einfach ermordet). In beiden Fällen wird die Spannung des Zusammenstoßes dadurch gelöst, daß der eine der beiden mythologischen Partner ausgeschaltet wird, im ersteren Beispiel auf eine rituelle oder symbolische Weise, im zweiten durch physische Gewalt. Die erstgenannte Methode läßt einen radikal anderen Western entstehen, einen Sekundär-Western, der die Abenteuer des Neuen Menschen, des amerikanischen *tertium quid* beschreibt. Die andere Methode – unsere eigene ‹Endlösung› – führt zur Auslöschung des Western» (Leslie A. Fiedler).

Viele Helden von Western-Filmen kämpfen im Grunde in diesem Konflikt, entweder eine neue, allerdings durch das Tabu der Rassenmischung zukunftslose Identität zu finden, oder durch vehemente Entscheidung für die «eigene» Seite den Indianer zum Feind zu erklären, im gleichen Moment aber auch die eigene Integrität zu verlieren. Dieser Konflikt taucht auch in zahlreichen «Verkleidungen» auf, und sogar in solchen Filmen des Genres, in denen gar keine Indianer vorkommen, ist die Struktur dieses Konflikts sichtbar und haben sich die Indianer in Assoziationsbezügen (Frau, Natur, Banditen etc.) «aufgehoben».

Der Haß auf den Indianer, zu dem der weiße Siedler letztlich in einem Verhältnis stand wie Kain zu Abel, kam zu einem gut Teil daher, daß der Weiße in Amerika den Garten Eden, das Paradies und somit seine eigene «Wiege», seine vorzeitliche Heimat, wiedergefunden zu haben glaubte. Kolumbus selbst hielt den Orinoko für den Fluß Gihon, einen der vier in der Bibel beschriebenen Flüsse des Paradieses. Nun mußte der Weiße zu seinem Schrecken feststellen, daß das Paradies keineswegs unbewohnt und leer war, sondern daß «nackte Menschen» dort lebten, die offenbar – im Gegensatz zu den Weißen – nicht aus dem Paradies vertrieben worden waren. Von daher ist erklärlich, wie nahe Haß und Verklärung, Identifikation und Auslöschung beieinander lagen, und wie nahe sie auch in den Mythen der Unterhaltung beieinander sind.

Da in Europa alles auf eine «verbietende» Gesellschaftsform hinlief, der Geist sich verdunkelte zur Zeit der ersten Kontakte mit den Ur-Amerikanern, wurde auf den Wilden alles projiziert, was man selber an Leidenschaft und Trieb verbieten mußte. Tatsächlich aber mußte dieser Wilde von den Weißen erst «erfunden» werden, denn der Indianer, den man vorfand, war ein friedfertiger Mensch, der erst vom Weißen und mit Hilfe des Alkohols so deformiert wurde, daß er in das Schema paßte und damit die Legitimation zur Ausrottung gab. Dabei wurde gewaltsam ein historischer Entwicklungsprozeß in die eine Richtung gelenkt, die der Vorstellung der Kolonisatoren entsprach; aus der Vielfalt indianischer Kulturen und Nationen, die in einem steten Austauschprozeß begriffen waren, im Mittelpunkt einer *eigenen* Geschichte, wurde das statische Wesen «Indianer», seiner Geschichte und Identität beraubt, eine

Randerscheinung in der Geschichte der Weißen. (Selbst dort, wo er «indianerfreundlich» ist, hat der Western diese Haltung nie überwinden können.)

Der Mythos vom Indianer im Western hat nicht nur eine historische und eine religiöse, sondern auch eine erotische Komponente. Da ist zunächst der Mythos von der «guten Indianerin», die ihr Vorbild in der Geschichte von Pocahontas, der Tochter eines Häuptlings, und dem Kapitän John Smith fand, mit dem sie zusammen lebt. Diese gute Indianerin erscheint dem weißen Westerner als Möglichkeit, seine Flucht vor der Zivilisation, und damit vor der weißen Frau, zu beenden. Die gute Indianerin will den Frieden zwischen den Weißen und den Indianern, und sie ist sogar bereit, ihr Volk an die Weißen zu verraten. Ihr «Wert» für den weißen Mann liegt in ihrer Sinnlichkeit und Unterwürfigkeit zugleich, zwei Wesensmerkmale, die in der Frau des puritanischen Kulturkreises nicht mehr zur Deckung gebracht werden konnten.

Im Mythos von der «Indianerprinzessin» Pocahontas, den die amerikanische Literatur immer wieder aufgegriffen hat, liegt verborgen auch ein Teil der neuen «Schöpfungsgeschichte» Amerikas. Pocahontas ist die Mutter Amerikas, eine Erlöserin, wie sie von den Pionieren gesehen wurde: Hier hat eine Frau die Rolle Christi als Erlöserin eingenommen. So hat das Leben in der Wildnis für den Westerner immer zugleich einen «heiligen» und einen «sündigen» erotischen Aspekt. In jedem Westerner, der in die Stadt kommt, aus den Bergen, aus den Wäldern, aus der Prärie, steckt ein Teil von dem weißen Mann, der mit einer Indianerin geschlafen hat und ganz heimisch bei den Seinen nicht mehr werden kann.

Während der Mythos dem weißen Pionier die indianische Frau als Mutter und Erlöserin zur Seite stellt, auch als Verlockung zum anderen Leben, ist die weiße Frau, die unter die Indianer gerät, immer eine Märtyrerin. Das Urbild all dieser Erzählungen ist die Geschichte von Hannah Duston, die von Indianern als Kind entführt wurde und sich die «Freiheit» mit dem Tomahawk erkämpfte, ein Sinnbild für die Antisinnlichkeit und den Stolz der Siedlerfrau, vor deren fesselnder Kraft sich der Mann fürchten muß. Um ihre Abscheu vor den Indianern erklärlich zu machen, werden diese mit einigen mythologischen Attributen behaftet, die nun gerade ihnen die lebensfeindlichen Züge unterstellen und sie als grausame Bestien zeichnen: Sie töten Kinder, indem sie sie an den Füßen packen und an Bäumen oder Steinen zerschmettern, Frauen nehmen sie sich grundsätzlich mit Gewalt. Jeder Neuankömmling im Indianerland wurde zunächst einmal mit solchen Legenden «geimpft» und verhielt sich entsprechend. In vielen Western-Filmen findet sich dieser Mythos gleichsam auf den Kopf gestellt, wenn nämlich die Frauen getötet und die Kinder entführt werden. Bei einem Indianerangriff hebt der Westerner die letzte Kugel für die Frau neben sich auf: So wird er selber zum Vollstrecker eines möglicherweise nur in seinem Kopf existenten Traumas.

Die weiße amerikanische Mutter tut, im Gegensatz zu Pocahontas, nichts, um die Rassen einander näherzubringen oder den Frieden zu sichern – im Gegenteil: Sie hetzt Weiße und Indianer in den Krieg miteinander, bewußt oder unbewußt. Für die puritanische Frau gibt es zwei Arten von Männern: den Aggressor von außen und den Mann in der Familie. Der eine versetzt sie in ständige Panik, der andere kann kaum der Aufgabe gerecht werden, sie zu schützen, ohne sie zugleich über die Maßen zu versklaven. Für die «weiße», das heißt die gute Frau im Western ist das erotische Ideal ein Mann im Übergang, ein umherziehender Abenteurer, der seßhaft wird zum Beispiel, jedenfalls ein Mann, der vom gefürchteten, erotischen Bild, das seinen traumatischen Ausdruck im Indianer findet, einen Teil seines Wesens entlehnt hat.

Die erotische Grundkonstellation des Western besteht also in einer Gegenüberstellung von je zwei männlichen und zwei weiblichen Idealbildern. Die weiße Frau, die nicht selten blond ist, immer in heller Kleidung auftritt und eine hohe Stimme hat, hat zur Konkurrentin die dunkle Frau, die Indianerin, die Mexikanerin, die schwarzhaarige, dunkelgekleidete, sinnliche Frau. Und der Westerner hat zwei Seelen: die eine des Abenteurers, Wanderers, des Mannes, der mit den Indianern gelebt hat, und die andere des Gründers, des Gesetzestreuen, des Familienvaters, des Mannes, der Wälle gegen «die rote Flut» errichtet. Die inneren Konflikte im Genre lassen sich als Entscheidungs- und Zuordnungsprozesse in dieser Konstellation deuten. Der Western ist alles andere als ein antierotisches Genre; seine Heldinnen und Helden haben schwer an ihren Versuchungen zu tragen.

Das Land

«Einen gar nicht geringen Anteil an der Bildung des ‹amerikanischen Typus› hatte die natürliche Umwelt, die Landschaft des Kontinents. Verglichen mit der alten Heimat der Siedler bot das neue Land unerschöpfliche natürliche Reichtümer, die um so unerschöpflicher schienen, als die Bevölkerungsdichte zunächst nur sehr gering war. Feudalwirtschaft im europäischen Sinne konnte sich daher nicht entwickeln, da Pächter niemals lange in einem Abhängigkeitsverhältnis zum Herrn gehalten werden konnten, bevor es ihnen die Fülle des frei zur Verfügung stehenden Landes ermöglichte, selbst Landbesitzer zu werden. Die Plantagenwirtschaft in den Südstaaten war auf ganz anderer Grundlage, nämlich auf das Vorhandensein käuflicher Negersklaven aufgebaut.

Aber auch der Begriff des Erbhofes oder das in Europa vielfach vorherr-
schende Prinzip der Erbfolge des ältesten Sohnes ließ sich in den Sied-
lungen in den Weiten des nordamerikanischen Kontinents einfach nicht
durchsetzen» (Niels C. Nielsen). Das eroberte Land war es, was zählte,
weit vor dem erworbenen oder ererbten; das Land war Freiheit, sofern
und solange es im Überfluß vorhanden war.

Heroische Legenden in bezug auf das Land steuert nicht nur das harte
Siedlerleben an der Grenze bei, die im Verlauf des achtzehnten und
neunzehnten Jahrhunderts immer weiter nach Westen wanderte, sondern auch die Erforschung des Landes, die in einigen Prä-Western (darunter auch Howard Hawks' «The Big Sky» aus dem Jahr 1952) thematisiert ist. Eine der bekanntesten Forschungsreisen ist diejenige von Meri-
wether Lewis und William Clark, die den Missouri erforschten und die
Rocky Mountains überquerten und dadurch nicht nur die geographi-
schen Kenntnisse, sondern auch den «Besitzanspruch» der Vereinigten
Staaten erweiterten. Ihre Reise unternahmen sie und ihr Gefolge auf
Geheiß des dritten amerikanischen Präsidenten, Thomas Jefferson. Eine große Rolle spielten auf ihrer Expedition Clarks Negerdiener York
und eine Indianerin, Frau eines kanadischen Halbblut-Trappers und
Tochter eines Häuptlings, und auch diese beiden trugen durch ihre hel-
denhaften Taten zur Schaffung einer rassischen Typologie bei, die späterhin auch die Unterhaltungsindustrie übernahm.

Im Westerner steckt also nicht nur ein idealisierter Pionier und Siedler, sondern auch ein Forscher, der das Land nach neuen Wegen durchquert. Er will das Land kennenlernen, nicht besitzen. Wenn er den
nachdrängenden Siedlern die Wege zu ihrer neuen Heimat weist, muß
ihm deutlich werden, daß durch seine Hilfe die Freiheit, die er gefunden
hat, zerstört werden wird. Die Tragik des Westerners liegt unter anderem darin, daß er im Kern kein kolonialistisches Verhältnis zum Land
hat, aber im System der Landnahme kolonialistische Aufgaben lösen
muß.

Der amerikanische Dichter Theodore Dreiser meinte: «Es war wun-
derbar, Amerika zu entdecken, aber es wäre noch wunderbarer gewesen, es wieder zu verlieren.» Diese Wahrheit schleppt fast jeder Westerner des Films mit sich herum. Das Land, das man den Indianern genommen hat, eine rätselvolle Geliebte, wird zum schuldbeladenen Problem.
Die Puritaner, asketisch hinsichtlich des Lebensgenusses, hatten als Legitimation den Auftrag, die Welt nach ihren Vorstellungen zu gestalten
und auf ihr ein «Bible Commonwealth» zu errichten. Die Erben des Puritanismus hatten mit dem Geschehenen fertig zu werden. Im Westen
wird das Denken romantisch, chaotisch und sentimental.

Die Geschichte Amerikas ist auch die Geschichte der Überwindung
des calvinistisch-puritanischen Nützlichkeitsdenkens, in dem kein Platz

«River of No Return» (Fluß ohne Wiederkehr – 1954) von Otto Preminger.

für die Schönheit bleibt. Ein Blick auf die frühe amerikanische Literatur zeigt, daß sie überreich an theologischen und politischen Streitschriften, aber arm an Lyrik und Erzählendem ist, und daß die wenigen poetischen Schriften und Bücher in starkem Maße angefeindet wurden. Die eigene, innere wie äußere, «Kargheit» war dem Puritaner Kampfmittel und Legitimation gegenüber einer Natur, die er als Material ansah, als von Gott gespendetes Werkzeug für die Tatkraft des Menschen. Der Westerner später, der auf seinen langen Reisen manch anderer Kultur begegnete, nicht nur den indianischen, behielt etwas von dieser Kargheit bei, versuchte sie aber auch zu überwinden. Der Westerner ist auch ein Held auf der Suche nach der verlorenen Freude und der Schönheit. Er sieht sich um und entdeckt plötzlich, daß dieses Land schön ist, und gleichzeitig entdeckt er, daß es zu spät ist, es zu retten.

Wirklich fröhlich im Western-Film ist eigentlich nur der Mexikaner, der das Land als Geschenk sieht, während auch den Festen der Siedler immer etwas Zeremonielles anhaftet. Meistens erfüllen Feste in Western einen Zweck: Jemand wird geehrt, jemand soll verheiratet werden etc., um des Vergnügens allein wird kaum etwas getan. In den Vergnügungsstätten der – religiös freieren – Cowboys schließlich, den Saloons, geht es zugleich öde und hysterisch zu; erst in der Besinnungslosigkeit kommt er zur Ruhe – der Cowboy ersäuft den Puritaner in sich.

Furcht und Träume

Der Puritanismus, dieser düstere Geburtshelfer Amerikas, bietet uns kein einheitliches Bild, auch er ist von Widersprüchen gekennzeichnet. Verbunden mit Strenge, Willenskraft und pedantischer Hingabe an die religiöse Mythologie war sein Unternehmungsgeist, eine durch kein Hindernis zu bremsende Aktivität und der Wunsch zu gestalten, im Dienste nicht des Glücks, sondern des Erfolgs. Die Triebkraft des Puritanismus war die Furcht, eine Furcht, die den «tief eingewurzelten mittelalterlichen Angst- und Verfolgungsvorstellungen» (Heinrich Stammler) entstammte, und es ist daher nicht verwunderlich, daß die amerikanische Geschichte zugleich die einer Eroberung und einer Flucht ist. Die Furcht und die Unterdrückung der Gefühle, die dem Mitglied der puritanischen Gemeinde auferlegt waren, führten immer wieder zu hysterischen Ausbrüchen. Sie war der Grund ebenso für die Salemer Hexenprozesse wie für die religiöse Erneuerungsbewegung der «Großen Erweckung», die in den Jahren zwischen 1730 und 1750 zu einer fanatischen Massenbewegung wurde.

Dieser puritanischen Mystik folgte der Einfluß der Aufklärung auch auf das amerikanische Denken, der insbesondere durch die technischen und naturwissenschaftlichen Erkenntnisse im achtzehnten Jahrhundert ausgelöst worden war. Erster Repräsentant dieser anderen amerikanischen Weltsicht, die auf Toleranz und Vernunftreligion gegründet war, ist Benjamin Franklin. Durch den Einfluß dieser Gedanken bedingt, trat neben die Vorstellung von der Besiedlung des Westens als einer religiösen Sendung auch die eines technischen und sozialen Experiments, das dem Menschen ermöglichen sollte, sich selbst zu entfalten. Demokratische Tendenzen, die im Puritanismus noch in heftigem Widerstreit mit aristokratischen und theokratischen Tendenzen standen, erhielten so

«Broken Lance» (Arizona/Die gebrochene Lanze – 1954) von Edward Dmytryk.

«Sergeant Rutledge» (Mit einem Fuß in der Hölle – 1960) von John Ford.

Stärkung. Schließlich ging mit der amerikanischen Aufklärung auch der Umschlag vom Merkantilismus zum Frühkapitalismus vonstatten, der sich, wie es Max Weber ausdrückt, auf die «ethisch eingefärbte Verpflichtung zum Gelderwerb» gründete. So gibt es im Westen nicht nur den Kampf ums Land, sondern auch die rauschhafte Suche nach dem Gold, die gewaltsamen Auseinandersetzungen zwischen verschiedenen wirtschaftlichen Interessengruppen, die sich die Ausgangsposition für eine möglichst umfassende Ausbeutung der natürlichen Ressourcen teils auch mit durchaus mafiosen Mitteln sicherten.

Die Zeit, in der der Western seine Erzählungen ansiedelt, zwischen 1850 und 1910, war nicht nur die Zeit der Goldsuche, des Bürgerkriegs und der Indianerkriege, des Eisenbahnbaus, der großen Viehtrails und der Organisation des Gesetzes, sondern auch die Zeit, in der sich ein neues Landproletariat herausbildete, in der betrogene Hoffnungen und erfahrene Demütigungen Menschen in großer Anzahl «desozialisierten», die so ein riesiges Reservoir für Gesetzlose bildeten. Die Deprivation von Teilen der Bevölkerung, die Ohnmacht vieler Menschen gegen die ausbeuterischen, rücksichtslosen Praktiken der wirtschaftlich Mächtigen schuf die Voraussetzung für die Entstehung legendärer Volkshelden wie Billy the Kid, Jesse James oder Butch Cassidy und Sundance Kid, die ganz im Gegensatz zu den früheren Helden des Westens, Kit Carson, Daniel Boone, Wild Bill Hickok etc., Rebellen gegen die neue Ordnung darstellten. Mit den wirklichen Outlaws, die ziemlich viehische, skrupellose Männer gewesen sein mögen, geprägt vom völligen Fehlen einer inneren moralischen Instanz, wie sich dies in Situationen sozialer Entwurzelung häufig ergibt, werden diese Helden der Legende kaum etwas gemein haben. (Über die Entstehung des Volkshelden-Mythos informiert auch ein Kapitel des Buches «Der Asphalt-Dschungel» in dieser Buchreihe.) Zügellosigkeit, wirtschaftliche Anarchie, Ausbeutung und eine gehörige Portion Korruption, auf die sich die Gesellschaft des Westens gründete, kontrastierte mit einer aus dem vorherigen Jahrhundert «geretteten», eigenen Sensibilität.

Denn das achtzehnte Jahrhundert ist auch in Amerika die Zeit «des Pietismus, der ‹Stillen im Lande›, der Empfindsamkeit, des Sturmes und Dranges und der ‹schönen Seele›. Aus seinem Schoße wurde die politische, soziale und industrielle Revolution entbunden, der moderne praktische Materialismus als Lebenshaltung und eine auf ständig zunehmende Beherrschung der Naturkräfte gegründete bürgerliche und später auch proletarische Fortschrittsideologie. Aber gleichfalls Früchte seines Schoßes sind die Romantik, die daran anschließende mächtige Erneuerung der katholischen Kirche und Lehre, der moderne Nationalismus und der durch den Industrialismus ermöglichte Massenstaat mit seinen irrationalen und messianischen Ideologien» (Heinrich Stammler). In all-

«Wild Bill Hickok» (1923) von Clifford S. Smith mit William S. Hart.

dem formte sich das Bild vom Westerner, dem Avantgardisten und Vollstrecker der Geschichte und zugleich ihrem Flüchtling.

Der ewige Cowboy

Im Bild des Western-Helden ist die Geschichte Amerikas, von der Flucht aus dem alten Land über die Euphorien und Kulturschocks der Siedler bis hin zur Verbitterung und Verelendung in der Spätzeit des Westens, zusammengefaßt. Diese Geschichte hat nicht nur einen nationalen, sie hat auch einen universalen Aspekt. Die Haupttriebkraft der menschlichen Geschichte aus abendländischer Sicht: «Gehet hin und machet euch die Erde untertan!», hat hier die vollständigste und auch modernste Ausdrucksform gefunden; im Western ist zu spüren, ob danach noch gehandelt wird oder ob man daran irre geworden ist.

Den Vorgang der Landnahme und der Durchsetzung des Rechts zeigt der Western nicht als politischen, sondern auch als ökologischen, erotischen und moralischen Prozeß. Damit vermittelt das Genre ein Geschichtsbild, das in seinen schlimmen Beispielen perfekte patriarchalische Mythen liefert, in seinen besten aber eine Dialektik zwischen Einzelschicksal und historischer Struktur zeigt, wie sie keine Geschichtsschreibung sonst zu realisieren imstande ist.

In sich vereinigt der Westerner auch alle Heldengestalten, die die Geschichte begleitet haben; von jedem mythischen Mann steckt etwas in ihm, Ahasverus, Abraham, Moses, Herkules – er ist der Mensch, dem allzuoft Übermenschliches aufgegeben ist. Zugleich ist er aber auch ein «normaler» Mensch, jemand, der nichts Besonderes sein will, der lebt wie die anderen, nur gefährlicher und glanzvoller. Der Western-Held ist im allgemeinen ein Held, der keinen Führungsanspruch erhebt; schon deshalb sind wir eher bereit, seine Gewalt zu akzeptieren als etwa die eines militärischen Führers.

Der Mythos ist eine Methode, Widersprüche, die sich in der Praxis nicht lösen lassen, auf geträumte, vorgestellte, angestrebte Weise zu harmonisieren. Und auch deshalb ist der Western eine so universale Aussage geworden, weil seine Mythen in sich die Widersprüche nicht nur der Geschichte der «westlichen Welt», sondern auch solche eines jeden (zumindest jeden männlichen) Individuums in seinem Gesellschaftssystem tragen. Zudem läßt sich das geschichtliche Gleichnis auch als menschliches verstehen: Der Western ist das Drama der Sozialisation, in dem sich der wilde, «unzivilisierte» Naturzustand dem ordnenden, besitzergreifenden Eingriff nur anfänglich widersetzen kann, um am Ende um so wirksamer «kolonialisiert» zu werden. Der Western-Held ist nicht derjenige, der das bewerkstelligt, und nicht derjenige, der es erduldet;

er ist der Mittler, er ist der Bote, der dem Alten vom Neuen und dem Neuen vom Alten kündet, ein «Engel der Geschichte».

Der Westerner ist so schwer beladen mit Geschichte, daß er nicht anders als zeitlos werden kann. Der Westerner ist so randvoll mit «Psychologie», daß er nicht anders als allegorisch werden kann. Der Westerner ist so beschäftigt, daß er nicht anders als ruhig werden kann. Es gibt kaum einen Traum, kaum eine Hoffnung, kaum eine Angst, kaum eine Ideologie, kaum ein Trauma, kaum einen Zorn, der sich nicht in die Satteltasche eines Western-Helden packen ließe.

Western-Motive in der Werbung.

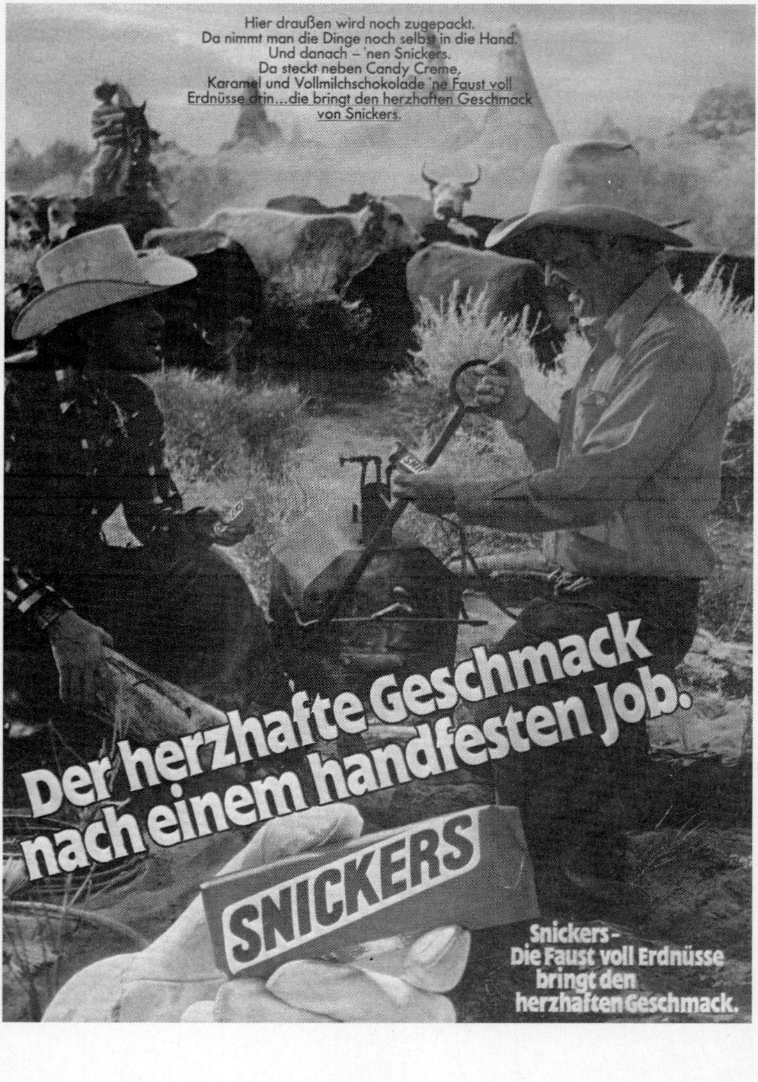
Hier draußen wird noch zugepackt.
Da nimmt man die Dinge noch selbst in die Hand.
Und danach – 'nen Snickers.
Da steckt neben Candy Creme,
Karamel und Vollmilchschokolade 'ne Faust voll
Erdnüsse drin...die bringt den herzhaften Geschmack
von Snickers.
Der herzhafte Geschmack
nach einem handfesten Job.
SNICKERS
Snickers –
Die Faust voll Erdnüsse
bringt den
herzhaften Geschmack.

JIM BEAM Bourbon Whiskey
Seit 1795 in der Neuen Welt

Bei Einbruch der Nacht,
wenn alles sicher verstaut war,
und die Männer in fröhlicher
Runde ums Feuer saßen,
begann die schönste
Stunde.
JIM BEAM war dabei.
Heute ist JIM BEAM
einer der führenden
Bourbons in Deutschland
und der meistgetrunkene
in der Welt.
Seit 1795 wird er im Herzen Kentuckys,
der Heimat des Bourbon Whiskeys,
hergestellt. Sein Geschmack ist ausgereift,
voll – und dennoch mild.
Das ist der Grund,
warum ihm
viele Whiskey-Kenner
den Vorzug geben.

DISTILLED IN KENTUCKY

JIM BEAM

Sour · Mash
KENTUCKY · STRAIGHT
BOURBON WHISKEY

Distilled by
JAMES B. BEAM DISTILLING CO.
CLERMONT · BEAM
KENTUCKY

JIM BEAM Bourbon Whiskey –
»abenteuerlich« mild im Geschmack

Seit 1795

Marlboro

Nikotin 0,8 mg, Kondensat 13 mg (Durchschnittswerte nach DIN)

Leo Burnett 1/78

Geschichte
des Western-Films

Der Western der Stummfilmzeit

Anfänge

Die Geschichte des Western beginnt mit der Geschichte des Films, der eine Geschichte erzählt. Die Filme der Anfangszeit des neuen Mediums waren vorwiegend kurze, dokumentarische Streifen, denen die «Sensation» der neuen Abbildungsform von Wirklichkeit aufregend und unterhaltsam genug war. Einer von denen, die die Idee verfolgten, in diesem Medium dramatische Handlungen zu entwickeln, war Edwin S. Porter. Sein erster Handlungsfilm war «The Life of an American Fireman» (1902), immer noch mit dem Anspruch, einen Teil des wirklichen Lebens wiederzugeben. 1903 drehte er dann den Film, der ihn berühmt machte als Erfinder des Western, «The Great Train Robbery».

Es kann nicht überraschen, daß die Essenz dieses Films die Bewegung ist, wie sie für den Western bestimmend werden sollte: Bewegung von und zu der Kamera, am Horizont, von links nach rechts. Und die Geschichte ist eine wirkliche Western-Geschichte: «Der Film beginnt mit einer Innenaufnahme eines Telegrafenbüros. Banditen fesseln den Telegrafisten, und als ein Zug in den Bahnhof einfährt, erklimmen sie ihn. Sie stoppen ihn vor der Stadt und zwingen die Reisenden, ihn zu verlassen. Der Postwagen wird ausgeraubt. Die Banditen verschwinden mit ihrer Beute. Die Tochter des Telegrafisten kommt und befreit ihn; er alarmiert die Stadtbevölkerung, und eine Posse wird zusammengestellt. Nach einer wilden Jagd werden die Banditen von der Posse erreicht; ein Shoot-out entspinnt sich. George Barnes, in der Rolle eines Desperado, ist in einer Naheinstellung zu sehen und schießt seinen Revolver mehrere Male in Richtung auf das Publikum ab» (Jon Tuska).

«The Great Train Robbery» war nicht der erste amerikanische Film, der sich mit dem Leben im Westen beschäftigte. Zu nennen wären etwa «Cripple Creek Barroom» (1898 – Regie: W. K. L. Dickson) oder von Porter selbst «The Life of an American Cowboy» (1902). Sogar der legendäre Buffalo Bill Cody war für einen kurzen Film vor die Kamera getreten. Aber «The Great Train Robbery» war nicht nur der «erste kreative dramatische Film» (William K. Everson), sondern auch derjenige, der die grundlegenden Handlungselemente des Genres entwickelte: Überfall, Befreiung von Gefangenen, wilde Verfolgungen zu Pferde, Shoot-out. Dem Film folgten Variationen und Nachahmungen; mit «The Little Train Robbery» (1905) inszenierte Porter selbst eine Parodie (alle Rollen aus dem ursprünglichen Film wurden mit Kindern besetzt, ansonsten wurde er zum Teil Einstellung für Einstellung nachgedreht); andere Filme waren etwa «Great Mail Robbery» (1906) oder «Pay Train Robbery» (1907).

Edwin S. Porter hat selbst nie so recht begriffen, was eigentlich er da mit seinem Film, mit seiner Technik und seiner Story, initiiert hatte. Seine folgenden Filme fielen praktisch hinter das in «The Great Train Robbery» erreichte Maß an «filmischer Grammatik» zurück, und es war anderen überlassen, seine Ansätze weiterzuführen. Der Erfolg seines Films brachte ihm den Posten eines Produktionsleiters bei Edison ein, wo er weniger durch seine eigenen Filme als durch die Förderung so verschiedener Talente wie David Wark Griffith, der in Porters «Rescued From an Eagle's Nest» (1907) seine erste Filmrolle spielte, und Max Aronson, dem späteren «Broncho Billy», die Filmgeschichte und insbesondere die Geschichte des Western beeinflußte.

David Wark Griffith und der Western

Griffith, der ursprünglich Theaterschauspieler war und eine Karriere als Bühnenautor angestrebt hatte, wurde bald mit dem Beruf des Schauspielers unzufrieden. 1908 drehte er seinen ersten Film als Regisseur für Biograph Co., «The Adventures of Dolly», und in den nächsten Jahren realisierte er an die 190 Filme. Sein erster Western ist «The Redman and the Child» (1908), und schon im Titel deutet sich an, welche gleichsam viktorianischen Gefühlswerte Griffith in seinen Filmen anzusprechen versuchte. Auf der einen Seite stehen Jungfrauen und Kinder, im Zustand ständiger Bedrohung und Schutzbedürftigkeit, auf der anderen Indianer und Banditen, von denen, latent oder manifest, neben der materiellen auch eine erotische «Gefahr» ausgeht. Die bedrohte (erotische, moralische) Unschuld steht in seinen Western, wie in vielen seiner anderen Filme, häufig im Mittelpunkt der Handlung, kontrastiert von den edlen Gefühlen, dem Patriotismus und auch der Sentimentalität seiner Helden.

Wie er später in «Birth of a Nation» (1915) ein etwas fragwürdiges Bild von der Einigung Amerikas nach dem Bürgerkrieg durch den Zusammenschluß der ehemaligen Kriegsgegner im Ku Klux Klan gegen «vergewaltigende und mordende Neger» in die Welt setzte, so waren auch seine Western gelegentlich von ausgesprochen rassistischer Färbung: Der Indianer ist in seinen Filmen ein grausames, unzivilisiertes Wesen ohne Seele; in anderen taucht er als edler, entrückter Wilder auf, schutzbedürftig gegen die Einflüsse böser Weißer, wie etwa Mary Pickford als Indianerprinzessin in «Ramona» (1910). Allerdings war Griffith alles andere als ein in erster Linie ideologischer Regisseur; er hat zum Beispiel in «The Massacre» (1912), einer filmischen Rekonstruktion von «Custer's last stand», auch die Gefahren der Militärmacht gezeigt und den Aufstand der Indianer als verständliche Reaktion auf eine Abfolge von Verrat und nicht eingehaltenen Versprechungen geschildert.

Griffith drehte eine Reihe von Western-Melodramen, in denen häufig die Situation einer belagerten Blockhütte den Höhepunkt einer erotischen Symbolhandlung bildete: Die Geschichte, die Zivilisation, der Friede, der aus der Verteidigung der «Unschuld» der Frau resultiert, ist die historische Aufgabe seiner Helden. Manche dieser Filme waren von ungewöhnlichem Aufwand in der Gestaltung und in den Produktionsbedingungen (von Griffiths Film-*Kunst* einmal ganz zu schweigen), und sie sind in diesem Sinne Vorläufer der großen Western-«Epen» aus den zwanziger Jahren, die im Schicksal einzelner das Schicksal einer Epoche oder einer historischen Bewegung zu spiegeln versuchen.

Für Griffiths Helden sind noch nicht die ungeschriebenen Gesetze und die Werte des Westerners späterer Prägung maßgebend, Freundschaft, Ehre, Autonomie; es sind Helden oft, nicht weil sie sich behaupten, sondern weil sie sich hingeben, wie etwa der Held in «The Last Drop of Water» (1911): Ein Siedlerzug ist von Indianern überfallen worden. Ein Mann wird ausgeschickt, die Kavallerie zu alarmieren, die Wüste hält ihn auf. Ein anderer, der Nebenbuhler um die Gunst eines Mädchens, wird ihm nachgeschickt und findet ihn, dem Verdursten nahe. Nur kurz ist sein Zögern, dann übergibt er seinem Rivalen den Wasservorrat und stirbt für ihn. Später in einem Western wird man wissen: Es ist wichtig, daß einer durchkommt, für die Gemeinschaft. Bei Griffith ist wichtig, wer und wie er durchkommt, weil nicht die Besiedlung die Moral, sondern umgekehrt die Moral die Besiedlung bestimmen soll.

Melodramatische Verwicklungen stehen oft am Beginn der Konflikte, das heißt, Mißverständnisse, Fehlinterpretationen, der falsche Schein der Dinge, die bloß vermeintliche Bedrohung oder das betrogene Gefühl lösen die Gewalt aus. So geschieht es in einem der aufwendigsten Western-Filme von Griffith, «The Battle of Elderbush Gulch» (1913).

«Zwei Mädchen, die mit einer Postkutsche in den Westen reisen, um einen Onkel zu besuchen, schließen Bekanntschaft mit einem jungen Paar, das das gleiche Reiseziel hat. In Elderbush Gulch werden die Reisenden herzlich willkommen geheißen. Die beiden Mädchen treffen im Hause ihres Onkels ein und teilen ihm mit, daß sie zwei junge Hunde mitgebracht haben. Der Onkel will sie nicht im Hause behalten, deshalb werden die beiden Tiere aus der Tür gelassen; die jungen Hunde laufen davon und flüchten sich schließlich in die Arme von zwei Indianern. Abends geht das ältere der Mädchen hinaus, um die Hunde hereinzuholen und sie zu sich ins Bett zu nehmen; sie findet sie nicht und beginnt zu

suchen. Sie begegnet den beiden Indianern, will ihnen die Hunde weg-
nehmen, aber die Indianer widersetzen sich; der Onkel kommt hinzu,
glaubt an einen Überfall und schießt auf die Indianer, wobei er den Sohn
des Häuptlings tötet. Dies fordert den Haß der Rothäute heraus, die Elderbush Gulch belagern. Das junge Paar, das die Mädchen in der Postkutsche kennengelernt hatten, wird voneinander getrennt: Der Ehe-
mann hat das Kind einem Nachbarn übergeben und liegt zu Beginn des
Angriffs verwundet im Wald. Die Frau hat sich in die Hütte des Onkels
geflüchtet und fleht ihn an, den Mann und das Kind hereinzuholen. Der
Siedler, der das kleine Kind bei sich hat, wird beim Versuch, die Hütte
zu erreichen, getötet, aber das Kind bleibt unverletzt neben ihm liegen.
Das ältere der beiden Mädchen sieht es und riskiert sein Leben, um ihm
zu Hilfe zu kommen; es gelingt ihr, das Kind zu retten. Schließlich kommen Truppen zum Einsatz, alarmiert von einem Mexikaner, der den Indianern entflohen ist. Sie befreien die Siedler: Der verletzte junge Mann
wird wieder mit Frau und Kind vereint, die gesund und munter sind»
(Eileen Bowser, zitiert nach «Bianco e Nero»).

Betrachtet man einmal die erotische Mythologie dieser Handlungsführung, so wird deutlich, daß noch bis in die Blütezeit des *adult western*
ähnliche Strukturen anzutreffen sind. Es gibt das unschuldige Mädchen
(hier in der spezifischen Verdoppelung), das durch den kleinen Unge-
horsam aus einer Zuneigung heraus den Konflikt heraufbeschwört. (Die
weiße Frau macht in der Vorstellung des puritanischen Kolonialisten
den Indianer – den Neger, den «fremden Mann» – zur Bestie.) Es gibt
den Gegensatz zwischen der Stadt und dem Land, wobei eher das Land
(die Blockhütte als Symbol der Verbundenheit mit der Natur) als die
Stadt zur sicheren Zufluchtsstätte wird. Es gibt die Familie, die durch
das Opfer eines anderen Mannes erhalten wird (man denke an «Shane»)
und durch die Tat einer Frau; die Regelung persönlicher Beziehungen
inmitten des Kampfes zwischen den Weißen als Individuen und den Indianern als «Masse». Ansatzweise ist sogar auch die Bewegung nach
dem Westen, die Suche nach der neuen Heimat vorgegeben.

Die Begegnung mit der Wildnis, mit dem Indianer wird zum Prüfstein
der Beziehung zwischen Mann und Frau, die erst im Sieg über diese sich
patriarchalisch-zivilisiert konsolidieren kann. Seit Griffiths Western
steckt in jedem «epischen» Film des Genres verborgen ein Melodram.
Griffith hat, neben bedeutenden technischen und erzählerischen Inno-
vationen, auch dies dem Western hinzugefügt: daß häufig finstere, ver-
störte paternalistische Träume den Weg der Protagonisten vorschreiben.

Der erste Cowboy-Star: Broncho Billy

Gilbert M. Anderson (eigentlich: Max Aronson) hatte eine kleine Rolle in Porters «The Great Train Robbery» gespielt (eigentlich war er sogar für eine Hauptrolle als einer der Banditen vorgesehen, aber als sich herausstellte, daß er kaum reiten konnte, übertrug man ihm nur noch einen *bit part*). Bei Vitagraph wurde er Schauspieler und Regisseur, und er drehte für diese Firma im Jahr 1907 eine Reihe von *one reel*-Western wie «Bandit King», «The Girl From Montana» und «Western Justice», denen das Verdienst zukommt, die ersten wirklich im «Westen» gedrehten Filme des Genres zu sein. Als Mitbegründer der Firma Essanay versuchte sich Anderson an einem Konzept, eine mehr oder weniger feststehende Heldenfigur in den Western einzuführen, um so das Publikum an eine Serie von Filmen zu binden, ähnlich wie dies bei den erfolgreichen Slapstick-Komikern der Fall war. (Auch die in *dime novels* publizierten Western-Erzählungen wiesen zum Teil ja wiederkehrende Heldenfiguren auf.) Erst als seine Suche nach einem geeigneten Darsteller für solche Filme keinen Erfolg gezeitigt hatte, entschloß sich Anderson dazu, den Part selbst zu übernehmen.

Der erste eigentliche Broncho Billy-Film war «Broncho Billy and the Baby» (1908), der nach der Erzählung «Three Godfathers» von Peter B. Kyne entstand. (Diese Geschichte wurde später noch mehrmals verfilmt, unter anderem zweimal von John Ford und einmal von William Wyler.) Die Geschichte von Banditen, die in der Wüste ein todgeweihtes neugeborenes Kind annehmen, um es unter großen Opfern in die Sicherheit der Zivilisation zu bringen, veranschaulicht den Charakter, den Broncho Billy auch in vielen seiner späteren Western darstellen sollte: den *good bad man*, den Banditen oder Outlaw, der in einer extremen Situation große Menschlichkeit zeigt und für eine aufopfernde Tat wieder in den Kreis der Gesellschaft aufgenommen wird. Zwischen 1908 und 1915 drehte Anderson, als Regisseur, Autor und Hauptdarsteller, mindestens 376 Broncho Billy-Western (einige Quellen sprechen sogar von ungefähr 500).

Dieser Broncho Billy war die erste Identifikationsfigur des Genres, sein erster Star. Daß dies gerade einem Darsteller gelingen konnte, der nicht mehr der jüngste, kein athletischer und auch kein «gutaussehender» Mann war, verwundert nur, wenn man ihn mehr mit seinen Nachfolgern wie Tom Mix vergleicht als mit dem Männlichkeitsideal des «amerikanischen Viktorianismus», das auch in Griffiths Filmen dominiert (und gegen das sich erst in Rudolph Valentino ein Gegenbild behauptete). Broncho Billy ist paradoxerweise ein Action-Star, der eigentlich nur vor dem Hintergrund des Melodrams seine Identität findet, wie ein Westerner, der in seinen Bewegungen all die seelischen Verkrüppelungen puritanischer Moral vor sich her trägt, durch die «Zufälle» und Intrigen der Handlung zu einer gewissen Lösung bringt und zugleich bestätigt. Schon die Titel seiner Filme weisen darauf hin, daß er viel weniger den Kampf mit Banditen und Indianern als die Verwirrungen des Gefühls zu fürchten hat, die sich durch seine familiären und emotionalen Beziehungen ergeben. «Broncho Billy and the Sisters», «Broncho Billy's Brother», «Broncho Billy's Mexican Wife», «Broncho Billy's Word of Honor» – so heißen die Filme, in denen der Held oft verschlungene Wege gehen muß, bevor er durch den Einfluß einer Frau, gelegentlich auch durch das Aufschlagen der richtigen Bibelstelle, seine Entscheidung trifft.

Es gibt, zumindest anfänglich, noch keine Kontinuität in den Broncho Billy-Filmen; der Held ist das eine Mal ein Sheriff, das andere Mal ein Farmer und wieder ein anderes Mal der bekehrte Bandit. Das Ende des einen Films sah ihn heiraten und sich zur Ruhe setzen, am Beginn des nächsten war er wieder als einsamer Westerner unterwegs; einige Filme verzeichnen sogar den Tod des Helden, ohne daß dies das Publikum davon abgehalten hätte, sein nächstes Abenteuer zu erwarten. (Zur Zeit des Höhepunktes seines Ruhms kam jede Woche mindestens ein neuer Broncho Billy-Western auf den Markt.)

Mit dem authentischen Westen hatten Andersons Filme nur sehr wenig zu tun; das Land seiner Abenteuer ist als *dime novel-west* bezeichnet worden. Es ist ein Westen der Reduktion ohne den *historischen* Mythos der Landnahme. Die Broncho Billy-Western erinnern in ihrer Mischung aus Abenteuer und Romantik an die Abenteuerliteratur des neunzehnten Jahrhunderts, gleichsam versetzt mit einer puritanischen Moral, die noch nicht verinnerlicht oder gar reflektiert war, sondern ganz naiv und direkt zum Ausdruck kam. Als Beispiel hierfür soll, nach einer zeitgenössischen Quelle referiert, die Inhaltsangabe eines «typischen» Broncho Billy-Western dienen («A Mexican's Gratitude» – 1914 – Regie: Gilbert M. Anderson):

Ein Mexikaner wird von einem Sheriff davor bewahrt, als Pferdedieb gelyncht zu werden. Er zieht eine Spielkarte aus der Tasche, schreibt das Wort *gratitude* (Dankbarkeit) darauf, zerreißt die Karte in zwei Hälften und überreicht die eine seinem Retter. Jahre später: Der Sheriff hat sich in ein Western-Mädchen (also das Gegenteil eines Bürgermädchens aus dem Osten) verliebt. Dem aber wird von einem Cowboy der Hof gemacht, der in der Wahl seiner Mittel nicht eben zimperlich ist. Er arrangiert ein Zusammentreffen des Sheriffs mit einem anderen Mädchen, um seiner Angebeteten dessen Treulosigkeit zu beweisen. Das Mädchen glaubt dem Cowboy und geht mit ihm fort. Etwas später verprügelt aber der Sheriff den Cowboy und zwingt ihn, seinen Verrat zu bekennen; die Sache scheint geregelt. Doch der rachelustige Cowboy versichert sich der Hilfe zweier Mexikaner, um dem Sheriff eine Falle zu stellen. Sie überwältigen ihn und das Mädchen und bringen beide gefesselt in eine Hütte. Dort wird der arme Sheriff erst einmal gefoltert, dann schleift der Cowboy das arme Mädchen in einen anderen Raum. Einer der Mexikaner greift in die Tasche des Sheriffs, um sich einen Tabaksbeutel zu angeln, da fällt ihm die halbe Spielkarte mit dem Wort *gratitude* darauf entgegen. Nachdem er sich versichert hat, daß der Sheriff wirklich sein Retter von damals ist, befreit er ihn, und dieser, nun wirklich zornig, greift sich den Cowboy, und erst das Mädchen kann verhindern, daß er ihn noch übler zurichtet. Nun steht dem Happy-End wirklich nichts mehr im Wege.

In den Broncho Billy-Western gibt es eine Sympathieverteilung, die für den späteren Western kaum noch denkbar ist: Mexikaner, die in vielen seiner Filme eine wichtige Rolle spielen, sind zumeist «gute» Banditen, jedenfalls ehrbarer als viele Yankees. Cowboys sind zumeist als Schurken dargestellt (wie im zitierten Beispiel), eine Tradition, die noch ganz der Furcht der Bürger vor dem Rowdytum der Cowboys in der Wirklichkeit, aber auch dem Bild in den *dime novels* entspricht. (Insofern ist es auch nicht ganz richtig, von «Broncho Billy» Anderson als dem ersten «Cowboy-Star» zu sprechen, aber der Begriff hat sich allgemein für die Helden des spezifischen Serien- und B-Western eingebürgert.) Indianer entsprechen dem Bild der «edlen Wilden» aus der frühen Pionierliteratur wie bei James Fenimore Cooper; es sind mystische Wesen von ganz eigenem, ein wenig märchenhaftem Appeal und gelegentlich, in ganz naiver Weise, so etwas wie die Anima des Westerners.

Erinnerungen an den wirklichen Westen: William S. Hart

Den ersten Schritt in Richtung auf eine gewisse «Authentizität» des Genres hatte «Broncho Billy» Anderson noch selbst unternommen, indem er seine Produktionsfirma Essanay von Chicago nach Niles in Kalifornien übersiedelte; «der Western war nun dort, wo er hingehörte» (Don Miller). Sein Nachfolger in der Publikumsgunst, William S. Hart, war zugleich die logisch konsequente Fortsetzung des Broncho Billy-Konzepts und eine historische Korrektur. Auch er war in vielen seiner Filme der *good bad man*, der Bandit, der durch die Liebe einer Frau und seine Bereitschaft, sich selbst für eine gute Sache zu opfern, moralische Absolution erhält. Von dieser melodramatischen Seite seines Wesens (die natürlich auch eine historische Komponente hat) abgesehen, waren die Geschichten um den von ihm verkörperten Westerner weniger naiv und linear als die von Anderson. Wenngleich häufig mit einem Übermaß an Sentimentalität versetzt, waren seine Western dennoch an der historischen Wirklichkeit orientiert (von der er als Kind ein wenig noch erlebt hatte). Harts Western zeigten den Kampf, die Arbeit und auch die glanzlosen Momente im Leben an der Grenze und den schwierigen Prozeß der Entwicklung einer Moral für die neue Gesellschaft.

Typisch für das letztgenannte Element in Harts Western ist etwa der Film «Hell's Hinges» (1916), die Geschichte der Bekehrung eines Banditen und zugleich, parallel dazu erzählt, die Geschichte vom moralischen Verfall eines Priesters, dessen Tochter der Held beschützt. Pathos und Lakonie gehen eine Verbindung ein, die für den späteren Western wesenseigen werden sollte. Das wird auch in den Dialogen der Untertitel deutlich, die sich um die Rekonstruktion der Cowboysprache bemühen. Von Hell's Hinges, dem Ort des Geschehens, beispielsweise wird gesagt, es sei «a good place to ride wide of», und die Bekehrung des Helden wird mit den Worten angedeutet: «I reckon God ain't wantin' me much, Ma'am, but when I look at you, I feel I've been ridin' the wrong trail.» Gott war nie ganz fern, und die Bibel spielt in Harts Western eine fast ebenso bedeutende Rolle wie der Revolver, allerdings kaum als komplementäre Instrumente der Besiedlung, wie es die Geschichte gezeigt hat, sondern als einander ausschließende Symbole von Gut und Böse. Die Bedeutung von Accessoirses ist in Harts Western fast immer allegorisch, aber auch in seiner Bildsprache hat er oft eine wirksame Verbindung von Sentimentalität und lakonischem Understatement gefunden. In «Hell's Hinges» gibt es eine Szene, in der der Held zum erstenmal die Bibel liest. Er tut dies, zuerst zögernd, dann immer gebannter, und während er liest, raucht er und trinkt, aber die Bewegungen seiner Hände zum Whiskyglas werden immer langsamer, dann bleibt das halbvolle Glas stehen.

In Harts Filmen kam zum erstenmal zum Ausdruck, daß der Westen nicht nur das Land der Abenteuer, sondern auch der Ort einer neuen nationalen Identität war. Staubbedeckt, melancholisch, mit der Erfahrung vieler Jahre im «Niemandsland» beladen, erschien Hart und schuf Ordnung, indem er sich zuallererst selbst «besiegte», seine Vergangenheit, seine Wildheit, seine Freiheit. Ernst, Trauer, aber auch eine gewisse Größe kennzeichnen seine Haltung. Er ist kein strahlender Held, drückt eher etwas von den Widersprüchen aus, die den Westen ausmachen, und er ist ein Held, nicht aus natürlicher Bestimmung, wie vor ihm Broncho Billy und nach ihm Tom Mix, sondern ein Held aus inneren und äußeren Zwängen, zu denen auch ein unklares Verhältnis zu Frauen gehört.

Durch Frauen verknüpfen sich, wie später häufig im Genre, unheilvoll, doch unschuldig, die Schicksale von Männern. Typisch für die Struktur der Hart-Western ist die Geschichte von «The Toll Gate» (1920

– Regie: Lambert Hillyer): Hart ist der Anführer einer Gruppe von Outlaws, der von einem seiner Unterführer verraten wird und nur mit knapper Not einer Falle entkommt. Der Verräter schafft sich in der Stadt einen Saloon an. Hart ist hinter ihm her, und als er ihn in der Stadt aufspürt, steckt er seinen Saloon in Brand. Eine Posse wird zusammengestellt, die Hart in die Wildnis verfolgt. Er versteckt sich zusammen mit einer Frau und ihrem kleinen Sohn, welche der brutale Gatte hilflos in der Wildnis zurückgelassen hat. Es stellt sich heraus, daß der Mann, der den Helden verraten hat, und der, der die Frau verließ, ein und derselbe ist. Als die Posse an ihrem Versteck eintrifft, kommt es zum Shoot-out. Hart erschießt den Schurken, und der Sheriff läßt ihn schließlich, als ihm die Zusammenhänge klargeworden sind, ziehen. Die Frau und ihr Sohn schauen ihm nach, als er davonreitet, traurig darüber, daß ein solcher Mann nirgends mehr bleiben kann.

«William S. Harts Westerner ist ein einsamer, harter Mann, von dem mehr als bei allen anderen Western-Stars die Aura einer fast tödlichen Bedrohung ausging. Sein Westen war der eines beständigen Kampfes ums Dasein, nicht nur der realistischste, sondern in gewissem Sinne auch der ‹traurigste› Westen des Stummfilms. Zugleich war Hart aber auch einer der sentimentalsten Western-Helden; die Bekehrung eines ehemaligen Outlaws, das Thema der meisten seiner Filme, ging selten ohne melodramatische Szenen ab. Die Tierliebe seines Helden, vor allem zu seinem Pferd (‹Fritz› war wohl das erste Pferd, das einen *credit* unter den Schauspielern erhielt), zeigte gelegentlich nahezu rührselige Komponenten, die in Widerspruch zu seiner sonstigen Härte stand» (Jürgen Berger/Georg Seeßlen). Dieser Widerspruch ist bezeichnend für die Entwicklung des Genres, bezeichnend aber auch für die Aufarbeitung der eigenen Geschichte: Zurück in das goldene Zeitalter des Wilden Westens sehnte man sich, weil man in ihm zugleich Anarchie und Beschaulichkeit verwirklicht sah. Einer von Harts Filmen hat den Titel «The Silent Man» (1917), ein anderer «The Desert Man» (1916); Einsamkeit, Schweigen, Hoffnungslosigkeit und Würde begleiteten das Wissen um den Verlust einer großen Zeit, mit der Unwiederbringliches dahingegangen war. Mit der neuen, bürgerlichen Gesellschaft konnte er sich nur symbolisch, indem er das Wesen des Gesetzlosen ablegte, aber nicht wirklich verbinden; fast immer reitet er am Ende allein davon, die Frau, die Stadt, den Frieden hinter sich lassend. Mit keinem Western-Helden zuvor und kaum einem danach hat das Publikum so viel Mitleid haben müssen.

«Mit dem Beginn der zwanziger Jahre begann Harts Anziehungskraft nachzulassen. Daß er nun schon fünfzig war, mag nicht der einzige Grund gewesen sein. Harts melancholischer Held gehörte einer Zeit an, die die ‹alten Werte› zumindest noch bewunderte und ihr Hinschwinden

William S. Hart bei Dreharbeiten.

betrauerte. Die leichtfertige Zeit, die nun anbrach, verlangte nach anderen Leitbildern. Erst spätere Dekaden brachten eine Rehabilitierung des Typs – der alte Gary Cooper in ‹High Noon› und der alte John Wayne in ‹The Man Who Shot Liberty Valance› sind Reinkarnationen Harts» (Enno Patalas). Mit Hart hatte der Western begonnen, ein für Tragik empfängliches Genre zu sein.

Der Glamour-Cowboy: Tom Mix

Tom Mix, der im übrigen schon vor William S. Hart begonnen hatte, als Filmschauspieler aufzutreten, lange Zeit aber vorwiegend *supporting roles* innehatte, war nicht nur jünger, strahlender, optimistischer, unkomplizierter und athletischer als dieser, er stellte auch eine «mythologische» Alternative zu dem melancholischen Westerner dar. War Hart das große, tragische, sentimentale Überbleibsel einer gewaltigen Zeit, die so überwältigend gewesen sein mußte, daß vieles von ihr im dunkeln, im Schweigen zu bleiben hatte, so zeigte Tom Mix, wie man auf eine einfache, trickreiche, amerikanische Art die Ideale und das Lebensgefühl des Westens in die Gegenwart fortsetzen konnte, indem man sie einer radikalen Veräußerlichung unterzog.

Wie sich das Leben der Cowboys fortsetzte in der Zurschaustellung ihres Könnens im Rodeo, wo gleichsam aus einem Beruf zunächst ein Sport und aus diesem wiederum ein Teil der Unterhaltungsindustrie wurde, so verwandelte sich bei Mix der Westerner in einen Akrobaten und Artisten. Die Kleidung des Westerners, durch viele leichte und manche groteske Übertreibungen zu einer Art Phantasiekostüm geworden, sein phantastisch herausgeputztes Pferd «Tony» und die Aneinanderreihung von spektakulären Reitertricks und anderen Kunststücken mit westerneigenen Requisiten machten aus den Tom Mix-Filmen in erster Linie ein Schauvergnügen, bei dem es auf die Handlung nur als Vehikel für optische Sensationen ankam. Harts Western erzählten vor allem eine Geschichte; Tom Mix' Western zeigten vor allem Action.

Mehr als seine Vorgänger war Tom Mix ein Held für das jugendliche Publikum. In seinen früheren Western trat er häufig gemeinsam mit populären Kinderdarstellern auf, und er gehörte zu den ersten jener Film-Cowboys, die einen moralischen Kodex peinlich genau befolgten: Nicht trinken, nicht rauchen, nicht fluchen und einen Feind nur in äußerster Notwehr mit dem Revolver bedrohen, sich ansonsten lieber auf Fäuste oder Lasso verlassen und in jedem Fall das Gesetz befolgen. Hart mußte das Mädchen verlassen, Mix bekam es, aber bei dem wenigen, was er mit ihr anstellen konnte, mußte ihm sogar noch sein Pferd behilflich sein, indem es ihm einen kräftigen Schubs in Richtung auf seine Angebetete gab.

Die moralischen Probleme von Andersons und Harts Westerner gab es in den Tom Mix-Filmen nicht; gut und böse waren trefflich unterschieden, häufig schon durch die Kleidung: Der Gute ist hell, der Böse dunkel gewandet. Beider Kämpfe finden immer in landschaftlich reizvollen Gegenden statt; häufig richtete es die Crew der Mix-Filme so ein, daß man im Hintergrund eines der *national wonders* erkennen konnte, während man im Vordergrund den Kampf des Helden mit seinem Gegner verfolgte, der auf einem fahrenden Zug oder auf einer Postkutsche, am Rand eines Abgrundes oder auf einer Brücke stattfand. In «The Great K & A Train Robbery» (1926) beispielsweise bildet eine bekannte Felsenschlucht, die «Royal Gorge» in Colorado, den Hintergrund. Durch sie führt eine Eisenbahnlinie, die durch eine Serie von Bahnüberfällen in ihrer Existenz bedroht ist. Tom Mix ist ein Eisenbahndetektiv, der, ohne sich zu erkennen zu geben, versucht, die Züge zu sichern und den Tätern auf die Spur zu kommen. Er entdeckt schließlich, daß ein Verräter direkt vom Vorzimmer des Präsidenten aus die Banditen über die Pläne der Gesellschaft und die wertvollen Frachten informiert. Während Tom (mit viel Action und Stunts) die Banditen zur Strecke bringt, hat er auch noch Zeit, sich in die Tochter des Bahnpräsidenten zu verlieben, die er am Ende heiratet.

Tom Mix' Westen war genauso exotisch wie sein Kostüm, obwohl er, mehr noch als Hart, den Westen aus eigener Anschauung kannte. Aber da er nicht der Darsteller einer Legende, auch nicht der Darsteller eines Archetyps war, sondern ausschließlich Darsteller seiner selbst, schien dies eine gewisse Folgerichtigkeit zu haben. Die Verwandlung des Westens in Showbusiness war Teil seines Lebens. (Im Film gibt es solche Cowboys nicht mehr, aber wenn man sich die Phantasiekostüme der Country & Western-Sänger betrachtet, die ja auch häufig einen authentischen Hintergrund haben – das heißt eine spezifische Ausstattung einmal als *Arbeitskleidung* benutzt haben –, wird deutlich, welcher Vorgang sich hier abspielt. Die Transponierung des «armseligen» Westens in eine Glamour-Welt des Zirkus, der Paraden, der Musik, der Rodeos und eben des Films konnte wohl am ehesten von denen geleistet werden, die es anging, ganz so, wie historische Authentizität am ehesten bei denen zu finden ist, die sich einen gewissen Abstand zu den weniger erfreulichen Erfahrungen des Westens haben leisten können. Eine ganz andere, vielleicht tiefere Art der Authentizität findet sich aber in den Träumen und Projektionen, auch in denen von Tom Mix. Mit ihm war geboren, was die «Rebellen» der Country-Musik heute die «Rhinestone-Cowboys» nennen.)

Historisch ließen sich die Geschehnisse um seinen Helden nicht festlegen; der erlebte das eine Mal Abenteuer mit Indianern und Postkutschen, das andere Mal sprang er von seinem Pferd auf ein fahrendes Au-

«Teeth» (1924) von J. G. Blystone mit Tom Mix.

to, um einen ziemlich modernen Schurken zu fangen, sehr oft einen
Spion oder eine andere Art von Verräter, weil solch einer weitaus un-
sympathischer war als ein Bandit. Daneben begab sich der Held auch
auf Reisen in ferne Länder, wie zum Beispiel in «Tom Mix in Arabia»
(1922). Aber immer war er «The Daredevil» (1920), «The Untamed»
(1920), «The Trouble Shooter» (1924) oder «The Circus Ace» (1927),
ein Draufgänger, der sich in einer Welt durchsetzte, in der dies nicht
schwerfiel, solange man seinen Körper fit und seinen Geist von Vergif-
tungen frei hielt. Die Problemlosigkeit der Figur Tom Mix zeigt sich unter anderem auch darin, daß der Held eigentlich nie eigene Probleme
löst, sondern immer nur die Schwierigkeiten anderer beseitigt. Das emo-
tionale Engagement hielt sich dabei in Grenzen; so konnte er lachend
und leichthin zeigen, was er drauf hatte.

Wie etwa Douglas Fairbanks war Tom Mix eine Verkörperung des
«Amerikanertums», das historisch wie «mythologisch» immer ein wenig
im Widerspruch zum Wesen des Westerners steht, eines im Kern zutiefst
konservativen Archetypus. Tom Mix stellt seine Überlegenheit so auf-
fällig zur Schau, wie es der Verbundenheit des Westerners mit den Le-
bensumständen, die auch den Gegner mit einbeziehen, und auch seiner
bei Hart angedeuteten Verschlossenheit zuwiderlief. Mit dem Mythos
des Western, der sich die Vergangenheit gefügig zu machen sucht, hat
Mix also viel weniger zu tun als mit einer Gegenwart, die dem Idol des
Tatmenschen huldigte und in der das moralische Selbstbewußtsein unge-
brochen schien.

In Gestalt von Tom Mix und vieler seiner Nachfolger und Mitstreiter
war die «Gefährlichkeit» des Westens, einer Vergangenheit der Wildheit, der Ausschweifung, des Elends auch – zunächst einmal – gebän-
digt. Broncho Billy hatte sich mit Indianern und Mexikanern gemein gemacht, Hart war einmal Bandit gewesen – nichts davon bei Tom Mix,
der seine Seele in die Tat gelegt hatte. Seine Ehrlichkeit lag ganz darin,
möglichst viele von den Tricks und akrobatischen Nummern in seinen
Filmen selbst auszuführen; eine physische statt der spirituellen Kontinuität des Westens.

1915–1925: Western in Serie

Die Zahl der Konkurrenten von Hart und Mix war Legion, und die meisten von ihnen bildeten eine Art Kompromiß zwischen den extrem unterschiedlichen Charakteren von beiden, die in der einen oder anderen
Art zu übertreffen kaum noch möglich war. Harry Carey zum Beispiel,
der vordem tatsächlich als Cowboy gearbeitet hatte und in vielen Filmen
von David Wark Griffith aufgetreten war, spielte seit 1915 in einer Rei-

he von Filmen die Figur des «Cheyenne Harry», ein rauher, individualistischer Westerner, kein junger Mann wie Mix, aber auch kein Mann für Melancholie und schon gar nicht für Sentimentalität. In seinen Filmen, bei denen des öfteren auch John Ford die Regie führte, ist er die Verbindung zwischen Authentizität und Zuversicht, die Vorahnung eines Western-Helden, der in gewissem Sinne tragisch und doch zukunftsorientiert sein kann. Auch Carey stellte häufig den ambivalenten Charakter des *good bad man* dar; der melodramatische Charakter dieses Typus war indes gebrochen durch eine gewisse Ironie und dadurch, daß seine Konversion, anders als bei Hart, zumindest sozial erfolgreich verläuft.

Hoot Gibson (von dem noch die Rede sein wird) war ein action-versessener, jungenhafter Westerner mit einer komödiantischen Note in seinen Filmen. Er begann als Double und Stuntman von Harry Carey, übernahm dann kleinere Rollen in dessen Filmen und wurde dadurch so populär, daß man eine eigene Serie mit ihm konzipierte. (In etwa verliefen die Karrieren der meisten Stars der Serien-Western nach diesem Muster.) Carey und Gibson brachten ein neues Element in die Darstellung von Western-Charakteren: Natürlichkeit. Carey, Gibson, später Buck Jones und etliche andere waren vergleichsweise «normale Menschen», ihre Eigenschaften nicht stilisiert und ihre Fähigkeiten erstaunlich, aber nicht übermenschlich. Sie konnten lachen oder bewegt sein, Freundschaft und Zorn empfinden, ohne daß diese Gefühle sogleich überlebensgroße Ausmaße annahmen. Und außerdem begann man sich zu erinnern, daß in die Legende des Westens eingeschrieben ein im Wesen komisches Element war, das zwischen den großen Träumen und dem wirklichen Leben vermittelte, so wie in den späteren B-Western eine komische Figur, der *sidekick*, zwischen der übermenschlich «guten» Figur des Helden und den eigenen, vielleicht nicht ganz so guten Erfahrungen über die Lebensweisen von Menschen vermittelte.

In diesen Jahren waren Western eine Massenware, serienweise und schnell produziert, für die alsbaldige, kaum länger anhaltende Auswertung bestimmt. Dabei bildeten die Filme, die heute gemeinhin als die Vorläufer der Serien- und B-Western des Tonfilms gelten, die Tom Mix-, Harry Carey- oder Buck Jones-Filme, die qualitative Spitze – im Vergleich zu den unzähligen billigen Western vieler kleinerer Produktionsfirmen fast aufwendig gestaltet, auf jeden Fall von oft kompetenten Autoren und Regisseuren realisiert oder von den Stars selbst ganz auf die eigenen Bedürfnisse hin inszeniert.

Bei der kurzen Produktions- und Auswertungszeit waren die Firmen gezwungen, sich für ihre Produkte Markenzeichen zuzulegen, die zum einen die Filme einer Serie aus der Masse der Konkurrenzprodukte hervorheben, zum anderen eine Publikumsgemeinde schaffen sollten. Verkauft wurden nicht die einzelnen Filme, sondern eine Serie. Am einfachsten war die Strukturierung einer solchen Serie natürlich durch den Namen des Stars zu erreichen, nicht nur bei den «Großen» des Genres, sondern auch bei solchen, deren Namen, geschweige denn Filme heute kaum noch jemand kennt, wie etwa Lester Cuneo, Bob Custer, Fred Humes, Roy Stewart, Ted Wells oder Al Hoxie, um nur einige zu nennen. Filme um einen solchen Western-Star wurden im allgemeinen von einer ziemlich konstanten Crew produziert, wobei, abhängig von der Höhe des Budgets, das das Studio für die Filme einer Serie bereitzustellen willens war, ein mehr extensiver (wie bei einigen Tom Mix-Filmen) oder ein höchst intensiver Arbeitsstil (etwa bei Buck Jones-Western am Anfang) gepflegt wurde, der vor allem durch die Mehrfachverwertung von Bauten, *location*-Aufnahmen, Stunts, ja ganzer Filmteile innerhalb einer Serie, die Beschränkung auf wenige Schauplätze und das Drehen mehrerer Filme gleichzeitig geprägt war.

Eine andere Möglichkeit bestand darin, einer Reihe von Western, bei denen der Stab ebenfalls in etwa gleich blieb, einen Markennamen zu verpassen. Carl Laemmle beispielsweise verwendete eine Reihe solcher Markennamen für seine Western, die jeweils auf einem bestimmten Konzept in der Handlung und in der Gestaltung basierten. So gab es zum Beispiel die «Blue Streak Western», und dieser Name, eigentlich das Versprechen, daß in jedem Film der Serie mehr oder weniger immer das gleiche passierte, war der Mittelpunkt der Werbung und nicht die Namen der Darsteller (in diesem Fall Jack Hoxie, Pete Morrison, Art Acord). Neben die Kontinuität des Helden trat so die Kontinuität eines Themas, oder besser gesagt: einer Formel.

Neben den kontinuierlichen Heldengestalten (die mal mehr, mal weniger festgelegt sein konnten) und den «Konzept»-Serien war die ausgeprägteste Form für die fortlaufende Verpackung des Western das Serial, das allerdings, bedingt durch die Beschränkung der meisten Filme auf ein oder zwei Rollen, sich in seiner Dramaturgie von den abgeschlossenen Filmen noch nicht so stark unterschied wie später zu Zeiten des Tonfilms (vergleiche das Kapitel «Western-Serials»). Aber schon in der Stummfilmzeit gab es Firmen, wie etwa National Film Corporation, die sich nahezu ausschließlich auf die Produktion von *cliffhangers* spezialisiert hatten. (Das Wort *cliffhanger* – «Klippenhänger» – bezieht sich auf den häufig verwendeten Schluß eines Serial-*chapters*, in dem der Held oder die Heldin hoffnungslos zwischen Himmel und Erde an einer Felsklippe festgeklammert ist – und erst die nächste Fortsetzung verriet, wie er/sie sich aus dieser Situation befreien konnte.) Auch die Stars der Serials waren andere als die von abgeschlossenen Filmen. Jack Hoxie beispielsweise war ein Darsteller, der nur in Serials als Star geführt wurde, so etwa in «Lightning Bryce» (1919) oder «Thunderbolt Jack» (1920). Zu Beginn der zwanziger Jahre gab es noch etliche Mischformen zwischen Serial und Serienfilm, so etwa Serials mit abgeschlossenen Episoden in jeder Folge, aber mit einem fortlaufenden «roten Faden» in der Geschichte.

Die Serial-Helden waren naturgemäß noch stärker auf Action beschränkt als die Stars der *feature-films*, und verglichen mit ihnen war Tom Mix ein schauspielerisches Genie. Aber der eigentümliche Charme und die Vitalität der Serials stammen gerade aus den Beschränkungen in der Produktion: Viele, vor allem Action-Szenen waren improvisiert, wie das bei den früheren Slapsticks der Fall gewesen war, und die Crews verstanden es oft, noch aus dem kleinsten visuellen Detail irgendeine Wirkung zu erzielen. In einem Serial sieht man etwas nie «nur einfach so»; irgendwann wird es seine dramaturgische Funktion beweisen, denn sonst hätte man es weggelassen. Diese Spontaneität und ein gleichsam parodistisches Verhältnis zum Material, in Verbindung mit der Tatsache, daß die meisten Serial-Darsteller zugleich gefeierte Rodeo-Stars waren, die ihr Handwerk verstanden, machte die Serials erfolgreich. Auch sie waren ein Schritt auf dem Weg, «Natürlichkeit» in den Western zu bringen, jene Selbstverständlichkeit, die erst die Entfaltung der amerikanischen Pioniertugenden im Genre ermöglichen sollte.

Eine vierte Möglichkeit, Kontinuität und Erfolg zu verknüpfen, waren die Verfilmungen berühmter literarischer Vorlagen. Owen Wisters «The Virginian» war die klassische Western-Erzählung, auf die immer wieder zurückgegriffen wurde. Aber sie war ein Einzelwerk geblieben, ihre Formel ließ sich nicht beliebig erweitern, und durch die Verzahnung der Handlung widersetzte sich der Stoff auch ein wenig dem Serienkonzept. (Die TV-Serie «The Virginian», die in Deutschland unter dem Titel «Die Leute von der Shiloh-Ranch» zu sehen war, hat mit Wisters Roman kaum noch etwas zu tun, mit dem «Geist» der Erzählung noch weniger als mit den Details der Handlung.) Anders verhielt es sich mit der umfangreichen Arbeit des Autors Zane Grey (1875–1939), dessen beinahe hundert Bücher im Verlauf der Filmgeschichte zu einem Repertoire von Themen für das Genre geworden sind wie sonst kein anderes Werk. (Allerdings ist der Einfluß Greys auf den Western-Film immer eher indirekt gewesen; zumeist sind jene Bücher von ihm, die die Literaturkritik als die besten erachtet hat, zu den Filmen geworden, die die Filmkritik zu den unbedeutendsten zählte, und umgekehrt.)

Zunächst hatte William Fox die Filmrechte an drei der bekanntesten Zane Grey-Romane erworben («Riders of the Purple Sage», «The Rainbow Trail» und «The Border Legion»); dann entschloß sich Grey, durch Gründung einer eigenen Produktionsfirma von der Verwertung seiner Bücher zu profitieren. Als dieses Experiment fehlschlug, verkaufte er seine Rechte (und seine Firma) an Famous Players-Lasky. Zwischen 1921 und 1928 wurden nun pro Jahr zwischen zwei und fünf Zane Grey-

Western gedreht, die sich vor allem durch sorgfältige Produktion und ausgefeilte Drehbücher auszeichneten. Auch diese Serie hatte ihre Stars, Jack Holt und Richard Dix, aber sie waren doch nur die zweite Attraktion neben dem Namen Zane Grey, der für einen Erfolg garantierte.

Die «Serialisierung» des Western fand kaum Grenzen; war ein Film erfolgreich, folgte ihm eine Serie ähnlicher Filme: Entweder der Star oder die Geschichte oder das Thema oder eben der Name des Autors wurden zu den neuen Markenzeichen. Ein Darsteller spielte ein paarmal den Freund des Helden, wie Hoot Gibson bei Harry Carey, dann versuchte man es mit einer eigenen Serie, wobei die «Ablegerserie» jeweils mit wesentlich geringerem Produktionsbudget auskommen mußte, bis sie sich auf dem Markt etabliert hatte oder eingestellt wurde. Aus Serien entwickelten sich wieder «Unterserien»; so konzipierte man zum Beispiel nach dem Erfolg des Films «Wild Horse Mesa» (1925 – Regie: George B. Seitz), aus der Zane Grey-Serie, eine neue Serie von Filmen um «Rex, King of the Wild Horses».

Aber nicht immer erschlug die Serienkonzeption die Ideen der Autoren und Regisseure, und die Zane Grey-Western boten mehr als die Serien mit stark definierten Helden Gelegenheit für individuelle Arbeiten. Unter diesen ist besonders George B. Seitz' ‹The Vanishing American› (1925) zu erwähnen, nicht nur, weil er zu den filmischen Glanzstücken des Genres aus dieser Zeit gehört, sondern auch, weil er sich durch eine Haltung gegenüber den Indianern auszeichnet, die es bis dahin nicht gegeben hatte. Es hatte den «edlen Wilden» gegeben, bei Griffith, Anderson und anderen, aber hier waren konkrete Aspekte des indianischen Schicksals thematisiert, die der Film, wenn zwar in Form eines Melodrams, realistisch abbildete.

«‹The Vanishing American› beginnt mit einem Zitat aus Herbert Spencers ‹First Principles› über das Überleben des Stärksten; es folgt ein Schnitt auf das Monument Valley. Dann zeigt der Film Szenen aus dem Leben in einer modernen Indianerreservation. Schließlich die Geschichte: Noah Beery ist der korrupte Assistent eines unfähigen Indianeragenten. Richard Dix ist der Indianer Nophaie, der sich in die Lehrerin Lois Wilson verliebt hat. Beery erhebt eine falsche Anklage gegen Nophaie, um selbst bei Lois freie Bahn zu haben. Der Erste Weltkrieg erfaßt auch das Leben der Indianer, die sich freiwillig zur Front auf der anderen Seite des Ozeans melden. Als sie zurückkehren, ist Beery der neuer Indianeragent. Er hat den Stamm in die Wüste vertrieben, wo es kaum noch Lebensmöglichkeiten gibt. Die Indianer ziehen gegen ihn in den Kampf, und beide, Beery und Dix, verlieren ihr Leben, bevor es zur Wiederherstellung des Rechts für rot und weiß kommt» (Jon Tuska).

Die «Serialisierung» des Western bedeutete also nicht automatisch,

daß jeder Konfliktstoff aus dem Genre verbannt wurde, und sie bedeutete auch nicht, daß individuelle Leistungen ganz und gar unmöglich geworden waren. Während der Stummfilmzeit besaß das Genre zudem eine größere Variationsbreite, sowohl was die historische Fixierung, den
Hintergrund, als auch was die Zeichnung der Charaktere betraf; der gemeinsame Nenner für den Western bestand – äußerlich – oft nur darin,
daß es um Männer mit Hüten und Revolvern auf Pferden ging, die ihre
Streitigkeiten offensichtlich nicht auf friedlichem Wege allein bereinigen
konnten. Aber es begann sich, aus vielen Einzelheiten, unverbunden in
seinen Elementen noch, so etwas wie der «Geist des Genres» herauszu-
bilden, der sich im Verlauf der Geschichte des Western so ausgeprägt
hat, daß wir heute von einem Film wie etwa Don Siegels «Dirty Harry»
(1971) oder Sam Peckinpahs «Convoy» (1978) ohne zu zögern sagen: Es
ist «eigentlich» ein Western, ohne daß dies durch die Accessoires, die
zeitliche Festlegung oder das Milieu nahegelegt wäre.

«The Covered Wagon» und die frühen Western-Epen

Der bis dahin teuerste und aufwendigste Western wurde zu einer Zeit
gedreht, als die Absatzchancen für Filme des Genres merklich gesunken
waren und gerade noch die Filme der größten Stars mehr als ihre Pro-
duktionskosten wieder einspielten. «This picture», erklärte der Produ-
zent Jesse Lasky seinem verdutzten Boß Adolph Zukor, dem das Budget von einer halben Million Dollar nur als Irrtum vorkommen konnte,
«is more than a western, it's an epic.» Das Budget für «The Covered
Wagon» (1923) wurde bewilligt. Der Begriff *epic* ist stärker im Gedächt-
nis der Filmgeschichte geblieben als der Name des Regisseurs James
Cruze und stärker als die der damals überaus populären Stars James
Warren Kerrigan, Lois Wilson oder Alan Hale und der Charakterkomi-
ker Ernest Torrence und Tully Marshall, die als ein skuriles Paar alter
Pfadfinder einen ironischen Kontrapunkt zur dramatischen Handlung
schufen.

Ein *epic* – das bedeutete zunächst einmal Aufwand und nochmals
Aufwand. Man verwendete 1000 Statisten und zusätzlich 750 Indianer
aus den Reservaten. (Der Mann, der die Aufgabe übernahm, diesen zu
übersetzen, was man von ihnen erwartete, und der zugleich als technischer und «historischer» Berater fungierte, war Colonel Tim McCoy,
von dem noch die Rede sein wird.) Man mietete ein riesiges Gebiet in
Nevada, auf dem ein Großteil der Szenen abgedreht wurden; zusätzliche
Aufnahmen drehte man jedoch in weit entfernten Gegenden. Der Plan-
wagenzug der Siedler, der den Hintergrund des Films bildete, bestand
aus fünfhundert Gespannen, teils gemietet, teils neu gebaut. Acht Wo-

«The Covered Wagon» (Der Planwagen – 1923) von James Cruze.

chen lang waren weit über tausend am Film Beteiligte in einem Camp *on location* zusammen, ausgesetzt, so will es die filmhistorische Legende, denselben Strapazen wie die Siedler, deren Heldengeschichte «The Covered Wagon» erzählt.

Ein *epic* – das ist die Verknüpfung eines großen historischen Moments, in dem kollektiver Heldenmut neues Land und neues Gesetz schafft, mit individuellem Schicksal; das große Gefühl ins kleine gespiegelt. Ein Siedlerzug ist auf dem Wege nach Oregon. Alan Hale – der Bösewicht des Films – verliebt sich in Lois Wilson, die aber ist an James Kerrigan gebunden. Die Rivalität der beiden Männer spitzt sich zu, während der Siedlerzug das Land durchquert, in stetem Kampf mit der Natur und mit den Indianern. Als die Planwagen gerade einen Fluß durchqueren, kommt es zum Faustkampf, der jedoch nichts entscheiden kann. Der Siedlerzug teilt sich, die eine Hälfte zieht weiter nach Oregon, die andere nach Kalifornien. Lois entzweit sich mit Kerrigan und willigt schließlich sogar ein, Hale zu heiraten; aber das Mißverständnis zwischen beiden klärt sich schließlich doch noch auf, und sie erklärt Hale, daß sie zu Kerrigan zurückkehren werde. Hale verübt einen Mordanschlag auf seinen Rivalen, wird aber von Tully Marshall erschossen. Kerrigan und Lois Wilson haben sich wieder, und der Zug erreicht sein Ziel.

Ein *epic* – das ist auch das ganze Drumherum. Tim McCoy, einer der profundesten Kenner der indianischen Kultur und später selbst ein populärer Western-Darsteller, wurde damit beauftragt, einen *life prologue* zu «The Covered Wagon» zu gestalten. Er stellte eine Gruppe von Indianern zusammen, einige von ihnen sogar Augenzeugen der großen Indianerkriege, ließ sie vor der Vorführung des Films ihre Tänze und Zeremonien aufführen und von ihrer Geschichte erzählen, gab eine kleine Einführung in indianische Zeichensprache und ließ in der Lobby der großen Kinos ein veritables Indianerdorf errichten. Mit dieser Vorstellung ging er für ein Jahr auch auf eine ausgedehnte Europa-Tournee, um für den Film zu werben. Alle Welt sprach von «The Covered Wagon», und fast jeder, der maßgeblich an der Realisation des Films beteiligt war, ist in seinem Fach so etwas wie ein Star geworden – jedenfalls für eine gewisse Zeit (bis der Tonfilm neue Maßstäbe gesetzt hatte). Und auch dies gehört zur Definition eines *epic*: daß er erfolgreich ist.

Der Western war ein Genre der nahen und halbnahen Bilder gewesen; der Held stand im Vordergrund, und höchstens bei einer Rauferei zeigte die Kamera einen Raum, der nicht durch die Stellung des Helden definiert wurde. Reiter bewegten sich nicht durchs Land, sondern vor der Kamera; man war *dabei*, denn ohne den Helden ließ sich nichts erfahren in diesen Filmen. Es hatte zwar in den Tom Mix-Filmen eine gewisse «Dramatisierung» der Landschaft gegeben, mit einer Vorliebe für bizarre, gewaltige Formen, die der Held mit seinem Pferd bezwang. Aber es war doch der Held, dem das Hauptinteresse galt, und nur selten war die Kamera von ihm weiter entfernt als so weit, daß man – bei spektakulären Action-Aufnahmen – den Stuntman als Double vom Star nicht mehr unterscheiden konnte. Dramaturgie und «Ökonomie» des Genres entsprachen sich hier.

Nun öffnete sich der Blick für die Weite des Horizonts; die Landschaft bekam eine Seele. Angesichts ihrer Gewaltigkeit erhielten die Bewegungen der Menschen etwas gleichsam Feierliches, wie der endlose Zug der Planwagen in «The Covered Wagon» oder der Bau der Eisenbahn in John Fords «The Iron Horse» (1924). Das Western-*epic* zeigt, daß die Erschließung des Westens eine langwierige, schwere Aufgabe ist, die in verschiedenen Spannungsfeldern zu lösen ist: dem zwischen Natur und Mensch, dem zwischen Kollektiv und Individuum, dem zwischen neu und alt und so fort. Ob nun beabsichtigt oder nicht, die Bewegungen der großen Menschengruppen in den *epics* hatten ihre Ähnlichkeit mit den Illustrationen in den Schulbibeln, die von den großen Zügen des Volkes Israel handelten.

«The Iron Horse» war sozusagen die «Antwort» von Fox auf Paramounts «The Covered Wagon». Bei Ford konzentriert sich die historische Rekonstruktion aufs Detail; er zeigt die Umstände beim Bau der transkontinentalen Eisenbahnlinie in den kleinen Fährnissen der Menschen, aber auch in großen mythisch-religiösen Gleichnissen. «‹The Iron Horse› enthält schon all das, was an den späteren Western Fords berühmt wurde. Die Genauigkeit in den Details zum Beispiel: Im Amüsierzelt ‹Hell on Wheels› findet eine Prügelei statt; Ford zeigt, wie die neben den Kämpfenden Stehenden ihre Laterne hochhalten müssen, damit man überhaupt etwas sieht. Und es ist schon fast ein historisches Dokument, wenn in ‹The Iron Horse› noch tatsächlich Büffelherden über die Prärie traben. Die Treue zum Detail geht am Ende so weit, daß Ford den historischen Augenblick der Begegnung zwischen den Gleisbautrupps der ‹Union Pacific› und der ‹Central Pacific› krönt mit der Anfahrt der Original-Lokomotiven von damals – auf die auch in einem Zwischentitel nicht ohne Stolz verwiesen wird.

Überhaupt Geschichte: Ford hat sich offensichtlich von Anfang an zwar für historische Details interessiert, aber dann immer für die Menschen in ihrem Vordergrund. Da kommt er durchaus in die Nähe von Brecht und der ‹Frage eines lesenden Arbeiters›:

Wer baute das siebentorige Theben?

In den Büchern stehen die Namen von Königen.

Haben die Könige die Felsbrocken herbeigeschleppt?

‹The Iron Horse› zeigt, daß Ford sich nicht für ‹Könige›, sondern für die Arbeiter interessiert, auf seine Weise freilich, aber dennoch unübersehbar. Und diese Position wird Ford beibehalten, in ‹Young Mr. Lincoln› interessiert sein Held als Präsident nicht mehr, sein oft angefeindeter Militärfilm ‹The Long Grey Line› erzählt nie von den genre-üblichen Helden, und noch ganz spät, mit ‹The Man Who Shot Liberty Valance›, bekennt sich Ford zu dieser Position. Als in ‹The Iron Horse› die Gleisarbeiter der beiden Gesellschaften aufeinanderstoßen, kümmert sich Ford um den legendären Höhepunkt amerikanischen Pioniergeistes kaum, er zeigt den Moment als Wiedersehen zweier Freunde, die sich dann an einen dritten erinnern, der diesen Moment nicht mehr erleben konnte. Die anschließende offizielle Feier verläßt der Erzähler Ford mit der gleichen Methode, schildert die Szene als Versöhnung zwischen seinem Helden und dessen Geliebter» (Hans Günther Pflaum).

John Ford hatte bis dahin vierzig Western gedreht, darunter solche mit Harry Carey, Buck Jones und Tom Mix, aber «The Iron Horse» war der erste seiner mytho-poetischen Versuche zur amerikanischen Geschichte, die nicht funktionieren als Bild von den großen Menschen, die die Geschichte machen, sondern als Beschreibung dessen, was die Geschichte mit den Menschen macht, die sie «erfüllen»; seine Helden verhalten sich historisch richtig, vielleicht nicht, weil sie das wollen, sondern weil sie nicht anders können, und man spürt, daß sie einen Preis dafür zahlen müssen. Fords Geschichten erscheinen vertraut, manchem sogar konventionell, doch ihre Konstruktion ist ganz auf die Erschaffung der Fordschen «Heimat» aufgebaut. Die erzählte Geschichte verhält sich zum verdichteten Detail wie die Geschichte zum Individuum, nämlich als ein Medium. Cruzes Helden *erleben* die Geschichte, Fords Helden sind ein Teil von ihr.

Der Vater des (von George O'Brien gespielten) Helden ist von dem Schurken Fred Kohler ermordet worden. Dieser Schurke ist der weiße Anführer einer Gruppe von Indianern, die unter seinem Einfluß zu Banditen geworden sind. Präsident Lincoln hat den Bau einer transkontinentalen Eisenbahnlinie angeregt, und während die Junge heranwächst, werden die Vorbereitungen für dieses gigantische Unternehmen getroffen. Als junger Mann schließt sich O'Brien der Union Pacific als Landvermesser an. Fred Kohler ist inzwischen zu einem Geschäftsmann geworden, der sich die Eisenbahn für seine finsteren Pläne zunutze machen will. O'Brien trifft seine Jugendliebe (Madge Bellamy) wieder, aber die ist mit einem von Fred Kohlers Komplicen verlobt. Kurz bevor sich die Linien der beiden Eisenbahngesellschaften treffen, sammeln die Indianer noch einmal alle ihre Krieger zu einem letzten großen Angriff, der unter großen Opfern abgeschlagen wird. Kohler und O'Brien treffen sich zur letzten Abrechnung, und Kohler wird getötet. O'Brien und Madge Bellamy finden sich nach Jahren der Trennung wieder zusammen.

Nicht wegen des Aufwandes (der sich durchaus mit dem von «The Covered Wagon» messen konnte), sondern wegen der Details, mit denen Ford Geschichte und Menschlichkeit miteinander versöhnt, ist «The Iron Horse» für die Entwicklung des Genres bedeutsam. Man sieht einen Hund, der sich an seinen getöteten indianischen Herrn schmiegt, oder einen irischen Arbeiter, der einem chinesischen Kuli ein Stück Kautabak anbietet, und man begreift die «Größe» solcher Momente, in denen sich der Untergang der einen und der Aufstieg der anderen Kultur andeutet.

Solche Momente gibt es auch in Fords zweitem großen Western-*epic* der Stummfilmzeit, in «Three Bad Men» (1926). Der Film sollte zunächst die «großen drei» unter den Western-Stars von Fox, George O'Brien, Buck Jones und Tom Mix, zusammen präsentieren, aber nur O'Brien spielte schließlich in dem Film mit, und auch dies nur als «nomineller» Held, während die wirklichen Hauptrollen, die drei Banditen des Titels, von den weniger bekannten, aber als Typen ausdrucksvolleren Tom Santschi, Frank Campeau und J. Farrell MacDonald dargestellt wurden. Den historischen Hintergrund für eine Geschichte von drei bekehrten Banditen bildete hier der Goldrausch in Dakota und der *land-rush* des Cherokee Strip. Die Läuterung der drei Gesetzlosen geschieht durch ein junges, unschuldiges Mädchen (Olive Borden), das sie be-schützen, obwohl es sich augenscheinlich auch selbst zu helfen wüßte, und dem sie einen Bräutigam zuzuführen versuchen, der sich auch ohne ihre Hilfe eingefunden hätte. Für die Zukunft des Paares geben die drei schließlich ihr Leben hin, und dieses Opfer, endlich, hat seinen Sinn; die Schlußeinstellung zeigt die drei, «in einer sacht angedeuteten Christus-Pose» (Hans Günther Pflaum), als Schatten gegen den Horizont, fort-existierend als Legende und Bild.

Zugleich mit der Initiierung eines allegorischen Elements im Genre, das immer wieder den Western vor vollständiger Formalisierung retten sollte, begann mit «Three Bad Men» eigentlich erst jene Spielart des Western, in denen Form und Inhalt des Genres eine neue Qualität ein-nehmen und die Erzähl*weise* selbst den «Sinn» schafft. Die Geschichte des Films läßt sich mit ihr eigenen Moral nur als Western erzählen. Jean Mitry meint dazu: «‹The Iron Horse› erzählt von Ereignissen, die sich im Westen abgespielt haben. ‹Three Bad Men› erzählt vom Drama, das der Westen selbst ist.» (Der Film sollte für dreizehn Jahre Fords letzter Western sein; erst mit «Stagecoach» kehrte er zum Genre zu-rück.)

Allen epischen Western gemeinsam ist, daß sie von einer wichtigen Etappe in der Besiedlung des Westens handeln, von einer Nation, die nicht durch Politik und Krieg, sondern durch die direkte Konfrontation mit dem Land entsteht. (Zumindest sind in der sinnlichen Aktion des Pioniers und Westerner die Politik und der Krieg verborgen.)

«The Thundering Herd» (1925 – Regie: William K. Howard) bei-spielsweise nahm das Thema der neuen Siedler und ihrer Planwagenzü-ge durch die Prärie wieder auf. Hier wurde die «Suche nach dem gelob-ten Land» allerdings wesentlich sachlicher dargestellt als in Cruzes «The Covered Wagon». Was allerdings spektakuläre Szenen anbelangt, so konnte sich Howards Film durchaus mit denen von Cruze und Ford mes-sen. Szenen, in denen die Planwagen einen zugefrorenen Fluß überque-ren, oder die Jagd auf Büffel, schließlich ein Angriff der Comanchen auf eine Wagenburg der Siedler trugen zum Erfolg des Films ebenso bei wie sein Star Jack Holt und die *leading lady* Lois Wilson.

«The Winning of Barbara Worth» von Henry King entstand im selben Jahr. Der Film erzählt, vor dem Hintergrund der Bezwingung des Colo-rado River, eine Dreiecksgeschichte zwischen Vilma Banky, Ronald Colman und Gary Cooper (dessen Karriere hier begann). Wie «The Covered Wagon» das Urbild des «heroischen», «Three Bad Men» das des allegorischen Western ist, so bedeutet «The Winning of Barbara Worth» den Beginn des «romantischen» A-Western, der Seitenlinie des

Genres, die im Kontext des Western-Codes die Beziehungen zwischen Männern und Frauen thematisiert. King Vidors «Duel in the Sun» (1946), Otto Premingers «River of no Return» (1954) oder Nicholas Rays «Johnny Guitar» (1954) haben solche erotischen Western-Sujets in der Tonfilm-Ära aufgegriffen.

Den enormen finanziellen Erfolg von «The Covered Wagon» konnte keiner der anderen Western-*epics* wiederholen, und um 1926 war die Welle solcher aufwendiger Filme, von denen fast jedes große Studio mindestens einen produziert hatte, praktisch verebbt. Aber mit den wenigen Filmen hatte das Genre Themen und Formen entwickelt, die die nachfolgende «Latenzperiode» über den Beginn des Tonfilms hinaus überdauerten und konstituierten, was später als eigentlicher Western-Mythos definiert werden sollte.

Neue Helden:
Buck Jones, Tim McCoy, Hoot Gibson, Ken Maynard

Die Western-*epics* hatten die Serien-Western keineswegs verdrängt. In gewisser Weise ist sogar ein Einfluß festzustellen, zumindest der, daß bei einigen neuen Serien eine Wendung zum historischen Realismus vorgenommen wurde. Einen zweiten Tom Mix konnte es nicht geben, so versuchte es die Konkurrenz mit anderen Konzeptionen.

Buck Jones verdankt seine Karriere dem Umstand, daß man Tom Mix bei Fox zwingen wollte, finanzielle Forderungen zurückzunehmen. Es war ein durchaus übliches Verfahren bei den großen Studios, dies zu erreichen, indem man einem Star einen Konkurrenten «im eigenen Hause» gegenüberstellte, der ihn notfalls hätte ersetzen können. Es zeigte sich jedoch, daß durchaus Platz für zwei Serienhelden bei Fox war, zumal beider Konzeptionen grundverschieden voneinander waren. Dem akrobatischen, glamourhaften Mix stand mit Buck Jones ein eher lässiger Held mit einem gewissen Understatement gegenüber. Jones war eine «Art Gary Cooper des Serienfilms, ein bescheidener, gelassener Westerner mit offenen Gesichtszügen, geradlinig seine Gedanken und Taten. Er war nicht so ‹tragisch› wie William S. Hart, nicht so theatralisch wie Tom Mix, aber auch nicht so naiv wie Tim Holt. Buck Jones war ein ‹gestandener Mann› im Westen, der mit seinem Pferd ‹Silver›, mit seinem Revolver und seinen Fäusten allerhand anzufangen wußte, ohne daß er sich je um des Effektes allein willen in Szene setzen mußte. Und gelegentlich ist in den Buck Jones-Filmen eine gehörige Portion Selbstironie zu spüren» (Jürgen Berger/Georg Seeßlen).

Bei Fox nahm man Buck Jones unter Vertrag, nachdem ein *screen test* erfolgreich abgelaufen war, nicht ohne seinen Typus mit einem für die

Zeit typischen «Styling» zu versehen. Aufschlußreich ist ein Brief, den Winfield Sheehan, der *general manager* von Fox in New York an Buck Jones schrieb, um ihn auf seine kommende Aufgabe als Cowboy-Star und Matinee-Idol vorzubereiten. Zum äußeren Erscheinungsbild heißt es da zum Beispiel (zitiert nach Jon Tuska):

«1. Ihre Haare müssen im Film immer ordentlich gekämmt erscheinen, es sei denn, sie spielen eine Kampfszene. Sie müssen es so einrichten, daß Sie sich Ihre Haare einmal die Woche schneiden, waschen und ölen lassen, um ihnen Sauberkeit und Glanz zu geben.

2. Ihre Zähne müssen sorgfältig behandelt werden, ein Zahnarzt soll sie alle zwei Monate reinigen und polieren. Und Sie müssen sie mehrmals täglich pflegen. Achten Sie auch darauf, den Mund, wenn Sie lächeln, etwas weiter öffnen, damit man Ihre Zähne mehr sieht.

3. Die Kleidung, die für Sie angefertigt wird, sollten Sie so tragen, daß Sie sich daran gewöhnen und nicht unbehaglich darin vor der Kamera erscheinen.

4. Achten Sie darauf, daß Ihre Fingernägel nicht zu kurz geschnitten und sauber sind.»

Diese Instruktionen geben nicht nur etwas von dem «Sauberkeitsideal» der Cowboy-Stars wieder, das sich unter dem Einfluß von Tom Mix' Erfolg herausgebildet hatte, sondern auch davon, wie groß die Einflußnahme der Studios auf die Darsteller war (zumindest am Anfang einer Karriere – in der Auseinandersetzung mit William Fox um die Erhöhung seiner Bezüge blieb Tom Mix der Sieger, trotz des Erfolgs von Buck Jones).

Buck Jones-Western, längst keine solch aufwendigen Produktionen wie die Tom Mix-Filme, wiesen zumeist einen komödiantischen Unterton auf. Konstruktionsprinzip war dabei häufig eine Art *running gag*, wie etwa der in «The Gentle Cyclone» (1926 – Regie: W. S. Van Dyke), wo der friedliebende, aber faustkampferfahrene Buck Jones in einen Weidekrieg zwischen Brüdern verwickelt wird und im Verlauf der Handlung buchstäblich jeden männlichen Protagonisten einmal verprügeln muß, einschließlich des Sheriffs (den Oliver Hardy spielte). Am Ende heiratet Buck die Nichte der Brüder und schafft Frieden, indem er ganz einfach das Stück Land, um das der Kampf geführt wurde, selber übernimmt. Getötet wurde selten in den Buck Jones-Filmen.

Wie Buck Jones war auch Tim McCoy kein Freund des Western-Glamour. Während Jones Authentizität durch Natürlichkeit und gleichsam folkloristische Komödie erzielte, war McCoy in erster Linie an einer detailgenauen Rekonstruktion der Geschichte des Far West, vor allem der Indianerkriege interessiert. Er brachte in seine Filme nicht nur den Status eines Kriegshelden und den Ruf, der beschlagenste Kenner der Geschichte der indianischen Nationen zu sein, sondern auch Erfahrungen

«The Fighting Sheriff» (1931) von Louis King mit Buck Jones.

als Pferdezureiter und Indianeragent ein. «War Paint» (1926), der erste der von MGM produzierten Indianer-Western mit McCoy in der Hauptrolle, bei denen W. S. Van Dyke die Regie führte, erzählt die Geschichte von Iron Eyes, gespielt von Chief (= Häuptling) Yowlachie, der aus der Indianerreservation ausbricht und mit einer Handvoll Kriegern einen Kleinkrieg mit der Armee beginnt. McCoy muß, unter anderem, ein von Indianern umzingeltes Fort vor der Vernichtung retten, indem er sich durch den Belagerungsring schleicht, um Hilfe zu holen, er muß Iron Eyes in einem Messerzweikampf besiegen, und er muß die Häuptlinge, die drauf und dran sind, dem Beispiel der aufständischen Krieger zu folgen, in einem mittels Zeichensprache geführten Palaver davon überzeugen, daß der Krieg für beide Seiten nur Elend und Tod bringt, bevor der Friede wiederhergestellt werden und der Held die Tochter seines Vorgesetzten heiraten kann.

Die Szenen, in denen zwischen den Indianern und der Kavallerie Frieden geschlossen wird, gehören zu den «großen» des Films; fast gewaltsam, so scheint es, hat hier der Historiker McCoy die geschichtliche

Wirklichkeit verklärt. In McCoys Filmen schuf sich der Western eine Möglichkeit, den Indianer zu bewundern, ohne die eigenen Ideale und die eigene Geschichte allzu kritisch zu betrachten. Herausgestellt in diesen Filmen wurden gerade jene Tugenden der Indianer, die man auch selbst für erstrebenswert hielt: das soldatische, hierarchische System, die Selbstdisziplin, der Gehorsam etc., kurz die Tugenden einer militärischen Kaste, wie sie McCoy idealisierte. Die amerikanische Geschichte, auch in seinen Prä-Western und *period pieces* wie «Winners of the Wilderness» (1927), erscheint bei McCoy als tragischer Konflikt zweier Kriegerkasten, den Indianern und dem Militär, dem kein anderer Sinn zugrunde zu liegen scheint, als die Erfüllung von Ehre und Auftrag auf beiden Seiten. McCoys Indianer-Western von MGM vermitteln den Glauben, bei den Indianerkriegen wäre zwar manch ein Fehler, vor allem von uneinsichtigen Zivilisten, begangen worden, es sei aber im Kern dabei immer fair zugegangen, eben wie in dem Duell mit gleichen Waffen in «War Paint». Diese Darstellungsweise hat noch für zahlreiche Filme in der Geschichte des Western als Formel gedient.

Noch vor der Umstellung auf den Tonfilm wurde das Konzept der McCoy-Western geändert und, sehr zum Leidwesen des Stars, «entmilitarisiert». In Filmen wie «The Law of the Range» (1928 – Regie: William Nigh) spielte er dann den harten Einzelgänger mit auch moralischen Problemen. Prägender für die Entwicklung des Genres blieben jedoch seine Militär-Indianer-Western.

Hoot Gibsons Western waren demgegenüber nur selten um historische Akkuratesse bemüht; bei ihm ging es vor allem um Action und Humor. Er stellte einen lächelnden, tugendhaften «Gentleman» im Westen dar, der jederzeit den Schwächeren hilft, dies aber nicht groß herausstreicht, sondern eher als Selbstverständlichkeit betrachtet. Er war «the smiling whirlwind», immer in Bewegung und nie ernsthaft in Gefahr, die Fassung zu verlieren. «Hoot Gibson war ein jovialer und einfacher Mann, der wie der typische Cowboy aussah, der verläßliche Freund, der Mann, der das allwöchentliche Pokerspiel durch seine Späße belebt; Hoot war zweifellos der am schlampigsten gekleidete Held, der je die Western-Leinwand betreten hat. Man hatte immer den Eindruck, daß man, wenn er sich umdrehen würde, sehen könnte, daß ihm das Hemd aus der Hose hing. (. . .) Hoot war einfach ein normaler Mensch, das ist einer der Gründe für seine lange anhaltende Popularität. Das Publikum verband mit ihm so etwas wie Freundschaft, weil er einer von ihnen zu sein schien. Nicht so ein eingebildeter Hollywood-Schauspieler, sondern eher ein Arbeiter, der sich wie alle anderen auch am Samstagabend im Kino amüsieren würde» (Don Miller).

«The Buckaroo Kid» (1926) von Lynn Reynolds mit Hoot Gibson.

Das genaue Gegenteil zu diesem Westerner, der ein «Mann von nebenan» sein mochte, war der andere bei Universal unter Vertrag stehende Cowboy-Star, Ken Maynard, ein eher unnahbarer Held, der sich beinahe ebenso wie Tom Mix in Szene zu setzen wußte. Maynard begann bei First National und wurde eine Zeitlang zu einem ernsthaften Konkurrenten für Buck Jones und Tom Mix. Ebenso wie «Tony», das Pferd von Tom Mix, und «Silver», das von Buck Jones, war auch Ken Maynards «Tarzan» der zweite Star in seinen Western und erhielt einen oberen Platz in den *credits*. Die Ken Maynard-Western von First National waren ganz im Gegensatz zu denen von Hoot Gibson hochdramatische, von Maynards reiterlichen und akrobatischen Fähigkeiten getragene Filme. Pferdetricks waren das «Markenzeichen» seiner Western.

Der Regisseur bei den meisten Filmen mit Ken Maynard war Albert S. Rogell, der bereits viele Western mit Jack Hoxie gedreht hatte und eine Vorliebe für außergewöhnliche Kameraperspektiven hatte. Viele Action-Szenen richtete er so ein, daß die Kamera während eines spektakulären Stunts das Geschehen ganz aus der Nähe einfing, so auch ver-

deutlichend, daß Maynard alle gefährlichen Aktionen selbst ausführte.
Der Regisseur scheute sich dabei nicht, in manchen *close-ups* auch die
physischen Strapazen im Gesicht des Helden deutlich werden zu lassen,
während es gemeinhin zur spezifischen Ästhetik des Serien-Western gehörte, daß alle Stunts mit scheinbarer Leichtigkeit ausgeführt wurden.
(Dieser «Realismus» der Darstellung in den Ken Maynard-Western fand
allerdings keine Entsprechung in den Drehbüchern.)

«The Red Raiders», einer der aufwendigsten Ken Maynard-Western,
entstand im selben Jahr wie Tim McCoys «War Paint» und erzählte eine
ganz ähnliche Geschichte (sogar die Figur des aufständischen Indianers
wurde von demselben Darsteller, Chief Yowlachie, gespielt). Maynard
war glaubhaft als der autoritative Führer, ähnlich McCoy, aber zugleich
hatte er ein Gespür für jene kleinen Gesten, die zeigen, daß das Leben
ein einziges großes Abenteuer ist, das man auch genießen kann, vor allem, wenn man auf der richtigen Seite steht. Ken Maynard war der souveräne Abenteurer im Westen, ein etwas erdhafterer Tom Mix.

Dies alles bildet nicht mehr als die Spitze eines Eisberges. Aber deutlich ist, daß der Western dieser Jahre das Medium für ein breites Ange-
bot an Identifikationsmodellen war, vielleicht vergleichbar damit, was
heute die Stars der populären Musik sind.

Pulver und Geld . . .

. . . sind zwei Dinge, mit denen man sparsam umgehen sollte.

Wer kein Geld spart, hält sein Pulver nicht trocken. Wer das Pulver nicht spart, der hat es auch nicht erfunden.

Pfandbrief und Kommunalobligation

Meistgekaufte deutsche Wertpapiere - hoher Zinsertrag - schon ab 100 DM bei allen Banken und Sparkassen

Verbriefte  Sicherheit

Die dreißiger Jahre

Neue Anfänge:
Filme von Victor Fleming, Raoul Walsh und anderen

Eine Reihe von Gründen hat dazu geführt, daß das Genre des Western am Ende der zwanziger Jahre einen Tiefpunkt, sowohl was die Quantität als auch was die Qualität der produzierten Filme anbelangt, erreicht hatte. Als einen dieser Gründe diagnostiziert William K. Everson die enorme Popularität von Charles Lindberghs Überquerung des Ozeans mit dem Flugzeug und die Umsetzung dieses technischen Abenteuers in den Medien. Gegenüber dem waghalsigen Piloten, überhaupt dem Bezwinger der modernen Technik, mußte der Cowboy-Held alten Schlages ein wenig antiquiert wirken. (In den späteren B-Western des Tonfilms versuchte man gelegentlich, den Cowboy-Star mit allerlei technischem Gerät zu konfrontieren; manche Serien-Western späterer Zeit – etwa «The Phantom Empire» mit Gene Autry von 1935 – weisen regelrechte Science Fiction-Elemente auf.)

Ein anderer Grund mag wohl gewesen sein, daß sich das Interesse der Öffentlichkeit noch mehr vom Land auf die Stadt verlagerte; eine Welle der Landflucht hatte eingesetzt, die ihren Ausdruck auch in einer gewissen Verherrlichung des urbanen Lebens fand. Schließlich hatte die wirtschaftliche Lage das Interesse und Vertrauen in eine glorreiche Vergangenheit stark absinken lassen. Der Held der Stunde war der Gangster, der sich die urbane Kultur zu eigen macht, sogar souverän mit dem Instrumentarium der Korruption umzugehen weiß und sich in einem schnellen, genuß- und gewaltvollen Leben verbraucht. (Einige Jahre später sollte der Gangsterfilm dem Western neue Impulse geben.)

Ein weiterer, wahrscheinlich noch bedeutenderer Grund für das Abflauen der Western-Produktion war natürlich die Einführung des Tons, welche die Produzenten und Regisseure so dialogversessen machte, daß kaum etwas anderes noch zählte. Einem Film, in dem nicht pausenlos geredet oder gesungen wurde, traute niemand größeren Erfolg beim Publikum zu. Die Aufnahmetechnik zu Beginn des Tonfilms war zudem noch so beschränkt, daß sie die Einspielung von Tonmaterial *on location* kaum gestattete. Der Ton brachte – zunächst – ein Comeback für den reinen Studiofilm.

Tom Mix, Hoot Gibson oder Buck Jones hörten natürlich nicht auf, Filme zu drehen; sie hatten eine einigermaßen treue Gemeinde. Aber die Produzenten wurden vorsichtig mit der Planung von Western, kaum noch neue Serien wurden produziert, und die bereits laufenden reduzierte man. Länger als bei anderen Genres auch hielten sich in den Serien-Western Mischformen zwischen Stumm- und Tonfilm; Filme mit Musik und einer Erzählstimme, aber ohne Dialoge, Filme, in denen die Außenaufnahmen ohne Ton aufgenommen waren (oder ganz einfach aus Teilen älterer Stummfilme zusammengesetzt wurden), während Innenaufnahmen mit Dialog gedreht wurden, etc.

Nur einige wenige Filme des Genres konnten außerhalb der eingeführten Serien Erfolg beim Publikum verzeichnen, und nur zögernd knüpfte man an das Konzept der *epic*-Western wieder an. In dieser Zeit bestand das Genre vor allem aus individuellen Versuchen, die Aussagen und die Ästhetik des Genres mit den neuen technischen Möglichkeiten zu verbinden, neue «Formeln» für den Erfolg zu finden. Zu diesen Versuchen gehört auch etwa «Trail of '98» (1928) von Clarence Brown, der vor allem durch seine romantischen Filme bekannt geworden ist und auch hier neben der Aktion das Gefühl in den Vordergrund stellte. Der Film erzählt von den Goldgräbern im Tal des Yukon am Ende des Jahrhunderts, von ihrem mühseligen Weg zu den Goldfeldern und ihrer (meist vergeblichen) Suche. Dieser Western machte etwas vom fiebrigen, ja exotischen Treiben in den Grenzsituationen der amerikanischen Geschichte deutlich, ein großer Aufbruch, ein Fest der Möglichkeiten und der Freiheiten – und dann doch die neue Ordnung durch den Erfolg der wenigen und den Mißerfolg der vielen. (Unnötig zu sagen, daß diese Situation durchaus ihre Entsprechung in der Art fand, wie der Durchschnittsamerikaner von 1928 seine Lage beurteilen mochte.) Möglicherweise sind Filme wie der von Clarence Brown ein Symptom dafür, daß der Western nicht nur ein technisches und ein wirtschaftliches Problem für die Filmindustrie darstellte, sondern auch, wenn man so will, ein geistiges und «künstlerisches». Der Westen und seine Helden mußten neu erfunden, zumindest neu ausgestattet werden, damit sie den Erfahrungsbereichen des Publikums nicht vollends entfremdet würden.

Zum einen konnten die in den Stummfilm-Western geprägten Mythen nicht ganz so fraglos übernommen werden; der Tonfilm mußte, einem inneren Zwang des neuen Mediums gehorchend, sogar den Cowboy erst einmal erklären. Und wovon sollte der Held sprechen, womit die Personen ihre notwendigen Dialogszenen füllen? Das Melodram und die Freundschaft, die Intrige und die Beschimpfung nahmen einen breiteren Raum ein. Die Gefahr, unfreiwillige Komik zu produzieren, lag auf der Hand (und hat tatsächlich für einige Cowboy-Stars das Ende ihrer Serien bedeutet).

Zum anderen verloren sich ein wenig die viktorianischen Elemente des Genres zugunsten eines eher pragmatischen Puritanertums; der Lebenskampf war härter geworden, oder besser: seine Härte ließ sich nicht mehr verbergen. Die Helden der Dekade sind häufiger auf die Durchführung einer Aufgabe konzentriert als die der Stummfilm-Western, bei denen selten die gute Tat etwas mit eigenem Broterwerb oder der Verbesserung des eigenen Status zu tun hatte. (Ist auch keine einheitliche thematische Linie in den Western der dreißiger Jahre festzustellen, so fällt doch eine Vorliebe für die Themen des Goldrausches auf, hohe Geldbeträge spielen häufig eine große Rolle, und der Gangster als Volksheld findet im Outlaw der Legende seine Entsprechung.) Selbst in einigen der großen Stummfilm-*epics* ist die einzige Veränderung des Helden die, daß er am Ende verheiratet ist, während nun, schon damit im Dialog etwas *passieren* konnte, der Held sich über alles mögliche Gedanken machen mußte, um, wenn schon nicht seinen eigenen, so doch zumindest den Status eines anderen zu verändern. Die vielen Nebenfiguren der späteren B-Western verdanken ihre Existenz auch dem Umstand, daß der Held Partner für seine Gespräche brauchte.

Eine Konsequenz dieser angeführten Veränderungen war, daß sich im *anspruchsvollen* Western eine Tendenz zum «Psychologischen» herausbildete, so wie dies auch schon bei «Trail of '98» der Fall gewesen war: Die schauspielerischen Fähigkeiten des Stars wurden daher bedeutsam für die Wirkung eines Films. Der erste dieser großen Western-Schauspieler, die sich vom Serienhelden durch das gekonnte «Unterspielen» und die Fähigkeit, Emotionen zu zeigen, unterschieden, war Gary Cooper. Und zu den wenigen erfolgreichen Western der späten zwanziger Jahre gehörte auch «The Virginian» (1929), in dem neben Cooper Richard Arlen und Walter Huston die Hauptrollen innehatten. Regie führte Victor Fleming, der vordem unter anderem eine Reihe von Zane Grey-Filmen inszeniert hatte, später aber nie wieder einen Western drehen sollte.

Die Geschichte von Owen Wisters Roman eignete sich für das erwachende Interesse an den *inneren* Konflikten der Helden (und der Art, wie die Schauspieler sie zu bewältigen imstande waren): Der Virginier (Gary Cooper) führt eine Rinderherde durch eine Stadt; ihn begleitet sein bester Freund, der junge Steve (Richard Arlen). Im Saloon trifft der Held auf den Schurken Trampas (Walter Huston), und bereits bei dieser ersten Begegnung wird beiden klar, daß sie einander bekämpfen werden, wo immer sich ihre Wege kreuzen. Steve schließt sich der Bande von Trampas an; der Virginier ist an seiner empfindlichsten Stelle getroffen. Schließlich, nach einer Reihe von üblen Taten im Solde von Trampas, erwischt eine Posse den jungen Banditen, als dieser gestohlenes Vieh forttreiben will. Der Anführer dieser Posse ist niemand anders als der Virginier, der nun mit ansehen muß, wie man seinen Freund aufhängt. Dann setzt er sich auf die Spur von Trampas, wird aber verwun-

«The Virginian» (Der Virginier – 1929) von Victor Fleming mit Gary Cooper.

det. Die Dorflehrerin (Mary Brian), die ihn liebt, pflegt ihn gesund. Als Trampas kommt, um ihn zum Show-down zu fordern, versucht sie vergeblich, ihn von dem Duell zurückzuhalten. Der Virginier stellt sich dem Kampf und erschießt Trampas auf der Hauptstraße.

Mit diesem Film hat der Tonfilm-Western eine Formel gefunden, Action mit wirkungsvollen Dialogpassagen zu verbinden: Die Dialogszenen funktionierten sozusagen als retardierendes Element für die Action-Sequenzen, so die Spannung erhöhend. Der Spannung (Wer wird Sieger im Show-down?) ist ein Moment des *suspense* beigegeben (Wird der Held zum Henker seines Freundes?). Dem äußeren Konflikt des Helden war der innere eingeschrieben, der der verlorenen Freundschaft und der der gefährdeten Liebe, der im Widerspruch zu der notwendigen Tat steht. Der Western begann sich für die Motive seiner Helden zu interessieren, zugleich entstand die Tendenz, die Prinzipien der Protagonisten zu thematisieren. Es beginnt jener Prozeß über drei Jahrzehnte, in dem der Western, einst das einfachste und selbstverständlichste aller Genres, immer komplizierter strukturiert wird, seine Rituale von zunehmend «umständlichen» moralischen, psychologischen und politischen Erklärungszusammenhängen vorbereitet und umgeben werden.

Der moralische «Grenzfall» des Stummfilm-Western war der *good bad man*; der des Tonfilms wurde ein Mann, wie Gary Cooper in «The Virginian», der auf verschiedene Arten mit dem Bösen in Berührung kommt, und der, um das Böse aus der Welt zu schaffen, selbst nicht vollständig «gut» bleiben kann. (Nicht in Zinnemanns «High Noon», sondern in Henry Hathaways «Garden of Evil» und in Anthony Manns «The Man of the West» erreichte dieser Coopersche Archetyp seinen vollendetsten Ausdruck.) Die «großen» Western zu Beginn des Tonfilms handeln auch davon, wie ihre Helden die Lebensbedingungen des Westens verinnerlichen; auf die Aktion folgt das Psychodrama und umgekehrt.

Wie in «The Virginian» nimmt auch in «Law and Order» (1931 – Regie: Edward L. Cahn) die Szene einer Henkersjustiz eine zentrale Stellung ein. Das Problem des Rechts war virulent in den Vereinigten Staaten zu dieser Zeit. Der Gangster war der Held der Stunde; zugleich war die denkbare Gegenkraft gegen die Herrschaft der Gesetzlosigkeit nicht so sehr die Gewalt des Staates, sondern eher eine geheime Bereitschaft zur Selbstjustiz. Die Idee vom Gangster (bzw. vom Outlaw) als Volkshelden und die Idee, der Gangster (bzw. der Outlaw) könne nur mit seinen eigenen Mitteln bekämpft werden, sind gar nicht so weit voneinander entfernt; beide gehören zum Charakter von Gangsterfilm und Western.

Bezeichnenderweise stammt die Vorlage für «Law and Order», der Roman «Saint Johnson», von W. R. Burnett, der mit «Little Caesar» den Archetypus des Gangsters für den Film geschaffen hatte. Und auch in diesem Western, bei dem John Huston am Drehbuch mitgearbeitet hat, geht es um die Brutalität, die letztlich auf die Menschen zurückfällt, die sich mit ihrer Hilfe durchsetzen.

Walter Huston ist, deutlich an das Vorbild Wyatt Earp angelehnt, Sheriff von Tombstone, wo die Gesetzlosigkeit regiert und die Bürger dem Terror von Banditen ausgesetzt sind. Nun wird das Gesetz mit dem Revolver und dem Strick durchgesetzt; es ist wie die Überwindung eines menschlichen Naturzustandes der Gewalttätigkeit: Der Gangster muß aus der Welt, und auch der Outlaw muß aus der Welt. Mit ihrem Terror läßt sich nicht leben; sie haben es zu weit getrieben, und eine Selbstbeschränkung scheint es für sie nicht zu geben. Also muß jemand wie Walter Huston, der eigentlich der Gewalt schon abgeschworen hatte, mit bitterster Konsequenz vorgehen und sie vernichten. Doch in diesem Akt steckt für ihn und die Gesellschaft nicht nur eine Befreiung, sondern auch ein Verlust. Der Held weiß, daß die Menschen im Westen das Gesetz eigentlich nicht mögen, es vielleicht noch mehr fürchten als den Schrecken der Gesetzlosigkeit, weil «Gesetz und Ordnung» einen Endpunkt ihrer Entwicklung darstellen. Zum Teil verdankt der Western seine Fortexistenz den Elementen, die er dem Gangsterfilm entlehnt hat, und umgekehrt ist der Gangster als Held nicht vorstellbar ohne die Tradition des ambivalenten Westerners.

Raoul Walsh war es, der mit seinem Cisco Kid-Western «In Old Arizona» (1929) gezeigt hatte, daß auch eine Formel für den action-betonten Western im Tonfilm existierte, wenn die technischen Probleme bei den Außenaufnahmen gelöst werden konnten. Das Verdienst seines Films war nicht so sehr die Integration des Dialogs (die die genannten «psychologischen» Western bereits erreicht hatten), sondern die der dramatischen Geräusche, des Hufgetrappels, der Schüsse, des knisternden Feuers etc. in die Konstruktion des Western. Und das dritte Element des Tonfilms, die Musik, fand sich in Walshs Film zum erstenmal in innerem Zusammenhang angewandt: Die Handlung begleitet folkloristisch getönte Musik, die nicht nur den Legendencharakter der Helden betont, sondern auch die Verbundenheit mit der Geschichte und dem Volk.

Die künstlerischen und technischen Probleme waren nun so weit gelöst, daß sich die Studios daranmachen konnten, *all talking epics* herzustellen. «The Big Trail» (1930 – Regie: Raoul Walsh) ist bekannt geworden als der erste Film mit John Wayne in einer Starrolle. Aber er ist auch einer der ersten großen Tonfilm-Western, die sich mit der Rekonstruktion der Geschichte des Westens beschäftigen, ohne die Strapazen und das Leid der Pioniere zu verharmlosen.

«The Big Trail» erzählt die Geschichte eines Planwagenzuges auf dem Weg von Missouri nach Kalifornien, und die Fährnisse dieses Zuges wurden tatsächlich vor der Kamera neu durchgestanden und nicht, wie man das später häufig bewerkstelligen sollte, durch eine Montage stilisierter Bilder dargestellt. Als dramaturgische Leitlinie dient die Entlarvung eines Verräters in den eigenen Reihen, mit dem der Held eine alte Rechnung zu begleichen hat; aber noch mehr als in den Stummfilm-*epics* ist diese Geschichte nur «Aufhänger» für Szenen wie die, in denen die Planwagen einen reißenden Fluß überqueren, Indianer eine Wagenburg angreifen, der Zug sich durch die Prärie und über die Berge bewegt usw. Der Aufwand und die Technik, die filmische Pionierleistung in Entsprechung zur historischen («The Big Trail» war sogar in einer Breitwandfassung in einem frühen Prozeß dieser Technik hergestellt worden, die Raoul Walsh parallel zur Normalfassung mit leicht geänderten, dem Prozeß angepaßten Einstellungen drehte) waren die Botschaft und die Sensation des Films, der mehr eine Abfolge komponierter Tableaus als die Konstruktion einer Geschichte ist.

Das Gegenbeispiel dazu ist King Vidors «Billy the Kid» aus demselben Jahr, bei dem William S. Hart als Berater fungierte. Nicht nur deshalb besitzt Vidors Film etwas von der angestrebten Authentizität in Detail und Stimmung und etwas von der Strenge der Hart-Western. «Billy the Kid» ist der erste jener zahlreichen Filme, die die berühmten Banditen des Westens zu «moralisch akzeptablen» Charakteren uminterpretierten, indem sie die Gesetzlosigkeit der Helden als Folge erlittenen Unrechts, ihr Verhalten, bei aller erzwungenen Gewalt, doch als fair, aufrecht, ja manchmal auch hilfsbereit zeigen und ihr Ende als tragische Erfüllung eines Schicksals durch die Hand eines Verräters. Der einfachste Weg, einen der Volkshelden des Westens als sympathische Filmfigur zu präsentieren, war natürlich, die Rolle mit einem sympathisch und offen wirkenden Schauspieler zu besetzen. «Billy the Kid» bedeutete für Johnny Mack Brown einen ähnlichen Schritt wie «The Big Trail» für John Wayne; beide waren in den folgenden Jahren als Stars vieler Serien-Western zu sehen.

Mack Brown war ein Billy the Kid, dem man bestimmt keinen böswilligen Terrorakt zutrauen konnte, sosehr man gleichwohl verstand, wie der Zorn in ihm kochte. So ein Billy the Kid konnte natürlich nicht sterben; am Ende des Films reitet er mit seiner Braut davon, und Pat Garrett sieht lächelnd dem Paar hinterher. Auch dieser Pat Garrett, gespielt von Wallace Beery, ist hier eine eher sympathische Gestalt, und Beery wiederholte die Rolle des «liebenswerten, rauhen Schurken» noch in einer Reihe weiterer Western.

Wie «The Big Trail» war auch «Billy the Kid» zugleich in einer Breitwand-(65 mm-) und in einer Normal-(35 mm-)Fassung produziert worden. (Die Einführung dieses Prozesses scheiterte aber zunächst an den hohen Investitionskosten für die Kinobesitzer, die zudem häufig noch an den Kosten der Umstellung auf den Tonfilm zu tragen hatten.) Doch die Botschaft von «Billy the Kid» war nicht dieser Aufwand, es war vielmehr die Schaffung eines trotzigen Helden, der, notgedrungen zwar, aber vehement gegen die etablierte Ordnung und gegen das Gesetz Front macht. Neben einer zunehmenden Bereitschaft, Gewalt zu akzeptieren, ist dieses Element für den Western bestimmend, nämlich daß er beginnt, Rebellen als Helden vorzustellen. Diese Tendenz hat ihre Entsprechung durchaus in der amerikanischen Öffentlichkeit, die ein Trend zur Regierungsfeindlichkeit prägte. Das Problem des Gesetzes, das Problem der Gewalt und das Problem der Macht – diese Themenkreise verbinden um 1930 Western und Gangsterfilm. Beide Genres reagierten auf den Zusammenbruch der Wirtschaft im Jahr 1929 mit mannigfach «verkleideten» Infragestellungen staatlicher Ordnungsmacht und ihrer Repräsentanten.

Der erfolgreichste Western des Jahres 1930 aber war «Cimarron» von Wesley Ruggles nach einem Stoff von Edna Ferber inszeniert, ein *epic* über die ereignisreiche Gründung des Staates Oklahoma. Die fast hysterische Aufbruchsstimmung des *landrush* traf wohl auch in gewissem Sinne die Zeitstimmung: Die Landnahme von Oklahoma bedeutete eine letzte gewaltige Welle der Besiedlung in einer Situation, in der selbst dieses Land eng geworden war, nicht mehr allen Landhungrigen Platz bereiten konnte. Im Verlauf des Films verlagert sich das Interesse vom großen Abenteuer auf das Melodram.

Romantische und pessimistische Gemälde: Tonfilm-epics

Mitte der dreißiger Jahre wies das Genre kaum noch Kontinuität auf und brachte kaum anderes als profilierte einzelne Werke hervor. Unter diesen ist beispielhaft etwa «Sutter's Gold» (1936) zu nennen, der zum Teil von Sergej M. Eisenstein geschrieben wurde. (Eisenstein war auch für die Regie vorgesehen, man übertrug sie schließlich aber James Cruze, nachdem Howard Hawks einige Szenen inszeniert hatte.)

Der Film entstand nach Blaise Cendrars «Gold» und erzählt die Geschichte des deutschstämmigen Kapitän Sutter, der sich in Kalifornien ein kleines «Reich» aufgebaut hat, das nun vom beginnenden Goldrausch zerstört wird. Diese Episode gehört zu jenen Wendepunkten der Geschichte, in denen der neugewonnene Westen eigentlich bereits wieder verloren wurde. «Durchdringend klagte die kalifornische Landschaft von dem Widersinn der Goldgier, wie auch die Biographie Sutters und der Roman über sein abenteuerliches Leben eine einzige himmelschreiende Anklage sind», erinnerte sich Eisenstein.

Ein solch kritisches Verhältnis zu den Themen des Western wurde zu dieser Zeit noch nicht hingenommen; es war eine Sache, mit den Mitteln des Western Kritik – verschlüsselt – an aktuellen Zuständen zu wagen oder sich von der Unzufriedenheit «öffentliche Träume» diktieren zu lassen, eine andere Sache war es, Kritik am Westen selbst zu üben, an den *historischen* Fehlern seiner Gestalter. Noch bevor bekannt war, wie Eisenstein (zusammen mit seinen Co-Autoren Ivor Montagu und Grigorij Alexandrow) den Stoff überhaupt anpacken wollte, beschimpfte ihn die reaktionäre Presse als «roten Hund» und «gefährlichen ausländischen Juden, der Amerika vergiften will». Bei Universal nahm man daraufhin die Zusage, das Drehbuch ohne Änderung zu akzeptieren, zurück mit der Begründung, der Film würde zu teuer. Cruze, der die Gelegenheit sah, mit diesem Film einen ähnlichen *epic*-Western wie seine Filme «The Covered Wagon» oder «Pony Express» (1925) zu realisieren, verbrauchte allerdings mehr Geld, als irgendein Drehbuch hätte vorschreiben können. Hinter diesem Aufwand verschwand nun auch der Rest von Eisensteins historischer Sicht ebenso wie von Cendrars Poesie. Die Tatsache, daß der Film weder einen regelrechten Western-Star (Edward Arnold spielte die Hauptrolle in der endgültigen Fassung) aufzuweisen hatte noch eine durchkonstruierte Geschichte, mag zu seinem Mißerfolg beim Publikum und bei der Presse ebenso beigetragen haben, wie Cruzes nun bereits ein wenig antiquiert wirkender Inszenierungsstil. So wie sie sich nun darstellte, hatte diese Geschichte dem Amerikaner von 1936 nichts zu sagen. Insgesamt ist «Sutter's Gold» ein Beispiel dafür, wie stark der Einfluß der konservativen Presse auf die Filmproduktion und wie groß die Unsicherheit der Produzenten in bezug auf das Genre andererseits war. (Für Carl Laemmle, einen der Förderer des Western, bedeutete der Mißerfolg von «Sutter's Gold» das Ende seiner Karriere; er mußte seine Anteile an Universal verkaufen und zog sich vom Film zurück. Universal wurde als Produktionsfirma nur durch den Erfolg von James Whales Musical «Show Boat» aus demselben Jahr vor dem Ruin gerettet.)

Die Verklärung des rebellischen Helden wurde in William A. Wellmans «Robin Hood of El Dorado» (1936) weitergeführt, einem biographischen Film über den mexikanischen Banditen Joaquin Murietta nach dem Buch von Walter Noble Burns. Es geht auch hier um die Situation des Goldrauschs (wie übrigens auch in Wellmans ein Jahr zuvor entstandener Jack London-Verfilmung «Call of the Wild»); der Held wird zunächst als *greaser* diskriminiert und terrorisiert. Rassistische Goldgräber vergewaltigen und töten seine Frau. Erst jetzt wird er zum Desperado, aber nicht eigentlich zu einem Bösewicht, er bleibt in seinen Handlungen immer verstehbar (die Hauptrolle spielte der Star vieler Cisco Kid-Western Warner Baxter).

Der Film war einer der Versuche, den «sozialen Realismus» aus den Gangsterfilmen auf das Genre des Western zu übertragen. Die Schlußsequenz mit dem Massen-Shoot-out, das Wellman als eine «abscheuliche blutige Orgie» (Julian Fox) deutet, ist häufig als Vorwegnahme der aus Sam Peckinpahs «The Wild Bunch» (1969) bezeichnet worden, und in kaum einem der Outlaw-Filme dieser Periode wird so deutlich gemacht, daß der Volksheld ein unterprivilegierter Mann ist, dem letztlich auch die Mittel fehlen, die Gewalt seiner Rebellion zu verarbeiten und zu einer konstruktiven Kraft umzuformen.

Die *epic*-Western der dreißiger Jahre litten in gewisser Weise unter dem Auseinanderklaffen von inneren und äußeren Konflikten der Helden, von Action und Romantik. Der Hintergrund der großen historischen Bewegungen wie des Goldrauschs in den genannten Filmen, die Einrichtung der Postkutschenlinie in Frank Lloyds «Wells Fargo» (1937) oder die Indianerkriege etwa in Cecil B. DeMilles «The Plainsman» (1937) waren kaum in Tat und Gedanken der Helden integriert. Seine «technische» Entsprechung hatte dieses Fehlen einer erzählerischen Methode, die ganz dem Geist des Genres entsprochen hätte, in der oft überdeutlichen Gegenüberstellung von Studio- und Außenaufnahmen. Bei Cruze mußte der stockende Erzählfluß sogar durch zahlreiche Zwischentitel in Gang gehalten werden.

Wenn auch nicht frei von diesen Problemen, ist «The Plainsman» in seiner legendenhaften Anlage ein Schritt in Richtung auf einen neuen Stil. «The Plainsman» erzählt die Geschichte von Buffalo Bill Cody (James Ellison), der geheiratet hat und dem abenteuerlichen Leben den Rücken kehren will, und von Wild Bill Hickok (Gary Cooper), der ihn erneut für den Kampf gewinnen muß, um einen neuen großen Indianerkrieg zu verhindern, den Waffenschieber zu einem Problem machen. Calamity Jane (Jean Arthur) liebt Bill Hickok, und auch der ist ihr, in seiner lakonischen, abwartenden Art, zugetan, aber die beiden sind zu eigenwillige Charaktere, um ganz problemlos zueinanderfinden zu können. Gemeinsam geraten sie in die Gefangenschaft der Indianer, und Calamity verrät, um Bill vor der Folter zu bewahren, die Route des Militärtrupps, den Buffalo Bill anführt. Das verzeiht ihr Bill nicht; bis auf wenige Männer wird der Kavallerie-Zug aufgerieben. Hickok spürt die Waffenhändler auf, nimmt sie gefangen und wartet auf Cody und die Soldaten. Calamity Jane ist bei ihm. Da tötet ihn einer der Komplicen der Waffenhändler durch einen Schuß in den Rücken.

Es ist die romantische Legende von Wild Bill Hickok, die Cecil B. DeMille erzählt, nicht die «politische» oder militärische. Cooper ist der stoische, verschlossene und doch in seinem Inneren freundliche Held, der nur in einer Szene, als er seinen Freund dazu bringt, seine Frau zu verlassen, um der Armee zu helfen, seine Verantwortung für die Gemeinschaft in Worte kleiden muß. Ansonsten ist in dem, was er tut, genug Rechtfertigung und Erklärung. Dies ist ein neuer Aspekt im Wesen des Western-Helden, daß er sich nach einem Code verhält, den niemand anspricht, der aber akzeptiert ist vom ersten Moment an, da er auf der Leinwand zu sehen ist. Dieser Code ist mehr als eine simple Regel oder ein Gesetz, es ist ein System, in dem Zeichen eine große Rolle spielen. Der Westerner, wie ihn Cooper darstellt, macht wenig Worte, aber die, die er ausspricht, haben nicht nur das Gewicht seiner Autorität, sondern transportieren zugleich die «Wahrheiten» des Code.

«In seiner ersten Szene schließt Wild Bill Hickok inmitten der Turbulenz der Hafendocks von St. Louis Freundschaft mit einem kleinen Jungen, der den großen Bill anhimmelt. Mit dieser Szene beginnt die Geschichte der Boy-Hero-Western, in denen die Helden des Westens zu Freunden und Lehrmeistern der Kinder des Westens werden. Sie ist auch eine wunderbare Umschreibung des Verhältnisses zwischen dem Publikum und dem Legenden-Western. Der Junge am Dock, den der Held der Prärie zu einem Komplicen macht, ist identisch mit dem Zuschauer, der sich der wohltuenden, von keinem Außenseiter und Besserwisser angreifbaren, intimen Beziehung zu einem Mythos hingibt. Der Schluß des Films braucht diese Identifikationsfigur nicht mehr: Aus dem Jungen auf der Leinwand ist der Junge im Zuschauer geworden, der den ermordeten, aber ewig lebendigen Bill Hickok an der Seite seines Freundes Buffalo Bill über das wogende Gras der Prärie reiten sieht» (Joe Hembus).

Die wenigen großen Produktionen des Genres in dieser Zeit waren begleitet von einer Reihe von Filmen, die weniger wegen ihres gestalterischen Einflusses auf die Entwicklung des Western als vielmehr wegen der Vorstellung neuer Darstellertypen bedeutsam waren. In «The Texas Rangers» (1936 – Regie: King Vidor) beispielsweise spielte Fred MacMurray, in «Wells Fargo» Joel McCrea und in «The Texans» (1938 – Regie: James Hogan) Randolph Scott die Hauptrolle. Gemeinsam war dieser neuen Generation von Western-Darstellern, alle mehr oder minder dem lakonischen Stil Gary Coopers verpflichtet, die stoische Ruhe, das Understatement und die unheroische Attitüde, mit der sie ihren Weg gehen. So war, von den Möglichkeiten der Regie wie vom Darstellungsstil her vorbereitet, was im Jahr darauf endgültig Gestalt annehmen sollte: der Western für Erwachsene, der erwachsene Western.

1939: Das große Jahr des Western

Mit John Fords «Stagecoach» (1939) hat der Western zu seiner «klassischen» Form gefunden. Der Film entstand nach der Kurzgeschichte «Stage to Lordsburgh» von Ernest Haycox, die zum erstenmal im April 1937 im «Collier's Magazine» veröffentlicht worden war. Die Geschichte erzählt von den eigentümlichen, halb allegorischen, halb mythischen Charakteren, die der Westen hervorgebracht hat, von Spielern, Trunkenbolden und Huren, die ehrbar sind, und von Geschäftsleuten und Bürgerfrauen, die es nicht sind. Sie beginnt: «This was one of those years in the Territory when Apache smoke signals spiraled up from the stony mountains summits and many a ranch house lay as a square of blackened ashes on the ground and the departure of a stage from Tonto was the beginning of an adventure that had no certain happy ending . . .»

Dies ist der elegische Ton einer einfachen Legende, und der Film nimmt ihn auf. Die kleine Reisegesellschaft in der Postkutsche, der eigensinnige, aber völlig integre junge Westerner (John Wayne), der elegante, tragische *gambler* (John Carradine), der komisch-freundliche Whisky-Vertreter (Donald Meek), der ewig betrunkene, dennoch fähige Arzt (Thomas Mitchell), die geächtete, so zynische wie mütterliche Hure (Claire Trevor), die arrogante Puritanerin aus reichem Haus (Louise Platt), der fluchende, gutmütige Kutscher (Andy Devine), der aufrechte Sheriff (George Bancroft) und der kriminelle Bankier (Berton Churchill), letztlich eine Gruppe von Außenseitern, wird durch die Bedrohung von außen, durch die Indianer gezwungen, miteinander auszukommen, zu kämpfen, sogar füreinander zu sterben; die Bewährung der *misfits* rettet die Kutsche, was nicht nur den Sieg und das Leben der Davongekommenen bedeutet, sondern auch einen moralischen Sieg. («Klassisch» ist John Fords Film also nicht nur, weil er die klassische Einheit von Ort, Zeit und Raum auf beispielhafte Weise wahrt, und nicht nur, weil er selbst zum Vorbild für viele andere Filme des Genres geworden ist, sondern auch deshalb, weil er so perfekt den Mythos des Westens wiedergibt, als hätte er ihn selbst konstituiert.) Wie diese Gesellschaft zusammenwächst, ihre inneren Widersprüche zurückdrängt, zugleich aber auch die Achtung für jedes partizipierende Individuum erringt, das gemeinsame Ziel möglicherweise mehr und mehr als Medium begreifend für ein großes Gefühl der freien Gemeinschaft, dem gegenüber das ganz eigene Schicksal zweitrangig wird, dies alles ist sicher auch ein mythopoetisches Bild für die Entstehung der amerikanischen Gesellschaft aus der gemeinsamen Bewährung der Individualisten. Das passiert in steter dramatischer Bewegung; anzuhalten auf dem eingeschlagenen Weg wäre der sichere Tod.

«Stagecoach» (Ringo/Höllenfahrt nach Santa Fé – 1939) von John Ford mit John Wayne, Andy Devine, Claire Trevor, George Bancroft, Louise Platt, Tim Holt, Berton Churchill, John Carradine, Thomas Mitchell.

Mehr noch als die äußere Bedrohung ist die Landschaft in Fords Film das Element, das die Einheit schafft, auf eine Weise, die man nur in Ermangelung eines besser verständlichen Wortes «symbolisch» nennen kann. Das Monument Valley mit seinen bizarren Tafelbergen und Felszacken (wenn man so will: abstrakte «Zeichen», die durch die Beziehung der Menschen ihren Sinn erhalten) ist Fords Kulisse, mehr: der Raum, in dem sich, wie Jean Mitry gesagt hat, in Fords Filmen ein anderer Raum bewegt. Hier gewinnt der Western sein Ornament. Dieser Raum, diese Landschaft, die den Menschen ihre Identität gibt, ist nicht unberührt; sie ist gezeichnet von den Spuren, die die Menschen in ihr hinterlassen haben, den Wegen, die wie Wunden sind. Und umgekehrt hat diese Landschaft in den Gesichtern und Schicksalen der Menschen ihre Spuren und Wunden hinterlassen. Mit anderen Worten: In diesem und anderen großen Ford-Western ist die Beziehung zwischen Landschaft und Menschen eine dialektische, und mag sich der Regisseur gelegentlich auch um das historische Detail einen Teufel gekümmert haben, allein dadurch kommt er der historischen Wahrheit so nahe wie in einem Film nur möglich. So konnte der Western zu einem Modell für das Verhältnis zwischen den handelnden Menschen und der passiven Natur wer-

den, für den Vorgang ihrer Überwindung, der nicht ohne Verluste vonstatten geht, aber mit einer neuen menschlichen Qualität zumindest als
Hoffnung endet: Heimat.

«Stagecoach» war nicht nur ein Film, der gleichsam für die «Philoso-
phie» des Western neue Maßstäbe setzte, sondern auch in technischer
Hinsicht ein Schritt nach vorn (beides ist natürlich untrennbar miteinander verbunden). Exzellentes Stunting und eine «entfesselte» Kamera in
den Szenen des Indianerangriffs ebenso wie die großen Panoramen und
die zwingend einfache Dramaturgie sind später zum Vorbild geworden;
manches davon ist im Verlauf der Geschichte des Genres auch zum Kli-
schee degeneriert.

Von der Presse wurde «Stagecoach» als Zeichen für die «Wiedergeburt» des Genres gedeutet. Es schien, als habe man schon lange darauf
gewartet, als wäre der Film eine Erlösung, nicht nur, weil er ein Meisterwerk war, sondern weil er eines war, das diesen Anspruch gar nicht her-
auszustellen brauchte, und weil es ein *einfaches* Meisterwerk war, das
zur rechten Zeit erschien, um den ambitiösen, kunsthandwerklichen
Strömungen im amerikanischen Film der dreißiger Jahre ein Ende zu
setzen. Wie der New Deal, dem sicher der Western seine Wiedergeburt
mit verdankt, als populärer Mythos eine neuerliche Überwindung des
«Europäismus» bedeutete, die Rückkehr zu den amerikanischen Idealen
und Hoffnungen, so war auch die Kunst, und insbesondere der Film nun
die Spiegelung einer neuerlichen Bewegung, zurück und nach vorn, auf
der Suche nach Amerika. Und welche andere Filmgattung als der Western hätte diese Bewegung aufnehmen können? Er schuf eine neue Alternative zum Gangster, zur Dekadenz in den Städten, zur Korruption,
zur Resignation.

Amerika, der Westen in den Filmen des Genres aus dieser Zeit, erschien wie das Paradies, das (beinahe) schon verspielt war und nur durch
die Bewährung als Idee und Verpflichtung zu erhalten. Wie die «Einfachheit» des Western im Jahr 1939 gestalterisch nur durch die Anwendung kunstvoller filmischer Mittel noch erreicht werden konnte (und
schon deshalb auch nur von wirklichen Könnern realisiert), so war die
«Einfachheit» der Botschaft nur durch die Integration der jüngsten Erfahrungen zu bewerkstelligen, und das bedeutete, daß der Mythos des
Westens selbst komplexer wurde und in sich widersprüchlicher und
mehrdeutiger. Denn das Erfolgsrezept des Western dieser Zeit war nicht
einfach, eine «optimistische» Zeitströmung mit «optimistischen» Filmen
zu unterstützen. Der große Western dieser Jahre lieferte ein mythisches
Erklärungsbild für den Zustand der amerikanischen Gesellschaft und
verarbeitete auch die Schrecken der Depression, den amerikanischen
Sündenfall. Die Vergangenheit manches Western-Helden, die er überwinden mußte, konnte durchaus auch als Gleichnis für die Vergangen-

heit des eigenen Lebenszusammenhanges verstanden werden, von dem man sich loswünschte.

Trotz seiner klassischen Einheit von Ort, Zeit und Handlung ist «Stagecoach» ein Film, über dessen «Aussagen» sich Bände füllen ließen, ohne daß je vollständig die in ihn eingegangenen persönlichen und kollektiven Erfahrungen auszufiltern wären. Seine beeindruckende «Richtigkeit» erhält der Film nicht, weil er allgemein akzeptierte Ideen wiedergegeben hätte, sondern weil er einfache und große Bilder für immer wieder in Frage gestellte, modifizierte und bedrohte Träume gefunden hat. Nicht wegen seiner Einfachheit, sondern wegen seiner Kompliziertheit konnte es geschehen, daß man lange den Western als ein Genre betrachten konnte, das keine «eigenen» Aussagen hat.

Der erfolgreichste Western des Jahres 1939 war jedoch nicht «Stagecoach», sondern bezeichnenderweise Cecil B. DeMilles «Union Pacific», ein patriotisches Heldengemälde vom Bau der Eisenbahn (in gewissem Sinne ein Remake von «The Iron Horse»), das treffend und unreflektiert das wiedererwachte nationale Selbstwertgefühl dieser Zeit wiedergab. Die Einigung der Gesellschaft, ihre Ausrichtung auf ein neues großes Ziel, was eines der Hauptthemen des Hollywood-Films dieser Jahre war, wird in DeMilles Film nicht wie bei Ford durch die gemeinsame Erfahrung, sondern durch die gemeinsame *Tat* erreicht; technologischer und gesellschaftlicher Fortschritt erscheinen als identisch, jedenfalls wenn zuvor die Korruption (hier in Gestalt des schurkischen Brian Donlevy) ausgeschaltet werden kann.

Daß in «Union Pacific» ganz bewußt die «Gesundung» der amerikanischen Gesellschaft durch die Rückbesinnung auf die Tugenden der Pioniergesellschaft des Westens propagiert ist, davon zeugt nicht nur die Zeichnung des Helden (Joel McCrea) als eine Art *trouble shooter* im Dienste der Eisenbahngesellschaft, ein Einzelkämpfer für das Recht und vor allem für den gesellschaftlichen Frieden, wie ihn im Kriminalfilm derselben Zeit die Figur des G-Man (Gouvernment-Man) verkörperte, das zeigen nicht nur manche historische Ungenauigkeiten, wenn es darum geht, die weniger positiven Geschehnisse beim Bau der transkontinentalen Eisenbahn zu verklären, sondern auch DeMilles symbolische Verweise. «Die um die historischen Versatzstücke ersonnene Fabel vom ehemaligen Streiter der Union, Jeff Butler (McCrea), kündet ebenso von den naiven Intentionen des Regisseurs, wie es die dekorativ angeordneten Fakten tun. Jeff ist der positive Held einer werdenden Nation, die sich gegen alle erdenklichen Hindernisse erfolgreich zur Wehr setzt. Exemplarisch ist die Sequenz, in der die militärischen Schutztruppen den von den Sioux eingeschlossenen Rivalen Jeff und Dick (Robert Preston) und dem Mädchen Molly (Barbara Stanwyck) zur Hilfe eilen. Todesmutig wird der Hilfszug über eine bereits von den Indianern in Brand gesetzte Brücke gejagt und taucht aus den dicken Rauchschwaden unversehrt wieder auf. Über den Köpfen der Befreier der *last minute's rescue* schwebt optimistisch knatternd das Sternenbanner» (Klaus Hellwig).

Die Botschaft des Western, von den Serienfilmen bis zu den *epics* dieser Zeit, war vor allem die Kontinuität der amerikanischen Gesellschaft: Am Ende von «Union Pacific» sieht man eine moderne Diesellokomotive die transkontinentale Linie befahren, deren Bau der Film geschildert hat. (Eine Episode am Rande zeigt, daß solches Bemühen um Kontinuität, ausgedrückt in Symbolen und «Fetischen» mehr als in Ideen und Forderungen, auch dem Charakter der Western-Schöpfer entsprach. Die Pistolen, die Gary Cooper als Wild Bill Hickok in «The Plainsman» getragen hatte, waren persönliches Eigentum DeMilles. Nun, für «Union Pacific», nahm er sie wieder von der Wand seines Büros, um Joel McCrea damit auszustatten.)

Wie der Western dieser Zeit die «Aufgabe» hatte, Alternativen zu der chaotischen, ruinösen Lebensform der urbanen Gesellschaft zu entwickeln, die an ihrer Unbeständigkeit, ihrer Hektik, ja ihrer «Modernität» zugrunde zu gehen drohte (dem Ideal des «schnellen Lebens» wurde die Beständigkeit der Legenden, des Landes, der Hoffnungen gegenübergestellt, dem anarchischen, egoistischen Tatmenschen der friedliebende, verantwortungsbewußte und bescheidene Westerner etc.), so hatte das Genre auch das «Erbe» des Gangsterfilms zu verarbeiten. Das wird nicht nur durch die nun häufig auftretende Gestalt des *trouble shooters*, des individualistischen, dennoch für die Sache der Gemeinschaft eintretenden Kämpfers wie Joel McCrea in «Union Pacific» belegt, die ihre Entsprechung im FBI-Agenten hat, der als Held des populären Mythos Hoffnung auf den Sieg gegen das Verbrechen weckte und zugleich die aktuelle Ausformung des amerikanischen Idealtypus war. Im Western formte sich auch eine neue Lösung für den traditionellen Konflikt zwischen Stadt und Land, und der Gangster tauchte als absolute Negativfigur in Western wieder auf, als frühe Gefahr einer «Vergiftung» der Pioniergesellschaft mit Korruption und Heimtücke.

In «The Oklahoma Kid» (Regie: Lloyd Bacon) spielt James Cagney, ganz in der Art seiner urbanen Gangstergestalten, einen *good bad man*; Humphrey Bogart ist der schwarzgekleidete Schurke, der zum Beherrscher einer im Zug des *landrush* von Oklahoma neugegründeten Stadt (!) wird. Am Ende wird er im Kampf mit Oklahoma Kid (Cagney) und seinem Bruder (Harvey Stephens) getötet. Der Held schwört seinem Outlaw-Leben ab und heiratet das gute Mädchen (Rosemary Lane), die Tochter eines Richters. Dieser Film, in seiner Konzentration auf die Heldenfigur, seiner pausenlosen Action und seiner straff und ohne Nebenlinien erzählten Handlung eher in Kategorien des B-Western zu messen, ist von der Gestaltung her kaum bemerkenswert (wenn man ihn auch wegen seiner «Fehlbesetzung» schlechter gemacht hat, als er ist), aber er kann als Symptom dafür gelten, daß man im Jahr 1939 eine solche Geschichte, die mit einigen Akzentverschiebungen durchaus auch im Großstadtmilieu hätte spielen können, lieber als Western denn als Gangsterfilm erzählte.

Die «mafiose» Bedrohung, ein Hauptthema des Gangsterfilms, fand ihre Entsprechung im Western in den Geschichten der *boomtowns*, die im Land- und Goldrausch oder beim Eisenbahnbau entstanden. Das organisierte Verbrechen wurde hier gleichsam in seiner Entstehung gezeigt, und der Held konnte es besiegen, bevor man sich, wie im Verhalten der Bürger angedeutet, daran gewöhnt hatte. Der Western verfolgte, symbolisch gesprochen, den Gangster bis an seinen Ursprungsort und konnte ihn dort empfindlicher besiegen als in der Gegenwart, wo man ihm zwar den Status eines Volkshelden, nicht aber seine wirkliche (politische) Macht entreißen konnte.

In Gestalt des zwischen Böse und Gut angesiedelten rebellischen Outlaw erwuchs dem Gangster ein Rivale als Volks- und Legendenheld im Kino. Im Western rekonstruierte sich, wie um zu beweisen, wie falsch die Faszination durch den Gangster gewesen war, in Gestalt des «historischen» Outlaw der wirkliche amerikanische Volksheld, der neben vielen anderen auch diesen «Vorteil» hatte: Er war hundertprozentig WASP. Dem lag wohl nicht nur die Tatsache zugrunde, daß ein «reformierter» Western-Bandit ganz einfach glaubwürdiger als der «reformierte» Gangster war. Im Gegensatz zum Gangster ist der Western-Outlaw ein Mann in Opposition zur Korruption und zur politisch-mafiosen Macht; er errichtet keine stabile Schreckensherrschaft wie die Gangster oder wie die Schurken vom Schlage Brian Donlevys in «Union Pacific», oder Humphrey Bogart in «The Oklahoma Kid», sondern er ist immer unterwegs, bleibt ein Einzelgänger und daher glaubhaft in seinem Robin Hood-Status.

Schließlich gehört der legendäre Outlaw zu den konstituierenden Mythen des wirklichen Westens, als eine Figur, die immer dort erscheint, wo die Gesellschaft die Tugenden der Pioniere vergessen hat und im bösen Sinne «verstädtert». Hier taucht er auf, Jesse James, Billy the Kid, Sam Bass oder sonstwer, um mit vorgehaltenem Revolver die Leute im Westen daran zu erinnern, daß man nicht ungestraft seine Ideale verrät. Und die Menschen, die seine «Botschaft» verstehen, sind stolz auf den Outlaw. (Mehr oder weniger sollten auch in den vierziger Jahren die Western um «historische» Outlaws dieser Formel folgen.) In Henry Kings «Jesse James», der zum Muster für viele Filme dieses Themas werden sollte, gibt es am Ende, als Jesse (Tyrone Power) von Bob Ford, dem Verräter, erschossen worden ist, eine Grabrede auf den toten

Banditen: «Da gibt es», sagt Major Cobb (Henry Hull), «nichts dran zu rütteln: Jesse war ein Outlaw, ein Bandit, ein Krimineller. Selbst die, die ihn geliebt haben, können das nicht bestreiten. Aber wir schämen uns seiner nicht. Ich weiß nicht warum, aber ich glaube, nicht einmal Amerika schämt sich seiner. Vielleicht kommt das daher, daß er kühn war und die Gesetze mißachtete, wie wir alle das manchmal tun möchten. Vielleicht ist es, weil wir ein bißchen verstehen, daß er nicht die Schuld an dem hatte, was die Zeiten ihn tun ließen. Vielleicht ist es, weil er zehn Jahre lang fünf Staaten das Fürchten lehrte. Oder vielleicht ist es einfach, weil er das, was er machte, so gut machte.» Deutlicher läßt sich kaum ausdrücken, was den Outlaw des Western vom Gangster unterscheidet – und was beide verbindet.

Überdies hatte sich zu dieser Zeit in der amerikanischen Öffentlichkeit die Meinung durchgesetzt, daß Kriminalität ihre Ursache in den Lebensbedingungen der Menschen hat und daß die Gesellschaft sich ihre Gangster selbst heranzieht, wenn sie nicht für menschenwürdige Verhältnisse sorgt. Jesse James wird auf ganz ähnliche Weise zum Verbrecher wie etwa die jugendlichen Delinquenten in Gangsterfilmen wie «Angels with Dirty Faces» (1938 – Regie: Michael Curtiz), denen keine Chance für ein ehrliches und sinnvolles Leben geboten wird (vergleiche dazu auch den Band «Der Asphalt-Dschungel» in dieser Buchreihe).

Der Film zeigt allerdings in erster Linie den Jesse James der Legende, für dessen Taten es nur allzu verständliche Motive gibt. Zugleich ist «Jesse James» ein wenig Korrektur zu «Union Pacific»: Die skrupellosen Leute der Eisenbahngesellschaft nehmen den Farmern ihr Land und scheuen vor keinem Mittel zurück, sie zu betrügen. Als die Brüder Frank (Henry Fonda) und Jesse James sich widersetzen, brennt man ihre Farm nieder, und die Mutter der beiden kommt dabei ums Leben. Jesse nimmt Rache, indem er die Bahnlinie der Gesellschaft überfällt. Nur knapp entkommt er einmal einer Falle; er wird zum gefürchteten Outlaw, er kann nicht mehr zurück. Sein bedächtigerer Bruder Frank hält ihm einmal vor, daß er «kein Held» mehr sei, nur noch «ein tollwütiger Hund». Ein Verräter lockt die James-Bande in einen Hinterhalt, und nur Jesse und Frank können entkommen. Schwer verwundet kommt Jesse schließlich zu seiner Frau und seinem Sohn zurück, die er vor Jahren verlassen hat. Nach seiner Genesung beschließt das Paar, in Kalifornien eine neue, bürgerliche Existenz aufzubauen. Am Tag vor der Abreise wird er von Bob Ford, dem Verräter, durch einen Schuß in den Rücken getötet.

Henry King erzählt diese Geschichte als eine Ballade, mit folkloristischen, lyrischen und auch heiteren Momenten; zwischen den dramatischen Episoden, den einzelnen «Strophen», wenn man so will, gibt es Momente der Ruhe, den «Refrain», der den Hintergrund beschreibt.

«Dodge City» (Herr des Wilden Westens – 1939) von Michael Curtiz mit Errol Flynn.

Der *historische* Hintergrund der Legende, das ist eine Gesellschaft im Übergang und in der Krise und ein Land (New Mexico und Missouri), das aus eigener Kraft kaum imstande war, die Widersprüche aus dem Bürgerkrieg und die sozialen Konflikte zu lösen. Jesse James war da der Held einer moralischen Kontinuität und einer, der sich nicht ausbeuten und demütigen ließ. So korrespondiert, bei aller Tragik und auch Melodramatik, «Jesse James» mit den «optimistischen» Western dieses Jahres; es ist, vor allem, ein Film über den Stolz.

Die Rückbesinnung auf eine Gesellschaft, die vom Stolz auf ihre Errungenschaften, von dem aus eigener Kraft verwirklichten Gesetz und von der Eliminierung der Gangsterherrschaft geprägt ist, ist auch in Michael Curtiz' «Dodge City» zu finden, einem Western, der eine weitere modellhafte Formel für das Genre entwickelte (oder zumindest perfektionierte): die *town tamer*-Geschichte. «Dodge City» handelt von einem Cowboy (Errol Flynn), der in die Stadt kommt, in der Spieler und Mörder und Banditen regieren. Sogleich gerät er in Konflikt mit einem die-

ser Banditen. Er behauptet sich gegen ihn. Die Bürger bieten ihm das
Amt des Gesetzeshüters an, aber der Cowboy will nur seine eigenen
Kämpfe führen. Erst als er sogar ein Kind durch den Banditenterror
sterben sieht, entscheidet er sich für die Gemeinschaft; und nach und
nach verwirklicht er das Gesetz in Dodge City.

Deutlich ist das Modell, das dieser Western errichtet, eine Form der
Aktualisierung des Mythos. Die Pioniere und Farmer haben eine Stadt
gegründet, um für ihre kulturellen und politischen Bedürfnisse zu sorgen. Dann aber sind das Kapital und die Handelsgesellschaften gekommen und haben nicht nur Banken und Transportunternehmen, sondern
auch Kneipen und Spielhöllen errichtet und die Solidarität der Pioniere
zerstört. Dann haben sich die Banditen eingenistet, die mit den Geschäftsleuten verbündet sind; sie haben eine terroristische Herrschaft
angetreten und die Pioniere korrumpiert. Ein Individualist, der die Weiten des Landes durchstreift hat, muß erst überzeugt werden, daß es sich
lohnt, für die Gemeinschaft zu kämpfen. Er besiegt die Banditen und
verbindet sich, wenn die Ordnung gefestigt ist, mit einem schönen Bür-
germädchen. (In «Dodge City» wird es von Olivia de Havilland gespielt;
sie und Errol Flynn stellten so etwas wie ein «Traumpaar» des Action-
Films dar.) Auch dies ist eine der Formeln, die der Western braucht, um
den extremen Individualismus seiner Helden mit den Anforderungen
der Gesellschaft zu versöhnen. (Und all dies findet sich ein Dutzend Jahre später, auf den Kopf gestellt, in einem Film, der noch berühmter geworden ist als «Dodge City»: in Fred Zinnemanns «High Noon», wo sich
die Gemeinschaft vor dem einzelnen Kämpfer nicht mehr bewähren
kann.)

Eine solche *town tamer*-Geschichte erzählt auch «Destry Rides
Again» von George Marshall, der als erste klassische Western-Komödie
des Tonfilms gilt und einen entscheidenden Schritt in der Karriere eines
Schauspielers bedeutete, der erst eine Dekade später ein Star des Genres werden sollte: James Stewart.

«Destry Rides Again» konfrontiert wieder einen Einzelgänger mit
Banditen, die eine Stadt terrorisieren – ihr Anführer ist der finstere
Brian Donlevy, der sich zu dieser Zeit ganz auf den Typ des eleganten,
korrupten Stadt-Banditen im Western spezialisiert hatte (er war auch
der *villain* von «Union Pacific» und «Jesse James»). Destry (James Stew-
art) ist ein sanfter, zunächst beinahe komisch wirkender Mann, dem an-
fänglich niemand zutraut, was er dann doch schafft: den Sieg über die
Gangster, auch in offenem Kampf. Die Barsängerin Frenchie (Marlene
Dietrich), die sich in Destry verliebt hat und sich deshalb von dem
Gangsterboß abwendet, stirbt bei der letzten Auseinandersetzung. Das
Paar Stewart und Dietrich bildet eine ironische Fassung des Mythos vom
«Gentleman» im Westen und der Hure mit dem goldenen Herzen, die

«Destry Rides Again» (Der große Bluff – 1939) von George Marshall mit Brian
Donlevy, Charles Winninger, James Stewart.

beide ihre «Botschaften» auf sehr indirekte Weise vorbringen: er seine
«Gefährlichkeit» und seine energische Absicht, Ordnung zu schaffen, in
kleinen, so lakonischen wie drohenden Parabeln («Ich kannte mal einen
Kerl, der . . .» beginnen sie alle), sie ihre Freundlichkeit und ihr Bedürfnis nach dem «richtigen» Mann im überdramatisierten Sex ihres Ko-
stüms und in Liedern wie «See What the Boys in the Backroom Will
Have».
      Der Mythos und die Poesie («Stagecoach»), das Pathos und die Tradi-
tion («Union Pacific»), die Flamboyanz und die Moral («Dodge City»),
die Härte und Schnelligkeit des Gangsterfilms («The Oklahoma Kid»),
die Ballade und das Lied vom rebellisch-konservativen Volkshelden
(«Jesse James») – all dies war Teil des Western geworden. Und nun gab
es auch noch dies, was den Western als eine Möglichkeit immer begleiten sollte: Ironie und Sex-Appeal.

«Destry Rides Again» (Der große Bluff – 1939) von George Marshall mit James
Stewart, Marlene Dietrich, Brian Donlevy.

Die Muster für das Genre waren in diesem einzigen Jahr so trefflich
definiert worden, daß tatsächlich in den folgenden Jahren vor allem Variation, Fortführung, Vertiefung oder auch Nachahmung der hier geprägten Formen das Erscheinungsbild des A-Western prägten. Allein
mit den Elementen dieser Filme ließen sich eine Dekade lang Western
drehen, die so «richtig» und konzentriert und wirkungsvoll waren, daß
kaum eine Innovation noch nötig (oder möglich) war. Diese initiative
Kraft konnte der Western in der «Pause» zwischen zwei großen «Identi-
tätskrisen» der amerikanischen Gesellschaft erreichen, zwischen der
moralischen Desintegration der Depressionsjahre und der politischen
und sozialen Reaktion der Kriegs- und Nachkriegsjahre. Und auch hier
zeigt sich, worin die Universalität des Western begründet liegt: in seiner
Eigenschaft, ein mythisches Bild für Übergänge zu sein, Übergänge des
Individuums wie der Gesellschaft. In den vierziger Jahren begleitet der
Western eine neuerliche Befriedigung und «Formierung» der Gesellschaft.

Die vierziger Jahre

Historische und epische Western

Die «großen» Western des Jahres 1939 waren nicht nur von der Kritik
gelobte und von den gesellschaftlichen Instanzen akzeptierte Genre-Bei-
spiele und Beweise für eine eigenständige, populäre amerikanische Tradition, sie waren vor allem Kassenfüller. Und schon deshalb lag es auf
der Hand, möglichst nahe an den erfolgreichen Formeln zu bleiben. Cecil B. DeMille etwa ließ seinem «Union Pacific» einen ähnlich heroischen Western folgen, «Northwest Mounted Police» (1940), mit Gary
Cooper in der Rolle eines Texas Rangers, der in die Auseinandersetzungen zwischen den kanadischen «Mounties» und aufständischen Indianern verwickelt wird. Hier zeigte sich allerdings, daß die heroische Form
für den Western die am wenigsten organische war; der «Patriotismus»
des Genres liegt viel zu tief im Herzen des Westerners, als daß er durch
Überakzentuierung noch verstärkt werden konnte.

Michael Curtiz setzte mit «Virginia City» (1940) und «Santa Fé Trail»
(1940) seine effektvollen, ganz auf spektakuläre Sequenzen ausgerichte-
ten Western mit Errol Flynn und Olivia de Havilland fort, die ziemlich
sorglos mit der historischen Wahrheit umgingen.

Wie für Curtiz, so war auch für Fritz Lang der Western in erster Linie
eine Frage der Form; in seinem nach der Fortsetzung zu «Jesse James»,
«The Return of Frank James» (1940), entstandenen *epic* (der alles andere als episch ist) «Western Union» (1941) über den Bau einer Telegra-
fenleitung findet sich eine durchaus «moderne» Ornamentik von Konstruktion, Landschaft und Zerstörung: «Western Union» ist der einzige
Film von Lang, in dem ein offener, ebener Raum eine fürs Ganze kon-
stitutive Rolle spielt. Ein Schlüsselbild: der Blick nach vorn durch das
Gerät des Landvermessers. Es hat seine Entsprechung in den vielen Einstellungen anderer Lang-Filme, in denen die Kamera durch ein Zielfern-
rohr schaut. Da erscheint die Prärie nicht als freier, unbekannte Hoffnung oder Gefahr verheißender Raum, wie bei Ford oder Vidor und anderen amerikanisch geborenen Autoren, sondern in der Perspektive eines Mannes mit einem Ziel, eines Konstrukteurs. Daß in dieselbe Form
auch der Blick des Todesschützen gefaßt wird, verwundert nicht bei
Lang, für den Bauen und Zerstören untrennbar sind. Utopie steckt in
seinen Western sowenig wie in seinen Zukunftsfilmen.

Der Horizont, die Horizontale taugt ihm vornehmlich dazu, Vertikales dagegenzusetzen. Die Errichtung von Telegrafenstangen (der Bau der Leitung von Omaha nach Salt Lake City während des Bürgerkriegs) bot dazu vorzügliche Gelegenheit. Wie sich in die Ebenen die gerade Linie der Stangen einpflanzt, das zeigt ‹Western Union› mit Emphase. Den Bau von Eisenbahnlinien hat Lang anderen Regisseuren überlassen, ein Schwellenleger als Langscher Held wäre kaum denkbar. Aufwärts, hoch am Mast schwenkt die Kamera auf den Mann, den oben, als er eine Meldung durchgeben wollte, der Indianerpfeil traf – eine Replik auf die erste Einstellung, die wir kennen von Lang, aus den ‹Spinnen›.

Am Ende wiederholen sich die Kreuze der Telegrafenmasten im Grabkreuz für den Outlaw, Randolph Scott, der wie Frank James mit dem Gesetz in Einklang leben wollte, dem aber die anderen, voran sein eigener Bruder, das nicht erlauben wollten. Vorgegeben ist der Konflikt durch die Spaltung der Union. Der Loyalitätskonflikt trifft einen Langschen Helden an der Wurzel. Welcher Schwur ist der ältere, fragt sich Rüdiger von Bechlarn, darum geht es hier auch für Randolph Scott, daran stirbt er» (Enno Patalas). Der Western ist, zu dieser Zeit, nicht nur ein Genre, das die (schwierige) Kontinuität zum Thema hat, er ist auch ein Medium der Kontinuität für die verschiedensten persönlichen und künstlerischen Anliegen. Die Doppelwertigkeit des Western als nationaler Mythos und als universale Form könnte gewiß auch an Hand einer Untersuchung über den Unterschied zwischen «amerikanischen» und «europäischen» Western-Regisseuren verdeutlicht werden.

Wie in allen *epics* der Tonfilmzeit vor dem Krieg waren auch in «Western Union» die Indianer kaum mehr als die notwendige äußere Bedrohung, die den Konstrukteuren neben den Fährnissen der Natur den Heldenruhm einbrachte. Das war ein wenig anders in Raoul Walshs «They Died With Their Boots On» (1941), in dem Errol Flynn die historische Gestalt des General Custer verkörperte. Ihrem Schicksal wird hier eine Spur von Tragik eingeschrieben, auch wenn sie deswegen noch längst keine wirkliche Identität erhalten. Mit dem wirklichen Custer freilich hat diese Filmfigur so wenig zu tun, wie die hier erzählten Ereignisse mit der wirklichen Vorgeschichte der Schlacht am Little Big Horn: Custer sichert hier den Sioux die Unversehrtheit ihres Territoriums zu, wird von einer Handelsgesellschaft hintergangen, skrupellose Waffenhändler heizen den Konflikt an. Custer wird seines Kommandos enthoben und erst wieder als Befehlshaber des 7. Kavallerie-Regiments eingesetzt, als der Indianeraufstand bereits in Gang ist. Zur Schlacht kommt es dann, weil die Indianer Custers letzten Friedensversuch mißverstehen.

Errol Flynn, der hier übrigens den einzigen Kinotod seiner Laufbahn spielen mußte, ist ein romantischer, stolzer Custer; nichts ist von der Borniertheit, Unfähigkeit und dem unverhohlenen Vernichtungswillen des Vorbilds geblieben, als ein manchmal unbeherrschtes Temperament. Dieser Held, das wird nicht verschwiegen (sowenig wie bei den Outlaw-Western), hat Fehler, und er macht Fehler, aber wie es dann kommt, das ist nicht seine Schuld. Und daß er es nicht hat verhindern können, das liegt vor allem an Verrat, Intrige und Korruption, deren er selbst nicht fähig wäre. Nicht nur dies verbindet den militärischen Helden Custer mit den Outlaw-Helden wie Jesse James, sondern auch die negative Zeichnung der Handelsgesellschaften und des Kapitals und der Stolz des Helden, der ihm zum Verhängnis wird. Aber warum ist gerade Custer, in der Legende wie im Film, zum Helden der Indianerkriege geworden? Es hat doch bessere gegeben, nicht nur erfolgreichere und weitsichtigere Männer, sondern auch tapferere, weniger geckenhafte, dem Westen verbundenere. Vielleicht liegt es daran, daß Custer der einzige bedeutende Besiegte in den Indianerkriegen war, einer, der durch seine Niederlage bewies, daß die Indianer ein ernstzunehmender Gegner waren, und der dadurch, auf eine etwas paradoxe Weise, den Ruhm und das Ansehen der weißen Armee vermehrte. Der *boy-general* Custer ist der notwendige Märtyrer, dessen Tod schließlich eine mythische Rechtfertigung für den Genozid abgeben mußte. Retrospektiv verklärt er sich noch zum «Pazifisten», der wie die Indianer selbst zum Opfer neuer, vom Geld diktierter Interessen wird. Indianer, Pioniere und Militärs werden so zu einem ganzen, nach dem *code of the West* funktionierenden System, das durch ein Eingreifen von außen gleichsam erst zerstört wird.

Eine ähnlich legendenhafte Verklärung der Indianerkriege zeichnet auch andere «historische» Western dieser Zeit aus; immer ist, wie etwa in dem Prä-Western «Allegheny Uprising» (1940 – Regie: William Seiter), die Schuld für die blutigen Auseinandersetzungen bei den korrupten Waffenschiebern und den Geldleuten zu suchen. («Allegheny Uprising» war übrigens nach «Stagecoach» der zweite Western mit John Wayne und Claire Trevor, es folgte noch «The Dark Command» von Raoul Walsh, ebenfalls aus dem Jahr 1940, eine Geschichte um die Bezwingung der Bande des ehemaligen Südstaaten-Guerillaführers Quantrill. Errol Flynn und Olivia de Havilland waren das romantische, das Glamour-Paar des Western; John Wayne und Claire Trevor bildeten dazu den bodenständigen, tatkräftigen Kontrast.)

«Arizona» (1940 – Regie: Wesley Ruggles) und «Texas» (1941 – Regie: George Marshall) boten aufwendige Western-Panoramen mit ironischen Untertönen, während William Wellmans «Buffalo Bill» (1944) wieder ganz auf die Fixierung der Legende ausgerichtet war: «Ein großer Film, der die Summe aus vielen kleinen Filmen, Groschenheften und Comics zieht: Schönheit, Klarheit und Noblesse der Legende von Buffalo Bill, aller Authentizität und jedem Realismus entbunden, eine endgültige Fixierung der längst vertrauten Gesten, Attitüden und Masken. Zum Buffalo Bill der Legende paßt nicht nur der Dreh, daß sein Weg zum Zirkus (der in Wirklichkeit sein Aufstieg war) als sein Abstieg erscheint, sondern auch seine Abscheu vor den Leuten aus dem Osten und seine Hochachtung vor den Indianern. ‹Das ist der einzige Indianer, den Sie lieben!› sagt er den Senatoren und wirft ihnen eine Münze mit dem Bild eines Häuptlings vor die Füße. Und am Abend der Schlacht von War Bonnet, in die die Indianer mit dem Ruf ziehen: ‹Es ist schändlich, vor Hunger zu sterben; man kann einen schöneren Tod finden!›, sagt er angesichts der Leichen dieser Indianer: ‹Sie waren alle meine Freunde.› Das sind starke Worte für einen Western von 1944» (Joe Hembus). Niemand anders als Joel McCrea, unter den aufrechten Western-Helden der aufrechteste und bescheidenste, konnte diesen Buffalo Bill verkörpern. Aber ganz so außergewöhnlich sind Buffalo Bills Worte vielleicht doch nicht für einen Western aus dem Jahr 1944, als es zur Legitimation des Krieges nicht nur der moralischen Unversehrtheit der nationalen Helden, sondern auch des idealtypischen Vorrangs des «Soldaten» gegenüber den Politikern bedurfte.

«Buffalo Bill» (Buffalo Bill/Buffalo Bill – der weiße Indianer – 1944) von William A. Wellman mit Maureen O'Hara und Joel McCrea.

Das Interesse an den historischen Aspekten des Western erstreckte sich in dieser Zeit von den Pioniertagen im achtzehnten Jahrhundert (»Northwest Passage» – 1940 – Regie: King Vidor, «Unconquered» – 1947 – Regie: Cecil B. DeMille) über die Wagenzüge der Mormonen (»Brigham Young, Frontiersman» – 1940 – Regie: Henry Hathaway) bis zu den Outlaw-Legenden (Fritz Langs Fortsetzung zu «Jesse James», «The Return of Frank James» – 1940). Der Wunsch nach einer Identitätsfindung in den Legenden mag um so erklärlicher erscheinen, als Amerika sich anschickte, vom inneren Feind, dem Gangstertum, zum äußeren, dem kommenden Kriegsgegner, zu blicken.

Möglicherweise gehört es zur populären Mythologie in Zeiten vor einem Kriegseintritt, daß die eigenen Helden als friedliebende und eigentlich tolerante Menschen geschildert werden; genauso ist aber auch möglich, daß sich in den vielen Western dieser Zeit, die den Versuch des Helden zum Inhalt haben, den Frieden zu erhalten oder einen gewalttätigen Konflikt zu vermeiden, eine Hoffnung auf die Erhaltung des Friedens ausdrückte. Wirklich «kriegstreiberische» militante Western wurden erst einige Jahre später massenhaft produziert. Aber da war vielleicht schon ein ganz anderer Gegner «gemeint», und da paralysierte auch schon wieder eine Angst vor dem Feind im Inneren, vor der neuerlichen mythischen Bedrohung, diesmal durch den Kommunismus, das Denken.

Western zwischen Psychologie und Politik

Der Western war ein Vehikel für die Kontinuität der Legenden; die von ihm geschaffenen Helden und Stereotypen mußten sich bisweilen aber auch eine psychologische Durchleuchtung, ja sogar Kritik gefallen lassen. In William Wylers «The Westerner» (1940) zum Beispiel werden die psychischen Deformationen der Leute im Westen angerissen, die ihre Ursache nicht nur in einem gewissermaßen «vorzivilisatorischen» Code und moralischer Unsicherheit haben, sondern auch darin, daß die von der Staatsgründung stammende Grundidee des *pursuit of happiness* im Westen nicht viele Möglichkeiten der Verwirklichung aufwies; das wirtschaftliche Glück war schwer, noch schwerer eine Art des erotischen Glücks zu finden. Der Männerüberschuß in der Western-Gesellschaft hatte zu einer Mythisierung der Frauen geführt, ihrer «Aufhebung» im Idealbild. Die Lust an der Gewalt und die «Bewahrung» der Frau sind die beiden Seiten derselben Situation. So hatte die Beziehung zwischen Männern und Frauen im Westen etwas Wunderliches, etwas Traumhaftes und Traumatisches an sich: In einer frauenarmen Gesellschaft wurde das Bild der Frau verklärt, das Verhalten zu ihr einem strengen «ritterlichen» Code untergeordnet, und das Leben eines Westerners, muß voll von Brüchen und Versagungen gewesen sein.

Dies zeichnet «The Westerner» nach. Erzählt wird wieder von einer historischen Figur, von «Judge» Roy Bean (Walter Brennan) und seiner Auseinandersetzung mit dem Westerner Cole Harden (Gary Cooper), den er an den Galgen bringen wollte und der ihm schließlich zum Verhängnis wird. In Texas kommt es nach dem Bürgerkrieg zum Konflikt zwischen den alteingesessenen Rinderzüchtern und den neu ankommenden landhungrigen Farmern. Bean hat sich selbst zum Richter ernannt und ergreift Partei für die Rinderleute; er ist, wie eigentlich all die historischen Vorbilder der Western-Helden, zugleich ein Verrückter und einer, der sehr genau kalkulieren kann, wenn es um seinen Vorteil geht. Nur an seiner Besessenheit, der monomanischen Verehrung für die Sängerin Lily Langtry, die er nie in Wirklichkeit gesehen hat, ist er zu packen: Cole Harden zieht seinen Kopf aus der Schlinge, indem er Bean weismacht, Lily Langtry gut zu kennen und ihn mit ihr bekannt machen zu wollen. Weil er sich in eine Farmerstochter (Doris Davenport) verliebt hat, flieht Cole nicht, sondern unterstützt die Farmer. Er wird von ihnen zum Sheriff ernannt und beauftragt, Roy Bean zu verhaften. Cole lockt Bean in eine Stadt, wo Lily Langtry ein Gastspiel gibt; im leeren Theater kommt es zum Show-down zwischen den beiden, die Feinde sind, aber doch auch Männer, die sich verstehen. Den sterbenden Roy Bean bringt Cole, um ihm seinen Lebenswunsch zu erfüllen, zu Lily Langtry und stellt ihn vor: «Ma'am, darf ich Ihnen einen alten Freund von mir vorstellen.»

«Es dürfte schwerhalten, in der Geschichte des Western eine Figur zu finden, die psychologisch ein so komplexes Bild bietet wie der Judge Roy Bean dieses Films. Und dabei hatte Wyler eigentlich zunächst mal nichts weiter als Pionierarbeit zu leisten. Vorher wäre eine derartige Gestalt in einem Western nicht auch nur entfernt denkbar gewesen. Aber nicht genug damit, auch danach ist nicht viel zustande gekommen, was wesentlich darüber hinausgeführt hätte. Von einem Gunman haben die Zeitgenossen in unübertroffener Bildhaftigkeit gesagt, ‹seine Münze› sei ‹auf beiden Seiten geprägt›, was bedeutet, in ihm mischten sich gute und schlechte Seiten und seien nicht voneinander zu scheiden. Genau das ist Wyler mit seiner Charakterisierung Roy Beans gelungen, und zwar auf sehr spielerische Weise, im künstlerischen Akt einer reinen *mise en scène*» (Theodor Kotulla).

In «The Westerner» definiert sich die Erotik vor allem durch die Abwesenheit der Frau, ihre Fortexistenz in Träumen und Hoffnungen. Howard Hughes' «The Outlaw» (1940–1944) spricht dagegen von wirklicher Frauenverachtung; in diesem Film erscheint sie als Fetisch, als ein zwar beizeiten nützliches Wesen, das jedoch den Wert eines guten Pferdes nicht aufwiegt. «The Outlaw» war ein Skandal, Jane Russells Brüste der Gesprächsstoff von Fans und Gegnern, und die Haltung des Films, die als identisch mit der Haltung seiner Helden, Billy the Kid (Jack Buetel), Doc Holliday (Walter Huston) und Pat Garrett (Thomas Mitchell) gesehen wurde, heftig diskutiert. (Vergleiche dazu auch den Band «Ästhetik des erotischen Kinos» in dieser Buchreihe.)

Tatsächlich waren jedoch die hypererotische Ausstrahlung der Heldin und der Zynismus der Geschichte gar nicht so weit entfernt von der Melancholie und der psychischen Auslotung des Codes in «The Westerner». Beide Filme erzählen von der Schwierigkeit des Westerners, die Frau als Partnerin zu gewinnen. Partnerschaft, das ist im Westen eine Sache unter Männern, gewiß auch mit erotischen Untertönen, wie in «The Outlaw» angedeutet. Und diese Partnerschaft besteht auch dort, wo man sich schlägt, sich quält, gar sich schießt; Prügeleien und Schießereien, Gewalt und Sadismus sind die traurigen Liebesakte von Männern, die keinen Weg zur Frau gefunden haben. (So läßt sich vielleicht der Weg des Helden zum Frieden auch als erotische Konversion deuten; in dem Augenblick, da er, wie Cooper in «The Westerner», für die Frau, nicht etwa: um sie, kämpft, zeichnet sich ab, daß dies sein letzter Kampf sein wird.)

In der Vorstellung des Westerners bleibt für die Frau nur die Seele (der Traum einer Seele, wie in «The Westerner») oder der Körper (wie in «The Outlaw») übrig, unverbunden beides und als Einheit nicht zu verstehen. Der Billy the Kid von «The Outlaw» verläßt die «körperliche» Frau; der Judge Roy Bean von «The Westerner» strebt zu der «spirituellen» Frau und gelangt zu ihr im Tod. Beides ist Teil einer Bewegung, die für den Westerner schicksalhaft ist; dazwischen erscheint die Ehe eines Westerners nur als Lebenslüge, es sei denn, eine radikale Veränderung, die Überwindung des Westerners in sich, sei ihr vorausgegangen.

Wie die Verknüpfung der beiden erotischen Bewegungen aus den zwei erwähnten Western erscheint King Vidors «Duel in the Sun» (1946), die Geschichte einer dramatischen, zwischen Haß und Liebe oszillierenden Beziehung des arroganten, herrschsüchtigen Ranchersohns Lewt (Gregory Peck) mit dem leidenschaftlichen, stolzen Halbblutmädchen Pearl (Jennifer Jones). Dieser Lewt, «ein gewalttätiger Egoist, in seinem Machtstreben und seiner ständigen Inszenierung männlicher Kraft gewissermaßen ein ‹hysterischer Patriarch›, der Frauen demütigt, um sich zu beweisen, ‹erobert› Pearl, um dann ihren Stolz als Frau (und als halbe Indianerin) zu verletzen; eine innere Notwendigkeit scheint ihn zu solchen Zerstörungen zu treiben, ein Resultat auch seiner Stellung in der Familienhierarchie. Er verlangt Pearl als Eigentum, schießt ihretwegen einen anderen Mann, schließlich sogar seinen Bruder (Joseph Cot-

«Duel in the Sun» (Duell in der Sonne – 1946) von King Vidor mit Joseph Cotten.

ten) nieder. Lewt muß fliehen und versteckt sich in den Bergen. Um Jesse vor weiteren Gefahren zu schützen, geht Pearl darauf ein, Lewt noch einmal zu sehen. Doch sie kommt mit einem Gewehr und schießt. Tödlich getroffen, feuert Lewt zurück und verwundet auch sie zu Tode. Sie liegen blutend im heißen Sand, sie rufen einander, sie kriechen aufeinander zu, so langsam und mühselig, wie es der Weg zwischen Männern und Frauen bestimmt, und sie sterben in einer letzten erlösten Umarmung» (Georg Seeßlen/Claudius Weil).

Die «erotischen Western» dieser Zeit lassen sich auf drei Ebenen interpretieren: Da ist einmal die historische Ebene (die «Erinnerung» an eine frauenarme Gesellschaft mit ihren Frustrationen, ihren Deformationen, aber auch ihrem gleichsam notwendigen Heroismus), zum anderen die Ebene des Mythos (das Halbblut Pearl Chavez als Variation des Pocahontas-Mythos für eine Zeit, in der sich die «Entscheidung» des Pioniers in der eindeutig weißen Gesellschaft aufgehoben hat). Und schließlich ließe sich die Ästhetik des populären Films wohl kaum bestimmen ohne den aktuellen Bezug. Die Frage nach den Ursachen für die Krisen in den Beziehungen der Geschlechter mag in anderen Genres (etwa dem Thriller oder dem Melodram) offener zutage getreten sein, aber sie kam im – männlich dominierten – Genre des Western auf eine erfühlbare Formel, in der sich sowohl die Angst vor der Frau als auch die Angst vor dem Verlust der Frau ausdrücken ließ.

Deutete sich in diesen Filmen an, daß sich die Erotik des Westerners und ihre Beziehung zu seiner Gewalttätigkeit für den «erwachsenen» Western kaum mehr als die einfache Funktion der Hilfe für die schutzbedürftige Frau deuten lassen konnte, so hatte auch die einmal so einfache Haltung des Westerners zu Gesetz, Gerechtigkeit und Ehre eine kritische Betrachtung zu gewärtigen.

In William Wellmans «The Ox-Bow Incident» (1943) geht es um das Problem der Lynchjustiz. Der Film versucht, die Zwänge und Motive seiner unheroischen Helden (vor allen Henry Fonda) zu ergründen, die sie zu Mittätern oder Duldern des Unrechts machen. Eine Posse, gebildet von Ranchern, ihren Cowboys und ein paar Abenteurern, ist hinter einer Gruppe von Rinderdieben her. Man erwischt drei verdächtige Männer (Dana Andrews, Anthony Quinn, Francis Ford), und man

«The Ox-Bow Incident» (Ritt zum Ox-Bow – 1943) von William A. Wellman mit Henry Fonda und Henry Morgan.

hängt sie, obwohl sie versichern, ihre Unschuld beweisen zu können. Als sich ihre Unschuld schließlich doch herausstellt, begeht der Anführer der Posse, ein ehemaliger Südstaatenoffizier (Frank Conroy) Selbstmord, und in einer Szene, die man Wellman häufig als ein wenig sentimental geraten ankreidete, liest der mehr oder minder tatenlos gebliebene Zeuge Gil (Fonda) in dem Saloon des Ortes den Abschiedsbrief des einen der Gehenkten an seine Frau vor – diese hilflosen Gesten der Nichtbewältigung erlauben dem Zuschauer keine Lösung des aufgeworfenen Problems.

«The Ox-Bow Incident» handelt von einer amerikanischen Variante des Faschismus, die wie der deutsche Faschismus, mit dem sich Amerika im Krieg befand, nicht nur als Ergebnis sadistischer Einzeltäter, sondern vor allem der Trägheit, des geheimen Einverständnisses (Gil etwa findet nie zu einer klaren Haltung gegenüber der Lynchjustiz) und der Anpassung der Mehrheit gedeutet werden konnte. Anders als spätere Western desselben Themas ist es Wellmans Film nicht um die Denunziation der «hysterischen Masse» zu tun; die Motive aller Beteiligten bleiben immer nachvollziehbar, ja alltäglich. Nur ein kleiner Schritt trennt hier das «normale» vom verbrecherischen Verhalten.

Hawks und Ford

Howard Hawks' erster großer Western war «Red River» (1948), die Geschichte eines Viehtriebes, der fast dokumentarisch genau beobachtet wird, und der Freundschaft zwischen dem Eigner der Herde, Tom Dunson (John Wayne), für den das Erreichen des Ziels die Existenz bedeutet, und dem jungen Matt (Montgomery Clift), den er wie einen Sohn aufgenommen hat. Dunson führt seine Männer mit rigoroser Befehlsgewalt und duldet weder Umkehr noch Widerspruch. Aber schließlich setzen sich die von den Strapazen gezeichneten Cowboys doch zur Wehr, und ausgerechnet Matt ist der Anführer dieser «Meuterei». Es kommt zu einer Schießerei, und Matt läßt den verwundeten Dunson zurück, um die Herde in eine Stadt zu bringen, wo er sie verkauft und Dunsons Anteil zurücklegen läßt. Dunson, der sich geschworen hat, seine Herde zurückzuholen und mit Matt abzurechnen, kommt in die Stadt. Als sich Matt ihm stellt, fordert er ihn auf, den Revolver zu ziehen, doch Matt weigert sich, und weil Dunson es nicht fertigbringt, ihn kaltblütig zu erschießen, kommt es zu einem Faustkampf. Das Mädchen Tess (Joanne Dru), das sich in Matt verliebt hat, zwingt die beiden mit dem Revolver in der Hand, den Kampf abzubrechen. Über der unfreiwilligen Komik dieser Situation versöhnen sich die beiden Männer.

«Red River» ist einer der bekanntesten Verbindungen von «Psychologie» und Authentizität des *epic*-Western. Die Rekonstruktion der Gefahren und Strapazen auf dem ersten Viehtrieb über den legendären «Chisholm Trail» von Laredo in Texas nach Abilene in Missouri, das Leben der Cowboys mit den Rindern (und in gewisser Weise für sie), die in Hawks' Film eine Hauptrolle spielen, weil sie den Lebenszusammenhang seiner Helden bestimmen, bilden den Hintergrund für das Porträt eines «überlebensgroßen» Mannes, der einmal, in seiner Vergangenheit, einen großen Fehler begangen hat und immer wieder auf diesen Fehler gestoßen wird. Weil er aus eigenem Verschulden die Liebe seiner Frau verloren hat, ist er maßlos in der Erreichung seines Ziels geworden, das allein ihm noch den Sinn des Lebens vermitteln kann, und noch maßloser wird er, als er es zerbröckeln sieht. Eine Frau ist es schließlich wieder, die ihn zur Einsicht und zur Versöhnung mit dem rebellischen «Sohn» bringt.

Für John Wayne bedeutete diese Rolle den Schritt von einem ungebrochenen, tatkräftigen Helden zu komplexeren, durchaus nicht immer rundum sympathischen Charakteren. In seiner Rolle des Tom Dunson liegt zugleich die historische Notwendigkeit solcher starker und autokratischer Männer für den Westen wie die Notwendigkeit ihrer Überwindung. John Wayne war seit «Red River» und einigen Filmen von John Ford der lebendige Ausdruck für den Widerspruch zwischen der patriarchalischen Urkraft der Pioniere und dem Prozeß der Zivilisierung, der Humanisierung auch, dem sich der Held in der einen oder anderen Weise unterwerfen muß. Für Hawks konnte dieser Vorgang, mit Hilfe einer Frau, wie das in vielen seiner Filme der Fall ist, auf relativ friedliche Weise bewerkstelligt und der Widerspruch durch die Versöhnung gelöst werden. Dabei brach er nicht nur mit einer Konvention des Genres, sondern er zerstritt sich auch heillos mit seinem Drehbuchautor Borden Chase, der für Tom Dunson den Tod durch Matts Hand vorgesehen hatte und die Versöhnung erst in der Erfüllung seines letzten Willens durch Matt verwirklicht sehen wollte.

Wie diese Geschichte für den Western eine Möglichkeit für neue Lösungen bedeutete, einen «politischen» Konflikt (den zwischen der amerikanischen Variante des Feudalismus und der gewissermaßen bürgerlich-rationalen Revolte, die weniger an das formale Recht, das auf seiten Dunsons steht, als an Menschlichkeit und die Verhältnismäßigkeit der Mittel glaubt) in einen persönlichen Konflikt zu kleiden, ohne melodramatische Überzeichnung und ohne den Fanatismus, den der Western gelegentlich bei der Lösung seiner Konflikte von seinen Helden übernommen hat, so ist auch die visuelle Gestaltung des Films (etwa die Schwenks über die Herde am Beginn des Trails und am Ende, die Schnittfolge auf die Gesichter der Cowboys beim Antreiben der Rinder, die Überquerung des Flusses etc.) zum Impuls für die Entwicklung der Western geworden.

«‹Red River› verdient vielleicht nicht die Unmenge von Analysen und Neuinterpretationen, die im Zusammenhang mit der gewachsenen Wertschätzung der Kritiker für Howard Hawks geschrieben worden ist, aber der Film bedeutete in der Tat einen Neuanfang für den epischen Western nach einer kurzen Pause, und er machte über Nacht Hawks zum stärksten Konkurrenten für John Ford als Western-Regisseur, obwohl beider Stil und Haltung kaum miteinander zu vergleichen sind: Ford, der poetische und sentimentale, Hawks, der antiromantische Regisseur.

Tatsächlich entstanden in den späten vierziger Jahren Fords liebenswerteste, idyllischste und optimistischste Western» (Michael Parkinson/ Clyde Jeavons).

Erst 1946 hatte Ford, nach seinem letzten Film des Genres, dem Prä-Western «Drums Along the Mohawk» aus dem Jahr 1939 (übrigens sein erster Farbfilm), wieder einen Western gedreht: «My Darling Clementine» mit Henry Fonda in der Rolle von Wyatt Earp und Victor Mature als Doc Holliday. Der Film, in der Handlungsführung an «Frontier Marshall» (1939 – Regie: Allan Dwan) mit Randolph Scott als Earp und Cesar Romero als Doc Holliday angelehnt, schildert nicht nur den histo-

John Ford bei den Dreharbeiten zu «My Darling Clementine» (Tombstone/ Faustrecht der Prärie – 1946).

rischen Revolverkampf am OK Corral in Tombstone und seine Vorgeschichte (ohne allzusehr an der historischen Wirklichkeit orientiert zu
sein), sondern beinhaltet auch Fords poetische Vision vom Leben in der
Gemeinschaft an der Grenze, deren utopische Momente vor allem in
Augenblicken der Ruhe zum Tragen kommen. «In ‹My Darling Clementine› spielt Russell Simpson zum Tanz auf. Eine ergreifende Idylle ent-
faltet sich, angefüllt von Friedlichkeit, Sanftheit, Zärtlichkeit – obwohl
wir wissen, daß die blutige Auseinandersetzung mit der Clanton Gang
noch bevorsteht. Dennoch ist die Idylle nicht trügerisch, sondern der
Kristallisationspunkt, der die Geschichte transzendiert, der schon jetzt
Glück und Bei-sich-Sein verspricht» (Daniel Dohter).

Die Geschichte von der «Zivilisierung» Tombstones muß sich hier allerdings eine Uminterpretierung gefallen lassen: Wyatt Earp kommt mit
seinen drei Brüdern (Tim Holt, Ward Bond, Don Garner) und einer
Rinderherde nach Tombstone. Als James Earp (Don Garner) mit der
Herde allein zurückbleibt, wird er von der Bande der Clantons überfallen und ermordet; das Vieh wird gestohlen. Wyatt, dem man in der
Stadt das Amt des Marshalls angetragen hat, nimmt nun an, und gemeinsam mit dem tuberkulosekranken Revolverhelden und Spieler Doc
Holliday, der durch seine Freundin unter falschen Verdacht geraten ist,
machen sie sich daran, Rache an der Bande zu nehmen. Nach und nach
wird aber aus dem persönlichen Motiv der Rache bei Wyatt eine Verpflichtung auch der Gemeinschaft gegenüber. Der legendäre Kampf am
OK Corral gegen «Old Man» Clanton (Walter Brennan) und seinen Familienclan ist dann fast wie ein gesellschaftlicher Auftrag. Die Clantons
finden den Tod, und auch Doc Holliday und Virgil Earp sterben.

«Ford verklärt den poetischen Mythos von dem Mann, dessen Fami-
liensinn zum Gemeinschaftssinn wird und der so seine Mission findet,
Gesetz und Ordnung in den Westen zu bringen. Er begegnet der Schul-
lehrerin aus dem Osten, deren Mission es wird, Bildung und Zivilisation
in den Westen zu bringen. Dieser Mann und diese Frau tanzen zusammen unter dem Sternenbanner auf dem Fest der Kirchweih; sie sind die
Garantien der Hoffnungen, die auf diesem Fest gefeiert werden. Deshalb müssen sie dableiben. Dieser Mythos ist kein heroischer, sondern
ein poetischer, denn Wyatt Earp ist kein Kämpfer, sondern ein Mann
der Ruhe. Henry Fonda spielt einen Mann, der in olympischer Ruhe
über alles erhaben ist, ein Mann in Balance, und weil er eine poetische
Figur ist, sind die Gesten seiner Entspanntheit und die Momente seiner
Balance (unter Zuhilfenahme eines Stuhles und eines Verandapfostens
zum Beispiel) erheiternde Gesten und Momente, so erheiternd wie die
Gesten und Reaktionen, die verraten, daß er über alles erhaben ist, nur
über seine Eitelkeit, das heißt über seine Menschlichkeit, nicht. Was
macht Doc Holliday in diesem Film? Er kündigt das Ende des Fordschen

Optimismus an. Weil der Pessimismus und die Bitterkeit, die er verkörpert, diesem optimistischen Film widersprechen, muß er sterben. In Fords kommenden Western steht er in den Figuren, die dann John Wayne spielt, wieder auf und überlebt alle bitteren Erfahrungen, um immer einsamer zu werden» (Joe Hembus).

Dieser Fordsche Held, den John Wayne verkörpert, taucht in «Three Godfathers» (1948) auf: Wayne ist hier einer von drei Banditen (neben Pedro Armendariz und Harry Carey jr.), die auf der Flucht durch die Salzwüste von Arizona auf eine sterbende Frau treffen, die gerade ein Kind zur Welt bringt. Dieses Kind bedeutet für die Männer eine völlige Verwandlung; sie weihen ihr Leben der Aufgabe, es aus dieser Wüste herauszubringen. Kid (Harry Carey jr.), der verwundet ist, verlassen als ersten die Kräfte. Auch Pete (Pedro Armendariz) steht die Strapazen nicht durch, und Bob (John Wayne) muß seinen Freund allein in der Wüste zurücklassen, um das Kind zu retten, das er am Heiligabend in die Stadt bringt, in der ihre Flucht begonnen hatte. Wegen dieser Tat darf er auf einen milden Richter hoffen, zumal der Sheriff (Ward Bond), der die Banditen bis an den Rand der Wüste verfolgt hatte, für ihn spricht. Aber nicht die kurze Gefängnishaft, sondern der Verlust seiner Freunde ist der eigentliche, hohe Preis, den er für das Leben des Kindes und seine Wiederaufnahme in die Gemeinschaft der Rechtschaffenen bezahlen muß. Am Ende sieht man die drei Reiter gegen den Horizont, fortexistierend als Traum und Legende.

Noch deutlicher als in diesem an die biblische Geschichte von den Heiligen Drei Königen angelehnten Western ist die tragische Dimension des Helden und seine Einsamkeit in dem im selben Jahr entstandenen «Fort Apache», dem ersten der sogenannten «Kavallerie-Trilogie» (es folgten «She Wore a Yellow Ribbon» – 1949, und «Rio Grande» – 1950). John Wayne ist hier der Gegenspieler des (nach dem Vorbild General Custers gezeichneten) Karrieresoldaten und gegenüber den Indianern so unverständigen wie gegenüber seinen Untergebenen unduldsamen, dem Westen innerlich fremden Oberstleutnant Thursday (Henry Fonda), der am Ende aber doch selber dafür sorgt, daß der Tod dieses Mannes als Legende verklärt wird, indem er die Umstände des Massakers, an dem Thursday die Schuld trug, unterschlägt und seinen Heldentod hervorhebt.

Dieser Vorgang nimmt zum einen die Haltung von Fords späterem Western «The Man Who Shot Liberty Valance» aus dem Jahr 1961 vorweg, in dem auch von der Notwendigkeit der Legenden die Rede ist. Zum anderen zeigt er die zerrissene Haltung seines Helden, der hilflos mit ansehen muß, daß sich die Unmenschlichkeit und der Verlust des Westens ankündigen und der dennoch, um der wenigstens ideellen Fortsetzung des Westens und seiner Träume vom einfachen Guten willen, die selbst und bitter erfahrene Wahrheit unterdrückt. So ist die Legende von Marshall Wyatt Earp und die vom guten Banditen aus «Three Godfathers» wie die des heroischen Militärs zu verstehen als Versuch, den Westen und was er versprach, in die Zivilisation zu retten, von der alle diese Filme handeln – vom schwierigen Weg des Westerners zu ihr. Ganz zwangsläufig vereinsamt der Held, der ein Mittler zwischen der Realität und der Legende, zwischen der Vergangenheit und der Zukunft ist. Er muß sozusagen unter dem Verlust seines Gefühls versteinern; kein anderer Darsteller hätte diesen Prozeß so deutlich machen können wie John Wayne, dessen eigene «menschliche» Wirklichkeit sich zu seinen Western-Rollen vielleicht verhält wie der historische Westen zu seiner Legende.

Der Widerspruch, der sich durch Fords ganzes Werk und insbesondere durch seine Western zieht, ist der zwischen Gemeinschaft und Gesellschaft. Die Gemeinschaft, die man auch in der Vorstellung von Heimat fassen kann (ein Schlüsselwort bei der Interpretation von Fords Filmen), besteht in einer vorindustriellen Organisation, in der die Beziehungen der Menschen untereinander und ihre Einigkeit vor allem durch Gefühlswerte gegeben sind, durch Freundschaft, konkrete Verantwortung und durch eine enge Beziehung zum Land, zur Natur, durch die völlige Einheit von «Privatleben» und Produktion und nicht zuletzt durch eine eigenständige, im aktiven Miteinander verwirklichte (Volks-)Kultur. (Man denke nur an den Einsatz von Musik und Tanz in Fords Filmen.) Solche Gemeinschaft fordert viel vom einzelnen, birgt ihn aber auch in seiner unversehrten Ganzheit. Gemeinschaften finden sich in den behandelten Ford-Filmen in der Pioniergemeinde («My Darling Clementine»), in der Outlaw-Gruppe («Three Godfathers», wo wiederum die Pioniergemeinde fähig ist, den Außenseiter, der sich bewährt hat, wieder aufzunehmen) und auch in der Militärgemeinschaft (in der «Kavallerie-Trilogie»). Diesen Gemeinschaften steht die (kommende) Gesellschaft gegenüber, in der die Beziehungen des Menschen atomisiert sind und antifamiliär, und in der die gemeinsame Produktion durch Ausbeutung ersetzt ist. Frauen, zumindest in den Filmen von John Ford, haben eine «natürliche» Affinität zur Gemeinschaft, während es Männer sind, die die Abstraktion der Gesellschaft forcieren, Männer zumeist, die nicht im Westen aufgewachsen sind.

Vereinfacht ließe sich das Drama des Fordschen Western-Helden darstellen als die Suche nach der Gemeinschaft, die im Aufbau der Gesellschaft endet. Dies ergibt einfache Geschichten, die allerdings vielschichtiger sind, als ein «ideologischer» Regisseur sie drehen könnte; in der Sehnsucht nach der Gemeinschaft trifft sich das Gefühl etwa eines kämpferischen Sozialisten mit dem eines Erzkonservativen, so wie sich auch «paternalistische» und «maternalistische» Charaktere in den Gemeinschaften der Western von John Ford ohne unüberwindliche Schranken gegenüberstehen. Die Utopie liegt nicht am Anfang oder am Ende im Lebensweg des Helden, sondern mittendrin, wird durchlebt oder verfehlt, und es bleibt offen, wieviel davon in die Zukunft gerettet werden kann.

Aber wie sich Gemeinschaft von der Gesellschaft verdrängen läßt, so ersetzt sich die Loyalität durch den Gehorsam. Die Solidarität, die beides verbinden mag, ist die Qualität, die sich erhalten läßt, und die Hoffnung. Sie zeigt sich weniger in den großen Opferungen, in denen der Widerspruch besonders deutlich – und besonders tragisch – ist, als in kleinen Szenen wie der in «My Darling Clementine», wo ein sturzbesoffener Schauspieler in einem Western-Saloon den Hamlet-Monolog rezitiert, plötzlich stockt, und wo ein kaum nüchternerer Doc Holliday ihm aushilft, der Lächerlichkeit der Situation zum Trotz.

In «She Wore a Yellow Ribbon» (1949) ist John Wayne der Kavallerie-Captain Brittles, der kurz vor seiner Pensionierung steht und für den der bevorstehende Abschied den Verlust der eigenen Identität bedeutet. Er soll die Tochter und die Frau des Fort-Kommandanten in Sicherheit bringen, da ein Indianeraufstand auszubrechen droht. Doch als die Eskorte die Poststation zerstört vorfindet, muß der Rückzug zum Fort angetreten werden. Zur Deckung des Rückweges bleiben einige Männer zurück. Als Captain Brittles ins Fort zurückkehrt, beträgt seine Dienstzeit nur noch ein paar Stunden, und ein anderer führt die Entsatztruppe zu den zurückgebliebenen Soldaten. Schon in der Kleidung eines Trappers, reitet Brittles den Soldaten nach, dann versucht er, mit dem alten Häuptling Pony That Walks noch einmal über den Frieden zu reden. Doch dieser hat keine Macht mehr über die jungen Krieger. Zu den anderen zurückgekehrt, versucht Brittles, durch einen Handstreich die Indianer zu überlisten, und treibt mit seinen ehemaligen Männern die Pferde des Stammes auseinander. Ohne Pferde wehrlos, kehren sie freiwillig in die Reservation zurück. Nun nimmt Brittles endgültig von der Armee Abschied, wird aber (in einer zunächst nicht vorgesehenen Schlußsequenz) zurückgeholt und wieder eingesetzt.

Eine wirkliche Heimat ist das Militär für den Helden nicht gewesen, obwohl es in manchen vertrauten Gesten und Ritualen (der versteckten Whiskyflasche ausgerechnet in Brittles Dienstzimmer, aus der der Sergeant Quincannon – Victor McLaglen – immer verstohlen einen Schluck nimmt, wenn er gerufen wird) so scheinen mochte, und obwohl seine Angehörigen auf dem Friedhof des Forts begraben sind. Seine Einsamkeit hat ein Echo in Häuptling Pony That Walks, der wie er die Führung den Jungen überlassen muß und von den Entscheidungen ausgeschlossen ist. Für Brittles ist das Militär nur die einfachste und erträglichste Formel für den Verlust.

Brittles zeigt durch sein Vorgehen, gewissermaßen als Alternative zu dem Thursday in «Fort Apache», daß ein Indianerkrieg kein «richtiger» Krieg ist, und er löst seine militärische Aufgabe pragmatisch und ohne Blutvergießen, bevor andere aus ihr ein neues Massaker entstehen lassen. Lösen kann er diese Aufgabe gerade, weil er einsam ist und seine Entschlüsse nicht nur aus den Ritualen seines Lebenszusammenhanges ableitet. «She Wore a Yellow Ribbon» ist ein Film, der im Zwielicht spielt (Ford wies seinen Kameramann Winton C. Hoch an, die Atmosphäre der Bilder des Malers Frederick Remington zu rekreieren); die Geschichte eines Mannes, der nichts als Verlust und Abschied erfahren hat und der nun wenigstens seine Zuflucht nicht verlieren muß.

««Rio Grande›, ein weniger bedeutender Film (der allerdings seine Qualitäten hat), hat nur wenig mit den beiden ersten Kavallerie-Filmen zu tun, und die Geschichte von der Familie eines Kavallerie-Offiziers und ihren vergeblichen Versuchen, wieder zusammenzufinden, ist von einer merkwürdigen Düsterkeit geprägt.

Das Thema des Films ist der Individualismus, das unabhängige Vorgehen seines Helden – John Wayne spielt Kirby York, einen Leutnant, der in seiner Entwicklung noch nicht den Status des Helden von ‹She Wore a Yellow Ribbon› erreicht hat. Er führt ein geheimes Kommando über die mexikanische Grenze, um eine Gruppe aufständischer Apachen zu schlagen. Viele Details des Films sind von einer Ford sonst fremden Effektsuche, die sich am deutlichsten zeigt in der Szene, wo ein junger Soldat York seine reiterischen Fähigkeiten demonstriert, oder dort, wo die ‹Sons of the Pioneers› auftreten, eine Vokalgruppe, die durch Roy Rogers-Western bekannt geworden ist und hier als ziemlich ungewöhnlicher Trupp von Kavalleristen zu sehen ist und zwischendurch ein paar Lieder zum besten gibt.

Die Bezeichnung ‹Trilogie› hat eigentlich nur wenig Berechtigung. Ford hat eine Reihe von Filmen gedreht, in denen die ‹Seventh Cavalry› eine Rolle spielt, darunter ‹Cheyenne Autumn› oder ‹Sergeant Rutledge›, aber wie die wichtigsten Verbindungslinien in Fords Werk moralischer und emotionaler Art mehr als thematischer sind, so ist auch in diesen Filmen das eigentliche Thema nur selten die Kavallerie, sondern eher die Form der Gemeinschaft, deren Leben mit einer starken, zerstörerischen Kraft konfrontiert wird. Anders als ‹Rio Grande› sind ‹Fort Apache› und ‹She Wore a Yellow Ribbon› weniger Militärfilme als Versuche über die Zivilisation und ihre Auswirkungen auf das Leben an der Grenze. Jeder Film zeigte dabei einen bestimmten Schritt im Prozeß der Zivilisierung. In ‹Fort Apache› wird die Idee von der Sicherung einer Gemeinschaft durch eine rigorose militärische Ethik kritisch gesehen und als falsch gedeutet, wie im Beispiel des Custer-Massakers gezeigt wird, das historisch eine Wende in der Entwicklung des Westens bedeutete, nach der sich die Kräfte der amerikanischen Nation auf dieses Gebiet und seine Probleme konzentrierten. Dies wird in ‹She Wore a Yellow Ribbon› weiterentwickelt. Hier geht es darum, daß individuelle Verantwortung gegenüber den Werten der Gemeinschaft zur Überschreitung der oftmals willkürlichen militärischen Regeln führen muß. Und in der Liebesgeschichte zwischen Olivia und Flint wird deutlich, daß die nächste Generation möglicherweise ganz die Grundsätze ihrer Eltern verlieren wird, auch wenn sie diejenigen Menschen respektiert, die sie aufrechterhalten. Dies wird durch die Charakterisierung der Protagonisten und den Verlauf der Handlung in beiden Filmen bestätigt. Die Menschen in ‹Fort Apache› sind ehrgeizig, sie sind in einem Aufstieg begriffen, die Rekruten werden Soldaten, der Sohn des Sergeant wird Lieutenant, der Captain wird Colonel. Aber in ‹She Wore a Yellow Ribbon› verlieren sich Glanz und Karriere, wie die Berechtigung des Militärs selbst in Frage gestellt ist. Brittles und Quincannon sind kurz vor ihrer Pensionierung, und die Schatten der alles durchdringenden urbanen Kultur, wie sie in ‹Fort Apache› der Zeitungsschreiber und in beiden Filmen die schurkischen Händler und Waffenschieber repräsentieren, deren Geldgier die Balance zwischen den Kräften zerstört, der die Kavallerie ihre Existenzberechtigung verdankt, diese Schatten werden deutlich über dem Lebensweg des alternden Brittles» (John Baxter).

In der Zeichnung seines Helden allerdings ist auch «Rio Grande» durchaus eine logische Fortsetzung der beiden anderen Filme. Kirby Yorke ist nun ein sturer, von Haß nicht freier Soldat, mit dem Wissen um die Gesetze des Krieges an der Grenze, ein wenig wie die Synthese aus Thursday/Custer und dem Kirby York aus «Fort Apache», der sich mehr oder weniger zu dessen Erbe und Sachwalter gemacht hat. «She Wore a Yellow Ribbon» ist die eine Möglichkeit, was aus ihm geworden sein könnte: ein melancholischer, nie jedoch den Werten des Westens abschwörender Mann, der seinen Soldatenberuf nicht als Selbstzweck sieht, ein Mann, dessen Einsamkeit eher zu mehr Verständnis als zu Bösartigkeit geführt hat; «Rio Grande» zeigt, was auch aus ihm geworden sein konnte: ein neurotischer Mann, der aus lauter soldatischer Starrheit seine eigene Familie zerstört, und dessen Pflichtbewußtsein in der Bekämpfung des Gegners eine Art persönlicher geistiger Krücke darstellt, ohne die Colonel Kirby Yorke nicht mehr lebensfähig wäre. Und auch dies könnte den Begriff der «Trilogie» für John Fords Kavallerie-Filme der späten vierziger Jahre rechtfertigen: «Fort Apache» ist ein Film des gleißenden Sonnenlichts und der Hitze, «She Wore a Yellow Ribbon» ist vom Zwielicht geprägt, und nun, in «Rio Grande», findet man eine Häufung von Nachtaufnahmen.

Die Rückkehr der Cowboys:
Serien-Western von 1930 bis 1955

Neue Western-Stars

Unter den Stars von Serien-Western, die relativ problemlos den Übergang vom Stummfilm zum Tonfilm schafften, war neben Ken Maynard, Tim McCoy und Hoot Gibson auch George O'Brien, Hauptdarsteller in John Fords «The Iron Horse» (1924) und «Three Bad Men» (1926). O'Brien begann die Reihe seiner Tonfilm-Western mit «Lone Star Ranger» (1930 – Regie: A. F. Erickson) und drehte bis 1934 bei Fox eine Reihe von B-Western mit relativ großzügigem Budget nach Stoffen von Max Brand und Zane Grey. Nach einer Zeit, in der er vorwiegend für unabhängige Produktionsfirmen arbeitete und eher Komödien im Western-Gewand drehte, schloß er 1938 einen Vertrag mit RKO und spielte hier in einer Reihe weiterer, nun wieder action-betonterer Western, bis er sich 1940 vom Film zurückzog.

O'Brien war, anders als viele Stars des B-Western, ein Schauspieler, der durchaus auch in anderen Genres bestehen konnte (nachzuprüfen etwa an seiner Rolle in F. W. Murnaus «Sunrise» aus dem Jahr 1927). Der Erfolg seiner Western verdankte sich zum einen seiner athletischen Erscheinung und seinen akrobatischen Fähigkeiten, zum anderen der komödiantischen Note, die er vor allem im Dialog verwirklichte und im Vergleich zum eher kindlichen Humor des *comic relief* in anderen Serien-Western nachgerade sophistisch wirkte. Eine Reihe seiner Filme aus den dreißiger Jahren sind Remakes früherer Tom Mix-Western, ihren Vorbildern zumindest an Authentizität häufig überlegen. Die sorgfältige Gestaltung und die größere Budgetierung der Fox-Western von O'Brien entstammten der Produktionspolitik des Studios, die sich von der Produktion von Filmen für die Kinder-Matinees auf den Erwachsenenmarkt verlagerte. Der letzte seiner Western von Fox zeigt ihn in der Rolle von Wyatt Earp in Lewis Seilers «Frontier Marshal» (1934), der ersten Verfilmung von Stuart N. Lakes Earp-Biographie. Thematisch wie in der Form bildeten O'Briens Western ein Bindeglied zwischen den «großen» Western dieser Zeit und den billigen Serienfilmen. Die späteren RKO-Western O'Briens, auch sie in ihren *production values* deutlich über dem Durchschnitt angelegt, repräsentieren den «George O'Brien, der in der Erinnerung bestehen bleibt: stämmig, nie allzu ernsthaft, den

Hut verwegen in die Stirn gezogen; der wirkliche Held in Aktion, nicht irgendein Double oder ein Stuntman» (Don Miller).

Nicht ganz unschuldig am Erfolg der O'Brien-Filme von RKO waren allerdings auch die für einen guten B-Western unerläßlichen Nebenattraktionen: Die Figur eines komischen *sidekicks* (häufig von Chill Wills gespielt), musikalisches Beiwerk (von Ray Whitley und der «Prairie Musical Aggregation» beigesteuert) und nicht zuletzt die *leading ladies*: Kay Sutton, Marjorie Reynolds, Larraine Johnson, die später als Larraine Day berühmt wurde, und eine Schauspielerin, die später vom Western nicht mehr viel wissen wollte: Rita Hayworth.

Andere Stars der RKO-Serien-Western waren Tom Keene (das ist George Duryea), einer der typischen «sauberen» Cowboy-Stars mit dem Appeal eines Pfadfinderführers, Harry Carey, ein Veteran aus den Stummfilmtagen, der in einigen Filmen wie etwa «The Last Outlaw» (1936 – Regie: Christy Cabanne) die Rolle eines alten, abgeklärten und humorvollen Westerners spielte, eine Art Münchhausen des Westens und ein Held von Geschichten, die nicht ganz ernst genommen werden wollten. Tim Holt, ein jugendlicher, moralischer Western-Held, war, zumindest was die Quantität seiner Filme anbelangt, der Produktivste unter den Cowboy-Stars von RKO. (Dennoch ist er mehr durch seine wenigen Rollen in A-Filmen der Filmgeschichte die Erwähnung wert: «The Magnificent Ambersons» – 1942 – Regie: Orson Welles; «Hitler's Children» – 1942 – Regie: Edward Dmytryk; «The Treasure of the Sierra Madre» – 1948 – Regie: John Huston.)

Eine kurze Zeit lang war auch ein Darsteller B-Western-Star bei RKO, dessen Image zunächst gar nicht so recht ins Bild des «sauberen», durch und durch guten Cowboys passen wollte: Robert Mitchum. Er hatte seine schauspielerische Karriere als *heavy* in einigen Hopalong Cassidy-Western begonnen, war dann, in der für die Entwicklung eines kommenden Serien-Stars bezeichnenden Konversion, in die Gruppe von Hopys Freunden übergewechselt. Nach einer Reihe von Nebenrollen in A-Filmen wurde er von RKO engagiert und in dem Zane Grey-Film «Nevada» (1944 – Regie: Edward Killy) als Star eingesetzt. Auch in seinen Rollen als guter Cowboy verlor er nie ganz den Unterton einer latenten Bedrohlichkeit in seiner Stimme und eine Gestik von nicht ganz geheurer «Abgründigkeit», die seine *heavy*-Rollen so beeindruckend gemacht hatten, und der Humor in seinen Filmen war «schwärzer» als gemeinhin im Genre des B-Western üblich. Nachdem «West of the Pecos» (1945 – Regie: Edward Killy) einen für einen «kleinen» Western ungewöhnlichen Erfolg verzeichnet hatte, spielte Mitchum in William A. Wellmans Kriegsfilm «The Story of GI Joe» (1945) eine Hauptrolle. Als auch dieser Film für Mitchum zu einem Erfolg bei der Kritik wurde, beschloß er, den Part eines Cowboy-Stars in B-Western aufzugeben.

RKOs Versuch, mit James Warren einen Nachfolger aufzubauen, scheiterte, und so blieb Tim Holt der überragende Cowboy-Star des Studios, der nach dem Krieg noch in 29 RKO-Western auftrat.

Hopalong Cassidy

Hopalong Cassidy war eine von Clarence E. Mulford um die Jahrhundertwende erfundene Western-Heldengestalt, deren Abenteuer in den *Pulp*-Magazinen verbreitet wurden. Diese Figur war von einem recht zwiespältigen Charakter; er stand wohl auf der Seite des Rechts, wenn es ernst wurde, schleppte aber auch einen Haufen persönlicher Probleme mit sich herum und suchte nicht selten im Alkohol Vergessen. Außerdem hinkte er, als Folge einer Schußverletzung. Er war, mit einem Wort, ein bißchen heruntergekommen, und in seine Abenteuer stolperte er eher unwillig hinein, als daß er sie aufnahm wie eine Herausforderung. Mulfords Erzählungen und Romane um diesen Helden waren von einem gelegentlich fast peniblen Realismus in den historischen Details und verbanden die Handlung mit einem kauzigen Humor.

William Boyd, ein Schauspieler, der sich bereits in der Stummfilmzeit einen Namen gemacht hatte, war zunächst für die Rolle eines *heavy* im ersten von Majestic produzierten Hopalong Cassidy-Film vorgesehen, doch als es mit dem Star in spe der Serie, James Gleason, zu keiner Einigung kam, übertrug man ihm die Titelrolle. Boyd, trotz seines weißen Haars jugendlich und konzentriert wirkend, paßte weder vom Äußeren auf die Beschreibung von Mulfords Figur, noch behagte ihm das zweifelhafte Gebaren des *Pulp*-Helden. Er überzeugte den Produzenten Harry Sherman davon, den Helden der Serie in seinem Sinne umzumodellieren, in einen strahlenden «Ritter der Prärie» und eine Art Vaterfigur des Western, der sich der Bewunderung seiner jungen Begleiter (James Ellison und Russell Hayden) so sicher sein konnte wie des Vertrauens, das die Bürger in ihn setzten, wenn sie ihn um Hilfe baten. Beginnend mit «Hop-A-Long Cassidy» (1935 – Regie: Howard Bretherton), eroberte sich der neue Held einen Platz im Herzen vor allem des jugendlichen Publikums. Zu «Hopy» und seinem jugendlichen Begleiter gesellte sich in der Folgezeit George «Gabby» Hayes als komischer Alter, der für den *comic relief* zu sorgen hatte. Als treue Helfer standen ihnen die Cowboys der «Bar 20»-Ranch zur Verfügung, die vor allem in dramatischen Schlußszenen wilder Ritte durch die Prärie oder durchs Gebirge zum Einsatz kamen.

«Mit einem ‹richtigen› Westerner hat Hopalong Cassidy so wenig zu tun wie Boyds Filme mit dem historischen Westen. Es gibt in diesen Filmen keine Konflikte, die in irgendeiner Weise auf die historischen Entwicklungen des Landes verweisen würden, nichts, was sich nicht durch Hopalong Cassidys und seiner Cowboys Eingreifen bewältigen ließe. Der Westen scheint ein befriedetes Land zu sein, dessen Harmonie nur durch ein paar Verrückte oder machthungrige Schurken gestört zu werden droht, und die ganze Welt (‹Hopy› kommt viel herum, sogar bis nach Afrika) ist wie ein Abbild dieses Westens. Hopalong Cassidy ist ein ‹Einrenker›, ein denkender, sensibler Mann, der wie ein ‹fahrender Ritter› aus dem Märchen Hilfsbedürftige schützt und Unrecht schon allein durch die Kraft seiner Legende verhindern kann. Immer weiß er einen Rat. Er greift nur zur Gewalt, wenn es unbedingt sein muß; seine *sidekicks* dürfen manchmal ein bißchen empört sein, daß ‹Hopy› so schonend mit den Schurken umgeht, bis er sie und das Publikum von der Richtigkeit seines Vorgehens und von seiner Fähigkeit, im Ernstfall doch mit jedem Outlaw fertig zu werden, überzeugt hat. Entsprechend gestaltete sich die Struktur der Hopalong Cassidy-Filme: In der ersten Hälfte des Films herrscht ein langsames Tempo vor, eher bedächtig werden die Konflikte aufgebaut, und viel Phantasie, Surreales wie schwarzer Humor findet sich in der Zeichnung der Haupt- und Nebenschurken. Das eine oder andere Mal entgehen das schöne Mädchen oder Hopalong Cassidys Freunde den Anschlägen, und nur wenige Kampfszenen begleiten ‹Hopys› Versuch, die Sache ohne Gewalt zu regeln. Aber schließlich wird die Bedrohung doch manifest, eine Entführung, eine Belagerung, ein Mordanschlag müssen vereitelt werden. Erst nun, im letzten Akt des Films, kommt es zu einer Ballung von Action-Szenen, die auf den nahezu immer gleichen Höhepunkt zugeschnitten sind: Eine Posse muß Hopalong Cassidy in einer *last minute's rescue* zu Hilfe kommen, weil der trickreiche Schurke ihm eine Falle gestellt hat, oder er selbst führt eine Gruppe wild galoppierender Cowboys, um in letzter Minute ein Verbrechen zu verhindern. Diese Szenen waren die einzigen im Film, die mit dramatischer Hintergrundmusik unterlegt waren, und zusammen mit einer geschickten, rhythmischen Montage aus Halbnah-Aufnahmen galoppierender Pferde und ihrer Reiter und Totalen, die die Dramatik der Bewegung vermittelten, schufen diese Schlußszenen, fast unabhängig von der Handlung, eine Art audiovisuellen Rauschzustandes, die dem jugendlichen Publikum soviel ‹Glück› zu geben vermochten, wie etwa heute ein Rockkonzert. Am Ende aber hatte Hopalong Cassidy noch ein paar ernste Worte zu sprechen» (Jürgen Berger/Georg Seeßlen). Es gibt in der urbanen Gesellschaft neben der Familie viele Orte, Glück, Geborgenheit, soziale Werte und Selbstbestätigung zu erfahren, einer davon war in dieser Zeit das Kino, in dem Hopalong Cassidy die Welt in Ordnung brachte.

Als Ende der vierziger Jahre der B-Western seine Vormachtstellung als Unterhaltungsmedium für Jugendliche an das Fernsehen abzutreten begann, sicherte sich Boyd die Rechte an seiner Figur und verkaufte seine Filme an mehrere Fernsehstationen. Der Erfolg bei der Ausstrahlung seiner Filme war so groß, daß die Nachfrage nach Hopalong Cassidy-Western allein durch die (immerhin über sechzig) bislang gedrehten Streifen nicht befriedigt werden konnte. (Die Filme wurden für die Fernsehauswertung auf 54 Minuten zusammengekürzt, was gelegentlich auf Kosten ihrer ausgefeilten Dramaturgie ging.) So wurden Hopys Abenteuer in einer eigenen TV-Serie fortgesetzt, die es auf 52 neue Episoden brachte (nebst neu geschnittenen Fassungen der alten Filme, die immer wieder zwischen die neuen Filme geschoben wurden). Cassidy/ Boyd gehörte zu den populärsten Helden des B-Films, und er war zugleich der erste berühmte Serienheld des neuen Mediums.

Die singenden Cowboys

Mit dem Beginn des Tonfilms hatte sich im B-Western die Tendenz ausgebreitet, Vocal- oder Instrumentalstücke von einzelnen Musikern oder Western-Gruppen wie den «Sons of the Pioneers» in die Handlung einzubauen. Es war also nichts Außergewöhnliches, als in dem Ken Maynard-Serial «In Old Sante Fé» (1934) ein junger Western-Sänger namens Gene Autry einige Lieder zum besten gab. 1935 spielte Autry dann bereits selbst die Hauptrolle in dem Serial «The Phantom Empire» (Regie: Otto Brower, B. Reeves Eason), einer ziemlich krausen Mischung aus Science-fiction-, Western- und Musical-Elementen. Der Held war ein Radiosänger, der in jeder Folge zu einer bestimmten Zeit im Studio sein mußte, um seine Lieder zu singen, und der zwischendurch einen dubiosen Geheimbund zerschlagen mußte. Ähnlichen, wenn auch nicht immer so starren Konzeptionen folgten auch die späteren Filme Autrys, in denen es neben dem Sieg über die Schurken immer auch darum ging, Gelegenheit für den Star zu liefern, zu Gitarre, Orgel oder sogar einer Orchesterbegleitung zu singen. Ansonsten folgten die Autry-Western ganz den Regeln des B-Western: Ein *sidekick* für den Humor (vor allem Smiley Burnette, der auch musikalisch für Abwechslung zu sorgen hatte) und hübsche *leading ladies*, die sich zumindest einmal in der Gewalt des Schurken befinden mußten, eindrucksvolle Schurken und der starke Held, die einander jagten, wobei das eine oder andere Mal die Rolle von Jäger und Gejagtem getauscht werden.

Die Handlungsformel der Autry-Western läßt sich an der Struktur eines «typischen» Films der Serie, «Tumbling Tumbleweeds» (1935 – Regie: Joseph Kane), zeigen: Im ersten Teil des Films ist viel Action verpackt, es wird gekämpft, geritten, geschossen; gleichsam, um jeden Zweifel an den Fähigkeiten des singenden Cowboys auszuräumen, sich seiner Gegner auch mit handfesten Mitteln zu entledigen, zeigt sich Autry als Westerner der schlagkräftigeren Art. Im Mittelteil gibt es Gelegenheit, die musikalischen Attraktionen zu entfalten. Dies findet seine Entsprechung in der Story: Hier zum Beispiel hat Gene Autry, nach harten Auseinandersetzungen, seine Heimat verlassen, um sich einer Medicine Show anzuschließen. Am Ende kehrt er nach Hause zurück, um den Mord an seinem Vater zu rächen, und hier kommt es am Ende zum Show-down zwischen ihm und dem *heavy*. Dieser Schlußteil ist wieder, bis zum Happy-End, mit Action-Szenen vollgepfropft. Andere Filme, wie etwa Autrys nächster Western, «Melody Trail» (1935 – Regie: Joseph Kane), betonten die musikalischen und komödiantischen Akzente und vernachlässigten dagegen die Action. Zwischen beiden Extremen sind alle der noch folgenden Gene Autry-Filme angesiedelt, die häufig auch im «modernen» Westen spielten und Spannungselemente von Kriminalfilmen häufiger verwendeten als die epischen Momente des A-Western.

Der stärkste Konkurrent von Gene Autry war Roy Rogers, ein ehemaliges Mitglied der «Sons of the Pioneers» und unter dem Namen Dick Weston Nebendarsteller in verschiedenen Western, darunter auch Gene Autrys «The Old Barn Dance» (1938 – Regie: Joseph Kane). Mit «Under Western Stars» (1938 – Regie: Joseph Kane) begann die Serie der Roy Rogers-Western, die – nicht nur, weil in etwa der gleiche Stab von Republic sie herstellte – ganz in der Art der Gene Autry-Filme gestaltet waren. Der größte Unterschied zu Autry war, daß Rogers jünger, möglicherweise auch ein wenig dynamischer wirkte. Noch mehr als die von Autry waren die Filme von Roy Rogers zu Beginn der vierziger Jahre mehr oder minder Musicals im Western-Gewand, in denen die athletischen Aktionen des Helden eher wie Dreingaben wirkten.

Die unvermeidliche Rolle des komischen Alten in den Roy Rogers-Filmen wurde zunächst von Raymond Hatton, dann von George «Gabby» Hayes dargestellt, der in einer Reihe von Hopalong Cassidy-Filmen, aber auch – neben Smiley Burnette – in Gene Autry-Western zu sehen gewesen war. *Leading lady* für eine Anzahl von Roy Rogers-Western war Lynn Roberts, die unter dem Namen Mary Hart auftrat.

Der Erfolg für die Western von Roy Rogers wuchs, als unter der Ägide von Joseph Kane (der insgesamt 42 Roy Rogers-Filme hintereinander inszenierte und zum Teil auch produzierte) die genre-übliche Action wieder mehr in den Vordergrund gerückt wurde. Eine Anzahl dieser Filme hatte historische Gestalten des Westens zu Helden: In «Billy the Kid Returns» (1938) zum Beispiel spielt er einen Mann, der mit dem bereits von Pat Garrett erschossenen Outlaw verwechselt wird; «Days of Jesse James» (1939) zeigt ihn neben einem Jesse James (Donald Barry), dem bitter unrecht getan wird, und in «Jesse James at Bay» (1941) spielte Ro-

Publicity-Foto von Roy Rogers.

gers selbst den Gesetzlosen. 1940 stellte er in zwei Filmen legendäre Helden der Indianerkriege dar: «Young Buffalo Bill» und «Young Bill Hickok» (Regie bei allen Filmen: Joseph Kane).

Während der Kriegszeit, als Gene Autry in der Armee war, stieg Roy Rogers zur Nummer eins der singenden Cowboys auf. Seine Filme dieser Zeit sind vor allem durch sein Zusammenspiel mit Dale Evans (seiner späteren Frau) bestimmt, ein ebenso romantisches wie keusches Liebespaar, das zusammen mit dem komischen *sidekick* das klassische Triumvirat des B-Western bildete: strahlender Held, schöne Unschuld, kauziger Indidivualist. Dabei wurde das komödiantische Element in diesen Filmen nicht nur durch Hayes und Smiley Burnette, der ein paar Gastspiele in Rogers' Western gab, beigesteuert, sondern auch gelegentlich von im Drehbuch angelegten *inside jokes* für die Fans des Genres: In «Bells of Rosarita» (1945 – Regie: Frank McDonald) spielt Roy Rogers einen (Western-)Filmstar, der, um mit einer Gruppe von Gangstern fertig zu werden, andere Western-Darsteller zu Hilfe ruft, und tatsächlich eilen ihm all die «Stars der zweiten Garde» des B-Western zu Hilfe: Wild Bill Elliott, ein ehemaliger Rodeo-Reiter, der seinen Ruhm (und seinen Namen) dem Serial «The Great Adventures of Wild Bill Hickok» (1938 – Regie: Mack V. Wright, Sam Nelson) verdankte und der neben der Figur des «Red Ryder» noch mehrmals den Wild Bill Hickok gespielt hatte; Allan «Rocky» Lane, Star vieler Western und Serials von Republic (auch er spielte den «Red Ryder»); Don «Red» Barry, der dritte Darsteller dieser den Comic strips entlehnten Western-Helden; Robert Livingston, der zusammen mit Max Terhune und Ray Corrigan das klassische Westernhelden-Trio der «Three Mesquiteers» bildete, der erste «Lone Ranger» des Kinos war und als «Lone Rider» vom (zumindest in Europa) bekanntesten aller komischen *sidekicks*, Al «Fuzzy» St. John, auf seinen Abenteuern begleitet wurde, und schließlich Sunset Carson, ein ehemaliges Mitglied des Tom Mix-Zirkus und Star einiger *low budget-western* von Republic und RKO.

Ende der vierziger Jahre hatte sich die Formel der singenden Cowboys ein wenig abgenützt, und der B-Western selbst begann seine Existenzberechtigung zu verlieren. Gene Autry drehte 1953 seinen letzten Film, «Last of the Pony Riders» (Regie: George Archainbaud), wieder mit Smiley Burnette als *sidekick* (nachdem er in den anderen Filmen nach dem Krieg verschiedene Komiker als Partner gehabt hatte), und verlegte sich dann auf die Produktion von Fernsehserien. Roy Rogers hatte bereits 1951 seine Serie unterbrochen und war noch in zwei Western-Parodien mit Bob Hope aufgetreten («Son of Paleface» – 1952 – Regie: Frank Tashlin; «Alias Jesse James» – 1959 – Regie: Norman Z. McLeod), bevor auch er sich dem neuen Medium des Fernsehens verschrieb.

Den Wegen der beiden Großen, Autry und Rogers, folgten eine ganze Reihe von singenden Cowboys: Warner Bros. drehte eine Western-Serie mit Dick Foran in der Hauptrolle, der in der turbulenten Handlung immer Gelegenheit fand, zusammen mit seinen Begleitern Fred Scott und Jack Randall ein Lied vorzutragen. John Wayne, der ebenfalls bei Warner unter Vertrag stand, mußte in einigen seiner B-Western ebenfalls zur Gitarre greifen; die Gesangsstimme für seine Lieder wurde allerdings von einem anderen nachsynchronisiert. Harry Woods war ein singender Cowboy von der schlagkräftigeren Sorte, während sich einst erfolgreiche Sänger und Radio-Stars wie etwa Gene Austin (zumeist vergeblich) darin versuchten, als singende Cowboys ein Comeback zu erreichen.

Ganz in der Art der Gene Autry- und Roy Rogers-Filme waren die Western mit Tex Ritter angelegt; die Produktionsbedingungen seiner Filme waren allerdings noch um einiges beschränkter als die der beiden großen Stars des Sub-Genres, und auch die Tatsache, daß der Held gleich zwei statt nur einem *sidekick* aufzuweisen hatte (Fuzzy Knight und Syd Taylor), machte dies kaum vergessen. Während seine «eigenen» Filme eher unter dem Produktionsdurchschnitt lagen (von den *stock shots*, die man verwendete, um nicht selbst teure Action- oder *location*-Aufnahmen drehen zu müssen, datierten manche bis zurück zum Jahr 1915) und während für sie das Publikum mehr von den Musik- als von den Western-Fans gebildet wurde, konnte sich Tex Ritter in späteren Filmen wie «The Lone Star Trail» (1943 – Regie: Ray Taylor) als Partner von Johnny Mack Brown, noch später als einer der «Texas Rangers» neben Dave O'Brien und Guy Wilkinson in der 1944 gestarteten Serie profilieren. Er markiert so die Auflösung der Formel von den singenden Cowboys und deren neuerliche Funktion nun als *sidekicks* ihrerseits.

Das Genre des B-Western und auch die Formel der singenden Cowboys ist nur bedingt in eine allzu puristische Definition des Western einzuordnen. Formen der Komödie, des Melodrams, des Kriminalfilms, ja sogar von Gangster- und Science-Fiction-Film überlagerten die archetypischen Auseinandersetzungen des «richtigen» Western, und mit der Bezeichnung von Ort und Zeit nahm es keiner dieser Filme sehr genau. Vielleicht ist der Sachverhalt am besten mit einem Schlagwort umschrieben, das selten fehlte in den Selbstdarstellungen der Cowboy-Helden: Im B-Western ist aufgehoben, was Amerika sich als den «Spirit of the West» bewahrt zu haben glaubte.

Trio-Western

Neben den singenden Cowboys waren vor allem jene Serien-Western erfolgreich, die statt einem ein Trio von Helden aufzuweisen hatten, in dem es so etwas wie eine genre-gemäße «Arbeitsteilung» gab. Vorbild aller Trio-Western waren die Filme um die «Three Mesquiteers», die von ihrem Autor William Colt MacDonald in Abenteuer geschickt wurden, die eine entfernte Ähnlichkeit mit denen ihrer Vorbilder aus Alexandre Dumas' Romanen hatten. Die 1935 begonnene Serie zeichnete sich vor allem durch eine ständig wechselnde Besetzung der Hauptrollen aus; jeder Cowboy-Star, der selbst keine eigene Serie durch seine Popularität tragen konnte, zeitweilig frei war oder – was vor allem die obligatorischen komödiantischeren Darsteller des Trios betraf – in mehreren Serien gleichzeitig auftreten konnte, ohne seine Wirkung abzunutzen, ist einmal als einer der «Three Mesquiteers» oder ihrer Nachahmungen wie «The Range Busters» aufgetreten: Guinn «Big Boy» Williams, Al «Fuzzy» St. John, Harry Carey, Hoot Gibson, Buffalo Bill jr. (!), Bob Steele, Tom Tyler, Ray Corrigan, Max Terhune, John Wayne, Duncan Renaldo und viele andere waren Mitglieder des Trios, dessen Abenteuer sich ansonsten kaum von denen der anderen Helden des B-Western unterschieden, nur daß eben häufig einer der drei für den anderen einsprang und einer den anderen aus irgendeiner Klemme befreite. Wie die meisten Filme um Serienhelden konnten die Filme einmal im «historischen» Westen, das andere Mal in der Gegenwart spielen. Die Serie der «Three Mesquiteers»-Filme brachte es auf insgesamt 51 Streifen und wurde mit «Riders of the Rio Grande» (1943 – Regie: Howard Bretherton) beendet.

Die «Range Busters» wurden zunächst gebildet von den ehemaligen Stars der «Mesquiteers»-Serie Ray Corrigan und Max Terhune und von John «Dusty» King, und die Serie folgte sehr genau demselben Konzept, das vor allem aus der Eliminierung aller die Action störenden Elemente und dem Einsatz eines ziemlich derben komödiantischen Elements in der Typologie des Trios bestand. (Im Trio-Western war ganz einfach die Frau in der klassischen Trinität des Serien-Western: Held, *sidekick*, *leading lady*, durch einen zweiten Helden ersetzt, was ganz automatisch dazu führte, daß die Action-Elemente Vorrang hatten, zumal auch die musikalischen Elemente in den Trio-Western nicht sonderlich wichtig waren.) Während die «Three Mesquiteers» und die «Range Busters» in den meisten ihrer Varianten ein internes Spannungsverhältnis zwischen jugendlichen und älteren Western-Darstellern aufwiesen, war die Serie um die «Rough Riders» einem Trio von Western-Veteranen gewidmet: Angeführt wurden die «Rough Riders» von dem legendären Buck Jones (nach dessen Tod im Jahr 1942 die Serie dann auch eingestellt wurde), und auch seine beiden Mitstreiter Tom McCoy und Raymond Hatton hatten bereits Höhen und Tiefen in der Entwicklung des B-Western mitgemacht. Die Filme der Serie erzählten jedesmal eigentlich dieselbe Geschichte: Die «Rough Riders» sind drei Sheriffs, die eine Bande unschädlich machen sollen. Einer von ihnen schleicht sich in die Bande ein, stellt eine Falle, und gemeinsam erledigen sie schließlich ihren Job. Allein schon durch das Alter der Helden erhielten die Filme ein gewisses melancholisches Element, das verstärkt wurde durch die Veränderung der Charaktere ihrer Helden; aus dem Draufgänger Buck Jones war ein bedächtiger Mann geworden, der nie mehr tat, als unbedingt nötig, und der «Colonel» Tim McCoy konnte seine militärische Würde kaum noch ausspielen. Doch die ungebrochene Tatkraft der Helden und der Gleichmut, mit dem sie ihre Aufgabe vollbrachten, war positive Botschaft genug.

Ebenso wie die Filme um die singenden Cowboys entsprachen auch die Trio-Western dem Optimismus in der Zeit des Rooseveltschen New Deal und gaben den Glauben an die Möglichkeit wieder, bestimmte Aufgaben durch kollektive Anstrengungen und das Einander-Zuarbeiten zu lösen. Wie der komische Typ des Trios von den anderen respektiert wurde, so konnte sich die Idee vermitteln, daß auch der Schwächere in solch einem Kollektiv von Individualisten seinen Platz hat und Gelegenheit erhält, sich zu bewähren. Bei aller Betonung von Action und Bewegung waren diese Trio-Western also in gewissem Sinne auch sehr «friedliche» Filme, die vom Zusammenstehen verschiedener Charaktere und vom (sozialen) Vorteil der Freundschaft erzählten. Möglicherweise hieraus läßt sich erklären, warum die Trio-Western im Gegensatz zu den Filmen der singenden Cowboys und solcher Stars wie Hopalong Cassidy oder seines zeitweilig stärksten Konkurrenten, Charles Starrett, die Erfahrungen der amerikanischen Gesellschaft im Weltkrieg nicht überdauerten. Der letzte Trio-Film des B-Western war «Bullets and Saddles» (1943 – Regie: Anthony Marshall) aus der Serie der «Range Busters»-Western.

Western-Serials

Von den B-Western unterschieden sich die Western-Serials vor allem durch die Konstruktion ihrer Handlung, die, da der Fortsetzungscharakter einen Spannungshöhepunkt am Ende eines «Kapitels» verlangte, auf bestimmte wiederkehrende Höhepunkte zugeschnitten war. Einem großen Handlungsbogen, etwa der Zerschlagung eines Geheimbundes oder der Geschichte einer Rache, waren dabei kleinere parzellierte Handlungseinheiten untergeordnet. Noch mehr als der B-Film ist also auch das Serial dem Medium der Comics verwandt, dem die Serials denn auch eine Reihe ihrer Helden, vor allem solche der mehr phantastischen Art, von Flash Gordon über Superman bis hin zu Mandrake the Magician, entlehnte. Aber auch der Serial-Western des Tonfilms verwendete populäre Comic-Vorlagen so häufig wie literarische: Der durch Comics ebenso wie durch Radioserien bekannte maskierte Rächer Zorro etwa (er erblickte das Licht der Welt 1919 in einem Zeitungsstrip von Johnston McCulley) bot das Vorbild für Helden vieler Serials, darunter «Zorro Rides Again» (1937 – Regie: William Witney, John English) mit John Carrol, «Zorro's Fighting Legion» (1939 – Regie: William Witney, John English) mit Reed Hadley oder «Son of Zorro» (1947 – Regie: Spencer Gordon Bennett, Fred C. Brannon) mit George Turner in der Hauptrolle. Die letzte Verkörperung des maskierten Reiters in einem Serial, in «Ghost of Zorro» (1949 – Regie: Fred C. Brannon) spielte Clayton Moore, der in den folgenden Jahren als «Lone Ranger» Held einer der populärsten Fernseh-Westernserien werden sollte. Dieser «Lone Ranger», der mit seinem treuen indianischen Freund Tonto die Prärie durchstreifte, war 1938 zum erstenmal in einem Serial aufgetreten; Lee Powell spielte die Rolle in «The Lone Ranger» (Regie: William Witney, John English) und Robert Livingston in «The Lone Ranger Rides Again» (1939 – Regie: William Witney, John English). Auch Red Ryder, Held zahlreicher Serials, war eine Gestalt, die ursprünglich im Medium der Comics reüssiert hatte (Autor der Comic-Serie war Fred Harman); Don «Red» Barry spielte sie in «Adventures of Red Ryder» (1940 – Regie: William Witney, John English) und schuf damit eine für das Serial typische Figur, den eher mysteriösen Westerner, der mehr mit den Serial-Helden wie «The Shadow» oder «Blackhawk» zu tun hatte als mit einem Pionier des Grenzlandes; unerläßlich für die Helden auch der Western-Serials war es, hinter irgendein Geheimnis zu kommen.

Fast alle Cowboy-Stars haben das eine oder andere Mal auch in einem Serial mitgespielt, so etwa Buck Jones in «Gordon of Ghost City» (1933 – Regie: Ray Taylor), Ken Maynard in «Mystery Mountain» (1934 – Regie: Otto Brower), Johnny Mack Brown in «Rustlers of Red Dog» (1935 – Regie: Louis Friedlander, der sich später Lew Landers nannte), Dick Foran in «Riders of Death Valley» (1941 – Regie: Ford Beebe, Ray Taylor). Umgekehrt war auch der «König der Serials», Buster Crabbe, der vor allem durch seine phantastischen Rollen wie Flash Gordon berühmt wurde, Held einer Western-Serie, in der er an der Seite von Al «Fuzzy» St. John agierte. Wie der Serien-Western, so mußte auch das Western-Serial der Konkurrenz des Fernsehens weichen; das letzte Serial, das von einem großen Studio gedreht wurde, war ein Western: «Blazing the Overland Trail» (1956 – Regie: Spencer Gordon Bennett) mit Lee Roberts als Star.

Serial- und Serien-Western hatten in den fünfziger Jahren mit dem A-Western so gut wie nichts mehr zu tun; die Serials mit ihren maskierten Helden und den mysteriösen Geheimbünden, die singenden Cowboys und Trios des B-Western und die zahlreichen, standardisierten Interaktionen zwischen Held, *sidekick* und *heavy* hatten ein Publikum, das nach schwergewichtigen Botschaften kaum suchte und genausowenig nach formaler Brillanz. Und trotzdem gibt es in diesem Sub-Genre Filme, von denen man auf Anhieb sagen würde, sie sind, in ihrem Rahmen, glaubwürdig, und solche, die man heute nur als unfreiwillig komisch empfindet. Vielleicht weil Serien-Western die Erfüllung von Kinderträumen waren, entsprach ihre einfache Welt so sehr einem Bedürfnis nach der Schaffung einer Ordnung, die so grundverschieden von der «historischen Ordnung» war, die die Helden des A-Western zu bringen hatten: die leichte Ordnung von Gut und Böse und die vielleicht gar nicht mehr so leichte Ordnung zwischen den Männern und den Frauen, den Jungen und den Alten, zwischen Freunden, die gleich sein wollten und doch nicht ganz gleich. Im Serien-Western ging es darum, für jedes und jeden einen Platz zu finden, eine Weltordnung nach gleichsam familialem Vorbild zu schaffen. Aber anders als für die Helden der TV-Western unserer Tage ging es für die «ewigen Cowboys» der Western-Serien nicht um die Ausgrenzung des Abenteuers und des Phantastischen; sie erstickten ihren Freiheitsdrang nicht in inneren Konflikten mit Vätern, Besitz und Moral. Ein Vergleich der Serien-Western aus den vierziger Jahren mit den Fernsehserien, die ihre Nachfolge angetreten haben, zeigt, was verlorenging: nicht nur die Phantasie, die alles erlaubt, was sich später im Spiel wiederholen läßt, sondern auch der durch die Filme vermittelte, ziemlich unerschütterliche Glaube daran, daß große Dinge einen erwarteten.

Die fünfziger Jahre

Adult Western: Neue Themen

Die Krise des Helden

Zu Beginn der fünfziger Jahre war der A-Western endgültig erwachsen geworden; er hatte eine Sprache, eine Logik und eine Mythologie gebildet, vermittels deren sich aktuelle politische ebenso wie kulturelle und «essentielle» Probleme darstellen ließen. Der Western war gewissermaßen ein Diskussionsrahmen für Probleme von Macht, Gewalt und Gesetz geworden, und wie sich nach dem Erfolg einiger «großer» Filme des Genres sehr verschiedene Talente mit auch eigenwilligen Ansätzen am Western versuchen konnten, so gab es in den fünfziger Jahren «linke» oder besser: im amerikanischen Sinne des Wortes liberale Western ebenso wie konservative oder gar reaktionäre. Das politische und moralische Problem der amerikanischen Gesellschaft zu dieser Zeit war der McCarthyismus, und zwar nicht nur dort, wo er politische und rechtliche Ausmaße erreichte, sondern gerade auch dort, wo er sich im Alltagsleben fortsetzte, und es nimmt nicht wunder, daß es insbesondere der Western war, der auf dieses Problem reagierte. Lange ist in Europa, besonders in der Bundesrepublik, nicht erkannt worden, welch brisante Probleme der Western dieser Zeit ansprach (von der Kunstfertigkeit seiner Hersteller zu schweigen); möglicherweise liegt das daran, daß die im Genre behandelten Probleme – Probleme immerhin, die nicht ganz unabhängig von den Erfahrungen des Weltkrieges waren – hierzulande noch heftiger verdrängt wurden als in den Vereinigten Staaten. Nur «High Noon» konnte vor den kulturbeflissenen Augen der Medienkritiker und «Pädagogen» hierzulande bestehen, und das vielleicht nicht nur wegen seiner «klassisch» genannten Gestaltung, sondern auch deswegen, weil er «die Masse» zu denunzieren schien.

Seinen thematischen und gestalterischen Höhepunkt erreichte der Western in den fünfziger Jahren unter anderem deswegen, weil seine Helden in eine Krise geraten zu sein schienen; der Zweifel, der sie beziehungsweise ihre Schöpfer befallen hatte, führte dazu, daß genauer hingesehen wurde, Geschichte und Zukunft, Moral und Eros des Helden einer präzisen Beschreibung unterzogen wurden. Es waren nicht mehr die Siege des Helden, denen die größte Aufmerksamkeit galt, sondern seine Wunden; weil er als «strahlender» oder als lakonisch-selbstverständlicher Held nicht mehr glaubwürdig war, mußte er tragisch werden. Die Helden des Western mußten es sich gefallen lassen, von ihren Schöpfern nach ihrem Wesen befragt zu werden (ganz so, wie in der Geschichte der Gesellschaften die Menschen immer wieder ihre Helden und Götter einer kritischen Befragung unterzogen haben, die diese entweder getötet oder komplizierter und damit unangreifbarer gemacht haben).

Da war zunächst die Frage nach der Berechtigung und dem Sinn der Gewalt im Wesen des Helden, und sie stellte zum erstenmal Henry Kings «The Gunfighter» aus dem Jahr 1950. Jimmy Ringo (Gregory Peck) ist der Revolvermann, der die Kerben an seinem Revolver nicht mehr weiter vermehren will. Aber die jungen Burschen warten darauf, sich mit ihm zu messen, um seinen Ruhm zu erben. Ringo akzeptiert sogar, daß man ihn für einen Feigling hält, um seiner Einsicht von der Sinnlosigkeit der Gewalt und der Notwendigkeit, die Selbstjustiz zu beenden, treu zu bleiben. Als er schließlich doch von einem Jungen durch einen Schuß in den Rücken tödlich verletzt wird, da schafft er es allerdings noch nicht, seiner Vorahnung der neuen, gewaltloseren und gesetzestreuen Zeit die persönliche Rache zu opfern: Er bittet den Sheriff, seinen Mörder laufenzulassen, um so dem Mann, der ihn erschoß, das gleiche Schicksal ewiger Jagd und unaufhörlicher Gewalt zu übertragen. Er, der den Frieden gesucht hat, setzt nun einen neuen Jimmy Ringo in die Welt, in dessen Augen das Entsetzen über diese Zukunft zu lesen ist; zu spät hat er verstanden.

Ringo ist der Held, der im Western in den nächsten Jahren eine große Rolle spielen sollte: ein nicht mehr junger Mann, der des Tötens, ja der Lebensbedingungen des Westens selber müde geworden ist, sich nach einem bürgerlichen Glück sehnt, für das ihm niemand eine Chance einräumt. Er hat die Sinnlosigkeit der Regeln erkannt, die in den immer gleichen Ritualen der Gewalt liegen, er weiß, daß diese Machtmittel ihren Zusammenhang mit der Wirklichkeit verloren haben, weil längst schon andere Dinge ausschlaggebend sind, nicht mehr die Ehre, nicht mehr der offene Kampf um seiner selbst willen, nicht mehr das Duell auf der Hauptstraße. Und dennoch kann er nicht aufhören, sich nach diesen Regeln zu verhalten. Er trägt seine Absurdität mit einer stoischen und konsequenten Würde, die ihn zum einsamsten Mann der Welt machen. So hilflos wie gegenüber diesem Westerner waren die Frauen des Genres nie; versuchen sie ihn umzustimmen, so geht er nur schneller seinem traurigen letzten Kampf entgegen, versuchen sie, sich von ihm abzuwenden, zerreißt es ihnen das Herz, mehr noch aus Schuldgefühl denn aus Liebe. (Möglicherweise kommt hier, wie überhaupt im Western, der allgemeinere Widerspruch zwischen Beruf, Arbeit, Lebenskampf einerseits und Erotik, Heim, Frau andererseits zum Ausdruck; immerhin me-

«High Noon» (Zwölf Uhr mittags – 1952) von Fred Zinnemann mit Gary Cooper.

lodramatisch löst sich dieser Widerspruch in den meisten «Edelwestern» dieser Zeit, und wo nicht, da muß die Frau büßen, daß sie dem Mann nicht bedingungslos gefolgt ist.)

Jimmy Ringo ähnlich ist auch das Wesen des Helden von Fred Zinnemanns «High Noon» (1952), des Sheriffs Will Kane, den Gary Cooper spielte, nachdem Gregory Peck die Rolle abgelehnt hatte. Auch er kämpft seinen großen Kampf allein, nur zum Teil, weil es seine Pflicht ist, mehr noch, weil er die Regel nicht verletzt sehen will, auf der sein Leben aufgebaut war. «Zinnemann hat seine Handlung exakt der Western-Dramaturgie angepaßt. Er ging noch einen Schritt weiter: Die 90 Minuten der Vorführung sind die 90 Minuten der Filmhandlung. Das ist der dramatischen Konzentration dienlich, die Identifizierungsmöglichkeit ist ungleich größer; doch die Idee war nicht so originell, wie mancher Kritiker sie empfand. In diesen 90 Minuten sieht sich Sheriff Will Kane (Gary Cooper) von seinen Freunden und seiner Frau (Grace Kelly) verlassen. Allein muß er den vier Banditen, die sein Leben und die Sicherheit der Stadt bedrohen, entgegentreten. Dabei ist er eigentlich nicht mehr im Amt. Doch die innere Verantwortung zwingt ihn zu handeln. ‹Ich muß hierbleiben!› gibt er seiner Frau zur Antwort, als diese ihn zur Flucht überreden will. Kane bleibt allein. Das Leitbild ist erfüllt.

Doch das neue und (leider) dominierende Element ist politischer Natur. Der Film erteilt eine Lektion in Fragen Demokratie. Die Ahnungslosigkeit der aller Wirklichkeit fernen Gerichte, die fehlende Bereitschaft, Freiheit und Sicherheit notfalls mit dem Leben zu verteidigen, die Notwendigkeit, jede Entscheidung erst zu diskutieren – kurz die Funktionsmängel einer Demokratie im Moment totaler Bedrohung» (Gert Berghof).

Im Grunde aber bewährt sich nicht die «staatsbürgerliche» Moral Kanes gegen die, man ist versucht zu sagen: typischen feigen Bürger, sondern seine Western-Moral; sein Verhalten ist weder besonders rational noch besonders nachahmenswert; er «tut, was er tun muß», wie alle Western-Helden, und nur daß er zunächst Unterstützung bei den Bürgern sucht, macht seine Tragik (und die Thesenhaftigkeit des Films) aus. Das Paradox von «High Noon» ist also die Tatsache, daß er zu beweisen sucht, was ohnehin dem Genre inhärent ist seit William S. Harts Filmen, daß nämlich der Widerspruch zwischen dem Westerner und den guten Bürgern eigentlich unlösbar ist. Die politische Interpretation des Films, gar die Analyse seiner Demokratiekritik erweist ihre Unergiebigkeit, wenn nicht an Hand des Films selber, so spätestens am Schicksal seines Autors Carl Foreman, der im September 1951 vom House Committee on Un-American Activities vernommen, als Kommunist verdächtigt und auf die schwarze Liste gesetzt wurde: «Tatsächlich klingt die Geschichte von dem Sheriff Kane, der nicht vor seinem Mörder flieht, sondern wie ein Held dessen Ankunft mit dem 12-Uhr-Zug erwartet, ein bißchen wie die Geschichte von Drehbuchautor Carl Foreman selbst: Ein Mann tritt mutig für seine Überzeugungen ein, kämpft für sein Recht und das Recht anderer – wenn es sein muß, auch allein und mit dem Risiko, dabei die eigene Existenz oder das eigene Leben aufs Spiel zu setzen» (Alexander von Wechmar).

Bevor sich auch der Western mit der Hexenjagd des McCarthyismus auseinandersetzen konnte, mußte erst einmal ein wenig klarwerden, worum es überhaupt ging. Kane ist weder McCarthyist noch Anti-McCarthyist, er ist ein Westerner, der vorübergehend an seinem Wesen irre geworden ist, weil Feigheit und Ignoranz allzu deutlich geworden sind, und der sich der Sinnlosigkeit seiner stellvertretend für die Bürger geführten Kämpfe bewußt wird und sich dennoch stellt. Doch was hier noch melodramatisch verklärt ist, das wird im Genre in den nächsten beiden Jahrzehnten immer deutlicher werden: daß nämlich diese Stellvertretung immer bloß als Legitimation für die Gewalt gedient hat. Der Westerner kämpft nie wirlich für andere, sondern immer nur für sich selbst, aber zur Aufrechterhaltung der Regeln vermag er zum Beschützer zu werden. Jimmy Ringo, so ließe sich sagen, hat begonnen, an den Mitteln seiner Gewalt zu zweifeln, Kane muß an seinem Auftrag verzweifeln, also zugleich an der Ursache und dem Ziel seines Kampfes. (Howard Hawks hat in «Rio Bravo» ein Gegenbild zu Kane entworfen, das solcher Rechtfertigung – vielleicht auch solcher Sentimentalität – nicht mehr bedarf.)

«Shane» (1952 – Regie: George Stevens) zeigt einen Helden (Alan Ladd), der Zweifel weder an seinen Mitteln noch an der Notwendigkeit seines Vorgehens hat, weil er einen Kampf ausficht, der nicht der seine ist. Er kommt von irgendwoher in ein Tal, in dem eine Farmerfamilie von einem Landbaron und seinen angestellten Killern terrorisiert wird. Er wird zum Freund für die Familie, der Mann (Van Heflin) achtet ihn als Freund und Kampfgefährten, der Sohn (Brandon De Wilde) verehrt ihn, und die Frau (Jean Arthur) liebt ihn insgeheim. Er kämpft ihren Kampf, erschießt den Revolvermann (Jack Palance) und verläßt das Tal, einsam, wie es sich für einen Ritter oder einen Engel gehört.

Während die anderen Regisseure des *adult western* versuchten, den Mythos des Westerners zu befragen, die Entstehung der Legenden und ein wenig auch die Konsequenzen für den Helden nachzuzeichnen, ging Stevens mit «Shane» den umgekehrten Weg: Er schuf die Apotheose eines durch und durch unirdischen Westerners, der sich nicht erklären kann, ein bewaffneter Erlöser. «Der Titelheld ist, mehr als irgendein anderer Westernheld, eine mythologische Figur. Shane ist mehr als ein Robin Hood, mehr als Cinderellas Prinz. Er ist ein leidender Gott, dessen edles und bitteres Schicksal es ist, sich für andere hinzuopfern. Er ist nicht Zeus, der, als Irdischer verkeidet, die Erde besucht, um mit ihren Frauen umzugehen, er ist der Heilige Amerikas, der Cowboy, der im Bürgerkrieg gefallen ist und zur Rechten Gottes sitzt. Er ist ein in Büffelleder gekleideter Engel mit der Pistole, ein mythologischer Boy Scout, immer bereit, die Hände der Gläubigen und der Gemeinschaft vom Blut sauberzuhalten» (Harry Schein).

Was Shane mit Jimmy Ringo und Will Kane verbindet, ist indes seine Entfremdung; nicht glücklich sein können, verzichten müssen oder wollen, allein gelassen werden, sterben, ohne ein Ziel erreicht zu haben – das gehört zu dem Wesen dieser Helden wie ihre Einsamkeit. Der Westerner adelt sich selbst durch sein Unglück; seine Legende macht er wieder glaubhaft durch das Leiden, das sie ihm verschafft. Und so stark ist die Wirkung dieser tragischen Helden des Genres, daß auch die Helden des «mittleren» Action-Western davon nicht unbeeinflußt blieben. Besonders deutlich wird dies an den Filmen der beiden konstantesten Stars des Genres, Randolph Scott und Joel McCrea, deren oft zwischen den Fronten von Gesetz und Outlaws geführte Kämpfe immer häufiger einen bitteren Nachgeschmack bei ihnen hinterlassen; wenn die Fronten geklärt sind, bleibt ihnen selbst auf den Trümmern der Konflikte nur wenig Hoffnung auf Selbstverwirklichung, manch einem aufgesetzten Happy-End zum Trotz.

Ungewollte, unter dem Zwang eigengesetzlicher Rituale notwendige Kämpfe zwischen Männern, die eigentlich Freunde hätten sein müssen, sind häufig das Thema «psychologischer» Western dieser Zeit. In Ro-

«Shane» (Mein großer Freund Shane – 1953) von George Stevens mit Alan Ladd, Jean Arthur und Van Heflin.

bert Aldrichs «Vera Cruz» (1954) geht es um den Kampf zwischen dem Moralisten Gary Cooper und dem leichtlebigen, keineswegs wirklich bösen Burt Lancaster; der eine muß am Ende den anderen töten und vernichtet damit auch ein Stück von sich selbst. In Nicholas Rays «Run for Cover» (1955) muß der Held (James Cagney) gegen den Jungen antreten, den er wie einen Sohn aufgenommen hat, weil dieser sich mit Banditen gemein gemacht hat. Broderick Crawford als alternder, dem Alkohol verfallener Sheriff, der sich gegen einen machthungrigen korrupten Landbaron durchsetzen muß in «The Last Posse» (1953 – Regie: Alfred L. Werker), ist ebenso ein Westerner, der seine Zeit überlebt hat, wie Kane, nur versteht er es nicht, so große Worte zu machen, und stirbt, ziemlich allein, nachdem er mit letzter Kraft gegen die Verbrecher Zeugnis abgelegt hat.

Die Liste solcher mal pathetisch, mal unsentimental gezeichneter Western-Helden könnte beliebig fortgesetzt werden. Deutlich ist, daß sich ihre Definition mehr aus einer psychologischen als aus einer mythologischen Grundkonstellation ergibt. Zwar ist die Psychologisierung in den Filmen dieser Zeit keineswegs auf das Genre des Western beschränkt, sie zeitigte jedoch gerade hier die erstaunlichsten Ergebnisse. Die Helden sind nicht nur angekränkelt von der Last ihrer eigenen Taten (was ein durchaus schlüssiges Bild für die Situation nach einem Krieg sein mag), sondern sie kommen auch nicht dazu, über sich selbst nachzudenken, mehr noch: Sie bekommen keine Chance, sich zu ändern, oder sie können diese Chance nicht wahrnehmen, weil eine neuerliche Bedrohung ihre Aktion fordert. Innere oder äußere Zwänge bringen den Westerner dazu, so weiterzuleben wie bisher, oder so zu sterben, wie er gelebt hat, obwohl er, mehr oder minder undeutlich, sowohl das Böse in seinem Leben als auch die Notwendigkeit der Veränderung vor Augen hat. Auf diese zweifellos für jeden Amerikaner (und nicht nur für ihn) in den fünfziger Jahren nachvollziehbare Gefühlshaltung, die der Verunsicherung in einem restaurativen Klima entspricht, reagierten Autoren und Regisseure auf durchaus sehr verschiedene Weise: Als Mythos begleitet der tragische Westerner die Restauration, doch gibt nicht selten seine Geschichte auch einen Kommentar zu ihr. Ideologische, politische, psychologische Legitimationen begleiten den melodramatischen Trotz des Helden, seine Autonomie gegen die neuen Kräfte zu bewahren, die Regeln seines Kampfes der Tradition zu entnehmen, als Westerner weiterzuleben. In gewissem Sinne kämpfte der Westerner in den fünfziger Jahren einen mythischen Kampf ums Überleben; sein Drama war das einer Neugeburt aus einer Identität, die keineswegs mehr fraglos war und die all der Krankheit, der Neurose, der Korruption, der moralischen Desintegration zum Trotz Kontinuität, die Seele des Westens, bewahrte.

Vater-Sohn-Konflikte

Begreift man den Western einmal, wie Jean Mitry es getan hat, als das Epos der amerikanischen Nation, so wie die «Ilias» das Epos der Griechen und das «Nibelungenlied» das Epos der Deutschen ist, so ist der Einbruch der Psychologie in das Genre vor allem als Krise zu interpretieren, die gleichsam mit einer Uminterpretation der nationalen Schöpfungsgeschichte beantwortet worden ist. Der Mythos des Pioniers, der die Heimat in direkter Konfrontation mit dem Land und den Indianern schafft (dem der *epische* Western gewidmet ist) und der Mythos des Westerners, der in den neuentstandenen Städten das Gemeinwesen gegen die Gesetzlosigkeit verteidigt, indem er seinen Egoismus und seinen Freiheitsdrang bezwingt, um dann die Gegner der Ordnung mit ihren eigenen Waffen zu besiegen (was dem *dramatischen* Western entspricht), erhält eine – notwendige – dritte Seitenlinie zugeordnet: den Mythos vom Westerner, der mit seinen Selbstzweifeln, seiner Abneigung gegen das, was aus «seinem» Westen geworden ist, mit seiner Einsamkeit, mit seiner erotischen Frustration, mit seiner Vergangenheit fertig werden muß, des Westerners, dessen Seele auf seine Taten reagieren will und der doch erst in der neuerlichen Tat den gordischen Knoten lösen kann. Diese *psychologischen* Western bringen einige neue Themen in das Genre ein, die sich tatsächlich folgerichtig aus dem Gründer-Mythos des Westerners ergeben: Dem ökonomischen Widerspruch zwischen den mächtigen Landbesitzern und den Bürgern, zwischen deren Fronten die Helden nun häufig geraten, ist eine Vorliebe für die melodramatische Zeichnung von Generationskonflikten zugeordnet, die in ihrer Emotionalität und ihrer blutigen Konsequenz oft «biblische» Ausmaße annehmen. Die Auseinandersetzungen zwischen den Grundbesitzern und ihren Söhnen ist wie ein Argument gegen das dynastische Prinzip, dem der Western nie das Wort gesprochen hat: Wer sich ein Reich aufgebaut hat, der muß es auch wieder verlieren, damit die anderen nicht aufhören müssen, von ihren Möglichkeiten zu träumen.

Ein Beispiel (unter vielen) dafür ist Edward Dmytryks «Broken Lance» (1954), die Geschichte des herrischen Ranchers Devereaux (Spencer Tracy), der drei Söhne aus einer ersten Ehe hat und einen, Joe (Robert Wagner), aus einer Ehe mit einer Indianerin. Während seine drei ältesten Söhne, voran Ben (Richard Widmark), in ständigem Streit mit ihm liegen, ist ihm Joe treu ergeben. Der Rancher greift eine Mine an, um seine Macht zu beweisen, und als er unter Anklage gestellt wird, nimmt Joe die Schuld auf sich und geht für seinen Vater ins Gefängnis. Während seiner Haftzeit ruinieren seine Halbbrüder seinen Vater, und Devereaux stirbt. Als Joe aus der Haft entlassen wird, kommt es zum Kampf zwischen ihm und Ben. Nur die Hilfe eines indianischen Helfers rettet Joe vor dem Tod. Schließlich zerbricht er die Lanze, die er als Symbol für die Rache an seinen Brüdern auf das Grab seines Vaters gepflanzt hatte.

Dieser Film (der nicht unumstritten war und ist) zeigt den Westerner gefangen in seinen familiären Banden, ohne Möglichkeit, sich Autarkie und Freiheit zu verschaffen, und auch der Patriarch entspricht nicht dem überkommenen Ideal; er macht, daß es auch im Land an der Grenze eng wird, weil sein Herrschaftsanspruch zu absolut geworden ist. Nur selten ist dieser Vorgang, der die inneren Konflikte schafft, in den Mittelpunkt der Handlung gerückt wie bei Dmytryk. Häufiger ist der Konflikt zwischen einem mächtigen alten Mann und seinem Sohn oder die moralische Orientierungslosigkeit eines Jungen, der von seinem Vater nichts anderes hat lernen können, als sich mit Gewalt und Skrupellosigkeit durchzusetzen, der Beginn der Auseinandersetzung des Helden mit dem alten Mann, der einmal sein Freund gewesen ist. In «The Big Country» (1958 – Regie: William Wyler) sind es zwei Väter und ihre Söhne (bzw. ein Adoptivsohn), die sich gegenüberstehen, und der eine der beiden Väter (Burl Ives) erschießt am Ende seinen eigenen Sohn, weil der sich nicht würdig im Kampf gezeigt hat.

Ein solcher Konflikt ist auch die Ausgangsposition von «The Last Train From Gun-Hill» (1958 – Regie: John Sturges), wo ein Sheriff (Kirk Douglas) den Mann sucht, der seine Frau vergewaltigt und ermordet hat und ihn in dem mißratenen Sohn seines alten Freundes (Anthony Quinn) findet, der mittlerweile ein mächtiger Mann geworden ist. Am Ende läßt ihm dieser keine andere Wahl, als ihn zu erschießen. Wie hier, so wird in vielen Western angedeutet, daß die Tücke der Söhne nicht unabhängig davon gedacht werden kann, wie der Vater, zugleich gewalttätig und *overprotective*, seine Erziehung gestaltet. Der Westerner ist ein Mensch, der sich selbst erzieht, darum kann man zum Westerner und zur Anerkennung von dessen Moral nicht erzogen werden.

Der familiale Grundkonflikt des Western hat sich nun verlagert: Waren es vordem vorzugsweise Konflikte zwischen Brüdern oder Männern, die wie Brüder zueinander stehen, so ist nun der Hauptkonflikt der zwischen Vätern und Söhnen. Und die Helden der A-Western der fünfziger Jahre und mehr noch der sechziger Jahre sind alte Männer; was sie erleben, könnte so keinem jungen Mann widerfahren. Sie sind auf der Suche nach ihren Söhnen, und sie finden sie nicht. Sie sind auf der Suche nach ihren Frauen, und sie finden sie nicht. Sie sind auf der Suche nach ihrer Heimat, und sie verlieren sie.

Familientragödien sind auch im Western, wie in der antiken Tragödie oder im elisabethanischen Drama (um nur die beiden augenfälligsten Kunstformen zu nennen, die sich mit dynastisch-erotischen Konflikten zu Zeiten von Herrschaftskrisen beschäftigt haben), häufig mit einer

Schuld der Alten verbunden, die die Jungen zu Besessenen der Gerechtigkeit macht. In «The Lonely Man» (1956 – Regie: Henry Levin) spielt Jack Palance den Westerner Jacob Wade, der aus Versehen einen Mann erschossen hat und auf der Flucht vor dem Gesetz zum Banditen geworden ist. Eines Tages begegnet ihm sein Sohn Riley (Anthony Perkins), der ihn für den Selbstmord seiner Mutter verantwortlich macht. Der Sohn schließt sich dem Vater an, weil er ihn immer an seine Schuld erinnern will, aber nach und nach findet er Verständnis für die Lebensbedingungen seines Vaters. Die Frau (Ada Marshall), die seinen Vater heiraten will, verliebt sich in Riley. Jacob, fast erblindet, muß einen letzten Kampf mit seinem Widersacher (Neville Brand) führen; sein Sohn dirigiert ihn, und er erschießt seinen Feind, wird aber selbst ebenfalls tödlich verwundet.

Auch in «Backlash» (1956 – Regie: John Sturges) gibt es eine Ödipus-Geschichte; hier allerdings ist die Schuld des Vaters (John McIntire) so groß, daß der Sohn (Richard Widmark) entschlossen ist, ihn zu töten. In «Great Day in the Morning» (1956 – Regie: Jacques Tourneur) hat ein Mann einen anderen getötet und sich dann dessen Sohnes angenommen. Das ist der Anfang eines gegenseitigen Erziehungsprozesses, an dessen Ende eine für den zunächst skrupellos scheinenden Helden eine selbstlose Tat steht, mit der er seine Verfehlungen sühnt. In «Gunman's Walk» (1958 – Regie: Phil Karlson) geht es, ein wenig an «Duel in the Sun» erinnernd, um zwei sehr unterschiedliche Söhne eines Ranchers, die sich beide in ein Halbblutmädchen verlieben. Der «starke» und rücksichtslose von beiden (Tab Hunter) hat am Ende zwei Männer erschossen, und als sein Vater (Van Heflin) ihn stellt und ihn zur Vernunft bringen will, gerät er so in Zorn, daß er seinem Vater ein Revolverduell aufzwingt; der Vater tötet den Sohn.

In einer großen Anzahl von Western der fünfziger Jahre war die Beziehung zwischen den Generationen thematisiert; dort, wo sie nicht den Hauptkonflikt bildete, war sie oft in eine Nebenhandlung gekleidet, oder sie kam in der «Boy-Hero»-Beziehung zum Ausdruck wie in Anthony Manns «The Tin Star» (1957). Diese zwischen dem Ödipus- und dem Abraham-Mythos oszillierenden Geschichten um die Haßliebe zwischen Söhnen und Vätern (oder Vaterfiguren) verdanken sich wohl nicht nur der modischen Strömung der Psychologisierung, sondern geben sicherlich auch etwas von der Krise der familiären Beziehungen wieder. Dafür bot der Western eine mythische Ausweichmöglichkeit: Ein psychosozialer Konflikt war hier als archaischer gezeichnet, der sich durch den *großen Tod* oder die Bewährung lösen ließ. Anders als im Melodram etwa, das zu dieser Zeit häufig ähnliche Themen aufgriff (man denke nur an die Filme mit James Dean), ließ sich in der Aktion des Western am Ende eindeutig entscheiden, ob aus den komplexen Be-

«Backlash» (Das Geheimnis der fünf Gräber – 1956) von John Sturges mit Richard Widmark.

ziehungen zwischen Vater und Sohn Haß (und Befreiung) oder Liebe (und Frieden) geworden war.

Die Motivation des Western-Helden war thematisiert und in Frage gestellt: Es wurde gezeigt, daß die Gewalt, die er ausübte, auf ihn zurückschlagen konnte; es wurde gezeigt, daß die Macht, die er erringen konnte, sich als trügerisch erwies, und es wurde gezeigt, daß die Heimat und der Besitz, der erobert worden war, nicht das Paradies darstellen mußten. Dies kommt jedoch nicht automatisch einer «Entmythisierung» gleich, wie die meisten Chronisten dieser Phase meinen. Vielmehr wird in diesen Filmen aus einem archetypischen ein bürgerlicher Mythos, aus dem Einzelgänger ein Außenseiter, aus dem Abenteurer der tragische Held und aus dem äußeren Kampf für eine Utopie der innere Kampf für die Wiederherstellung des Status quo.

Die Selbstverständlichkeit des Westerners, vordem die Voraussetzung für die Aktionen des Helden, muß nun unter schmerzlichen Opfern erst (wieder) errungen werden. Der Jesse James aus Nicholas Rays «The True Story of Jesse James» (1956) ist ebenso ein Außenseiter, der sein Glück und seine Identität außerhalb einer zunehmend repressiv werdenden Gesellschaft sucht (und übrigens auch ein Held, der deutlicher durch seine familiären Beziehungen definiert ist als durch sein Verhältnis zum Land), wie umgekehrt die Funktion des Sheriffs in Anthony Manns «The Tin Star» (1957) als Teil einer auf Unbarmherzigkeit basierenden gesellschaftlichen Macht gedeutet wird, und die Fähigkeit, sie zu erfüllen, wird von dem alten Westerner (Henry Fonda) nicht ohne Widerstände an den jungen Sheriff (Anthony Perkins) weitergegeben. Das Leben der Cowboys in Delmer Daves' «Cowboy» (1957) offenbart nicht nur Härte und schwerste Arbeit, sondern auch eine gewisse Sinnlosigkeit im steten Kreislauf von Arbeit und Gefahr für einen Lohn, der niemals ausreichen wird, über ein heißes Bad, eine Frau für eine Nacht und einen Rausch hinausgehende Bedürfnisse zu entwickeln. Die Gesellschaft und seine Stellung in ihr ist dem Westerner zum Problem geworden.

In all diesen Filmen ist es ein erfahrener, alternder Mann, der einen jungen, hoffnungsvollen Mann in seine Aufgaben und den «Code of the West» einweihen muß. Aber während der alte Westerner dem jungen sein Handwerk beibringt, lehrt er ihn zugleich, seine Illusionen zu verlieren, weder an ein Ziel in der Ferne noch auf eine Wende zum Guten zu hoffen, sondern immer nur darauf zu beharren, daß die Sache des Westerners ihren Wert in sich hat, wenn sie gut getan wird. Die Jungen lernen den Umgang mit den Revolvern und zugleich die Verachtung für die normalen Menschen. Insofern sind diese Erziehungsgeschichten eher Geschichten von Desozialisierungsprozessen als von Vorbereitungen auf das Leben in der Western-Gesellschaft.

Die starken Frauen

Auf der anderen Seite konnten sich die Frauen nicht mehr mit ihrer traditionellen Rolle im Genre zufriedengeben. In Fritz Langs «Rancho Notorious» (1952) ist Marlene Dietrich ein weiblicher Gangsterboß, der, gegen einen Anteil aus der Beute, gejagten Outlaws ein Versteck gewährt. Am Ende stirbt sie für einen Mann (Mel Ferrer), der erst unter dem Verdacht steht, eine Frau umgebracht zu haben, dann unter dem, den wirklichen Mörder verraten zu haben; sie stirbt, ein wenig wie die männlichen Helden des Genres zu dieser Zeit, an einem Punkt ihres Lebens, da sich eine Wandlung in ihr zu vollziehen beginnt. In Nicholas Rays «Johnny Guitar» (1953) geht es um den Kampf zwischen einer Spielsalonbesitzerin, die sich durch spekulative Landkäufe bereichert (Joan Crawford), und einer Rancherin, die unglücklich in denselben Mann verliebt ist (Mercedes McCambridge). In einem veritablen Showdown, dem der Held, der des Schießens müde ehemalige Revolverheld Johnny Guitar (Sterling Hayden), mehr oder minder hilflos zusehen muß, regeln die beiden Frauen ihren von ökonomischen Interessen und erotischen Konflikten gleichermaßen bestimmten Antagonismus. Im selben Jahr erschien Allan Dwans «The Woman They Almost Lynched», in dem es auch ein Duell zwischen zwei Frauen (Audrey Totter, Joan Leslie) gibt. Doch später, als die eine wegen ihres Einsatzes für einen Banditen, den sie liebt, gelyncht zu werden droht, setzt sich die andere heldenhaft für sie ein und rettet ihr Leben.

Daneben gibt es auch im Western die *treacherous women*, die neurotischen Verführerinnen, die es in Filmen der «Schwarzen Serie» immer wieder fertiggebracht hatten, die Männer ins Verderben zu stürzen. In Daves' «Jubal» (1955) ist Valerie French die unzufriedene Frau eines Ranchers (Ernest Borgnine), die sich für einen neuen Cowboy (Glenn Ford) interessiert. Ein eifersüchtiger Liebhaber (Rod Steiger) ist es dann, der den Cowboy Jubal und den Rancher in einen tödlichen Kampf miteinander treibt. Schließlich wird auch die Frau getötet, kann aber vorher der Menge, die Jubal lynchen wollte, noch seine Unschuld bestätigen.

«The Outcasts of Poker Flat» (1952 – Regie: Joseph M. Newman) erzählt von einer Frau, die einen Banditen geheiratet hat, seinetwegen zur Ausgestoßenen geworden ist und nun, als sie selbst Opfer seiner Machenschaften geworden ist, den Widerstand einer Gruppe von «Outcasts» gegen ihn organisiert. «Tennessee's Partner» (1955 – Regie: Allan Dwan) handelt von der Freundschaft zweier Männer und ihren Beziehungen zu zwei Frauen, stark und gut die eine, stark und böse die andere. Mehr oder weniger «verkleidet» sind die starken Frauen dieser Filme allesamt Huren, das heißt Frauen, die sich einmal über die bürgerlichen

Joan Crawford und Nicholas Ray bei den Dreharbeiten zu «Johnny Guitar»
(Johnny Guitar/Wenn Frauen hassen – 1953)

Moralvorstellungen hinweggesetzt haben und nun als ganz souveräne und unabhängige Menschen ihre moralischen Entscheidungen treffen. (Beide Filme entstanden übrigens nach Stoffen von Bret Harte.) Eine andere und unheimlichere Art, wie Frauen Macht und Freiheit erringen, ist ihr Status als Unternehmerin und Landbesitzerin, wo sie sich nahezu partriarchalischen Machtwillen und leidenschaftliche Kampflust von ihren männlichen Gegenspielern aneignen, diese gar übertreffen. Wie der ungeratene Sohn den patriarchalischen Westerner, so bringt zumeist die Liebe diese starken Frauen zu Fall. In «Forty Guns» (1957) von Samuel Fuller ist Barbara Stanwyck die Herrscherin über ein ganzes Territorium, auf ihren Befehl hören die lokalen Politiker, und sogar der Sheriff ist ihr auf eine traurig-infantile Art hörig, während sie in ständigem Bestreben, sich selbst zu beweisen, jeden Menschen zu demütigen versucht. Es gibt einen harten Kampf zwischen ihr und dem Mann, der sie liebt und der ihre Macht brechen soll (Barry Sullivan), und er endet, unvermeidlich, damit, daß dieser Mann sie erschießt.

Allerdings darf man über all diesen Filmen mit schrecklichen, starken Frauengestalten nicht jene Western vergessen, in denen, wie etwa in Otto Premingers «River of No Return» (1954) und Delmar Daves' «The Hanging Tree» (1959), den Helden Erlösung und Utopie durch eine alles besiegende große Liebe zuwächst.

Die Stadt

Mit einer der «starken Frauen» des Genres, deren Macht bezeichnenderweise vor allem durch ihren Grundbesitz bestätigt wird, hat es auch der Held in King Vidors «Man Without a Star» (1955) zu tun. Kirk Douglas ist ein lebensfroher Cowboy, der Arbeit auf einer Ranch gefunden hat, deren neue Besitzerin (Jeanne Crain) einen Kampf mit den Besitzern einer kleinen Ranch führt. Deren Besitzer schützen ihr Anwesen mit Stacheldraht, was den Cowboy Dempsey an die Zeiten erinnert, als er seinen Bruder im Kampf mit dem Stacheldraht verloren hat. Dempsey wird, weil er Zaunpfähle ausgerissen hat, von den Besitzern der kleinen Ranch zusammengeschlagen. Dempsey will die Stadt verlassen, da taucht der neue Vormann auf und verprügelt ihn auf offener Straße. Dempsey bezieht, nun über den wahren Charakter seiner früheren Auftraggeberin im klaren, Stellung für die Leute der kleinen Ranch. Als der neue Vormann die Herde auf den Stacheldraht zutreiben läßt, gelingt es Dempsey, sie abzudrängen. Nachdem er seine Rechnung mit dem Vormann beglichen hat, zieht er, auf der Flucht vor dem Stacheldraht, weiter.

Das Problem, das der Westerner mit den Frauen, mit dem Besitz und mit der Ordnung hat, mit der Sozialisation des Westens, macht mehr

«Man Without a Star» (Mit stahlharter Faust – 1955) von King Vidor mit Kirk Douglas.

und mehr aus seiner Bewegung eine Flucht. «Das Drama des Westerners, der sich selbst verraten muß; wie viele große Western ein Film der Verzweiflung und der Wut. Die Freiheit des Westens war für den Westerner die entscheidende Qualität des Westens. Als der Westen zur Grenze zwischen dem wilden, freien Land und der Zivilisation wurde, sah er sich der Dialektik von Freiheit und Ordnung ausgeliefert. Die Tugenden des Mannes, der das Land nahm, taugten nicht zur Bestellung dieses Landes. Der Stacheldraht, dessen Erfindung sich Joseph F. Glidden 1874 patentieren ließ, war zugleich das Symbol geordneter Besitzverhältnisse und das Wahrzeichen der Unfreiheit. Mit der Einzäunung des Landes fühlte sich der Westerner selbst eingezäunt: ‹Don't Fence Me In!› singt der Cowboy, während sein Arbeitgeber eben dies im Sinn hat. Das Dilemma liegt aber noch tiefer. Dempsey kommt nicht an der Erkenntnis vorbei, daß sein Ideal der Freiheit nur noch den Besitzenden nützt; er wird unfreiwillig Gesinnungsgenosse und Helfershelfer der Viehbarone, die den Stacheldraht nicht deshalb hassen, weil er aus einem weiten Land lauter eingezäunte Ländereien macht, sondern weil er das Bodenrecht einengt. Der Westerner muß seine Ideale verraten und, seinen anderen Idealen der Loyalität und Freundschaft folgend, Partei für die kleinen Leute mit dem Stacheldraht nehmen. Mit diesem Verrat aber kann er nicht leben. Er muß weiterziehen. Der Westen gehört nicht mehr ihm» (Joe Hembus).

Der psychologische Western spielt in der Stadt, die nicht mehr als die rudimentäre Siedlergesellschaft gesehen werden kann, die korrupt höchstens durch die Herrschaft eines gewalttätigen Banditen-Clans sein kann; die Stadt ist nun ein Hort des Bösen, vergleichbar der Stadt aus den Filmen der «Schwarzen Serie», die selbst auf den Western nicht ohne Einfluß geblieben sind. Was in früheren Zeiten die Stadt auszeichnete, war, neben dem schnellen Vergnügen für die Cowboys, die Arbeit und der Handel: Sie war der Ort, an dem sich die Konflikte lösen mußten. Nun scheint es, daß nur die Besessenheit, der gleichsam erotische Reiz einer Lynchkampagne, der die Stadtbewohner für kurze Zeit aus ihrer dumpfen Lethargie reißen kann, sie zusammenhält. In «Johnny Guitar» etwa wird man sich tatsächlich erst bewußt, daß die Stadt überhaupt Einwohner hat, als sie sich zusammengerottet haben, um Joan Crawford zu lynchen. Die immer schon heikle Balance zwischen Stadt und Land ist nun völlig verloren.

Viele dieser «Stadt-Western» bezogen sich, direkt oder indirekt, auf die von «High Noon» verkündete Botschaft. Allan Dwans «Silver Lode» (1954) beginnt, ganz ähnlich wie Zinnemanns Film, mit der Hochzeit des Helden Dan (John Payne). Es sind keine offenkundigen Banditen, die seine Hochzeit stören, sondern vier Männer, deren Anführer (Dan Duryea) sich als US-Marshal ausgibt und Dan verhaften will, da er seinen Bruder ermordet habe. Dieser Marshal, der den Namen McCarthy (!) trägt, hat es zunächst schwer, gegen die Solidarität der Stadtbewohner mit Dan anzukommen. Als Dan jedoch zugibt, McCarthys Bruder tatsächlich erschossen zu haben, allerdings in Notwehr, da wendet sich, unter dem Einfluß einiger Intriganten und von McCarthys Leuten, die Stimmung in der Stadt mehr und mehr gegen ihn. Dan erwirkt zwei Stunden Zeit, um McCarthy als Betrüger zu entlarven. Als die zwei Stunden um sind, hat er es noch nicht geschafft; im Gegenteil: McCarthy hat ihm noch zwei von ihm selbst begangene Morde unterschieben können. Vor dem Lynchtod kann Dan nur durch ein gefälschtes Telegramm gerettet werden; in einem Kirchturm kommt es zu einem denkwürdigen Showdown. Der unbewaffnete Dan nimmt Deckung hinter der Glocke, und McCarthy wird von einer zurückprallenden Kugel aus seinem eigenen Revolver getötet. (Die Glocke im übrigen ist eine Nachbildung der Freiheitsglocke!)

Mehr noch als ein antimccarthyistisches Pamphlet ist dieser Film eine gesellschaftliche Satire, und ein wenig bitter obendrein, denn schließlich wird der Held nicht gerettet, weil die Stadtbewohner Einsicht zeigen oder weil sich das Recht durchsetzt, sondern einfach deswegen, weil seine Frau und seine wenigen Freunde dem einen Betrug einen anderen entgegensetzen. Von Zinnemanns trägen Spießern unterscheiden sich Dwans Stadtbewohner vor allem durch die fast fröhliche Teilnahme, mit der sie in einem Augenblick jemandem zujubeln, ihn im anderen umbringen wollen, um ihm dann, weil ein Stück Papier die Lage scheinbar klärt, wieder zuzujubeln. Und für den Helden geht es nicht um Moral und Ehre, es geht um sein Leben.

Aber in diesen feigen, gewalttätigen und zurückgebliebenen Stadtbewohnern kommt nicht nur die dem Westerner verhaßte bürgerliche Zivilisation zum Ausdruck, sondern gelegentlich auch etwas vom Wesen des Westerners selbst, der sich ja einmal diese Städte gebaut hat. Ein Stadtbewohner in diesen Western ist sozusagen ein degenerierter Westerner: Er ist beschränkt und grausam, er lehnt alles Fremde ab, er hat Spaß am Morden, und er sieht nichts außer sich selbst und die paar selbst aufgestellten Regeln, die sich eigentlich auf das Axiom reduzieren lassen, daß man selber recht und der andere unrecht hat, und daß es deswegen ganz in Ordnung ist, wenn man ihn umbringt, vorausgesetzt, man macht es nach den Riten, also man erschießt ihn oder man hängt ihn auf. Besonders deutlich wird dies in John Sturges' modernem Western «Bad Day at Black Rock» (1954), wo sich die Bewohner einer kleinen Western-Stadt unter Führung des lokalen Landbarons zusammengetan haben, um einen japanischen Farmer zu ermorden. Als ein Polizist (Spencer Tracy) Nachforschungen anzustellen beginnt, versuchen die Stadtbewohner, auch ihn umzubringen. All dies geschieht unter ständiger Berufung auf die «Ideale des alten Westens». In diesem und ähnlichen Filmen dämmerte die Erkenntnis, hartnäckig seit «The Ox-Bow Incident» wiederkehrend, daß im Westerner verborgen ein durchaus faschistischer Kern angelegt war.

Die *town tamer*-Geschichten, wie sie in den vierziger Jahren von Filmen wie Michael Curtiz' «Dodge City» oder «My Darling Clementine» von John Ford repräsentiert waren, ließen sich so geradlinig nicht mehr erzählen; die Macht, die ein einzelner über eine Gemeinde erringen konnte, war genauso suspekt geworden wie eine träg-mechanische Masse, die jeden Außenseiter gnadenlos vernichten konnte. In «Man With a Gun» (1955 – Regie: Richard Wilson) ist Robert Mitchum ein Deputy-Sheriff, der eine Stadt so gründlich vom Laster befreit, daß er sogar die Bürger gegen sich aufbringt. Diese wollen weder Recht noch Unrecht; sie streben den bequemen Kompromiß an. Schnell haben die Bürger in Jacques Tourneurs «Wichita» (1955) Wyatt Earp (Joel McCrea) zum Sheriff gemacht, als er einen Bankraub verhindert hat. Doch als er einmal einen mächtigen Rancher einsperrt, weil dieser sich über das Gesetz hinweggesetzt hat, fordern die Bürger unter der Führung des örtlichen Bankiers ihn auf, das Gesetz, dem er gerade ein wenig Geltung verschafft hat, wieder zu beugen und die Gesetzesübertretung zu übersehen. Wyatt Earp läßt sich darauf nicht ein; da überlegen die Bürger, wie sie ihn wieder loswerden können. Erst als eine junge Frau Opfer einer Wyatt Earp zugedachten Revolverkugel wird, stellt man sich im letzten Kampf hinter den Sheriff.

Wyatt Earp (diesmal gespielt von Burt Lancaster) ist auch der Held von «Gunfight at the OK Corral» (1957) von John Sturges. Hier ist die Stadt, noch einmal, wie im traditionellen Western, nur ein Schauplatz, eine Bühne für die Aktionen der Helden, über die sie souverän verfügen, und nicht eine ein verhängnisvolles Eigenleben entwickelnde fixe Idee, die als ganzes, als Bild für *die* Gesellschaft, sich gegen den Helden richten kann.

Wie die Geschichte der amerikanischen Gesellschaft geprägt ist von den zwei einander abwechselnden Ängsten, von der Gesellschaft vereinnahmt oder zerstört, im entscheidenden Moment allein gelassen zu werden, und der, von ihr nicht genügend akzeptiert zu werden, sie nicht genügend zu stärken, in ihr nicht genügend Schutz vor Außenseitern zu finden, so schlug das Pendel in den nächsten Jahren in Filmen dieses Themas wieder nach der anderen Seite aus: Nicht mehr der einzelne, der von den Stadtbewohnern im Stich gelassen, gejagt oder korrumpiert wird, interessiert in erster Linie in den sechziger Jahren, sondern die Stadt, die von einem Außenseiter terrorisiert wird. Gewissermaßen als Übergang läßt sich der Film «Warlock» (1959) von Edward Dmytryk mit seiner komplizierten Personage und seiner komplizierten Moral verstehen. Da kommt ein Marshal (Henry Fonda) in die Stadt Warlock, der neben seinem eher illegalen Job, Outlaws mit seinen zwei goldenen Colts zu bezwingen, sein Einkommen mit Glücksspielen und nicht ganz sauberen Geschäften aufbessert. Begleitet wird er von einem hinkenden Partner (Anthony Quinn), der zugleich eine Art Manager ist und ihm bei seinen zahlreichen Show-downs den Rücken freihält. Die Bürger der Stadt haben sie gerufen, um mit randalierenden Cowboys fertig zu werden, doch die beiden richten sich in der Stadt ein, führen einen Spielsalon und werden die heimlichen Herrscher der Stadt. Um sie im Zaum zu halten, machen die Bürger den ehemaligen Banditen Johnny Gannon (Richard Widmark) zum Sheriff, der mit ansehen muß, wie sein Bruder vom Marshal erschossen wird. Der Marshal seinerseits ist gezwungen, seinen Partner zu erschießen, als dieser Gannon ermorden will. Der Sheriff fordert den Revolvermann auf, die Stadt zu verlassen. Beim Show-down zwischen den beiden demonstriert dieser noch einmal seine Überlegenheit, dann aber läßt er seine Colts in den Sand fallen und verläßt Warlock.

«Gunfight at the OK Corral» (Zwei rechnen ab – 1957) von John Sturges mit Kirk Douglas und Burt Lancaster.

Der Sheriff und der Revolvermann sind beide faszinierende Charaktere, die, jeder auf seine Weise, bestimmte Western-Regeln konsequent befolgen. Aber es sind kaputte Helden (der Film zelebriert förmlich ihre Kaputtheit), und es muß ein Ende sein mit dem grausam verrückten alten Westen; die Stadt kommt zu ihrem Frieden: Als der Sheriff, verletzt, gegen die Banditen antritt, haben sich einige Bewohner auf seine Seite gestellt. In diesem Film, in dem, wie es ein Kritiker schrieb «alles zu groß geraten» und «von allem zuviel enthalten» war, hebt sich gewissermaßen ein Western-Mythos (der legendäre einsame Gunman) durch den anderen (der bekehrte Bandit) auf. Die Frage, ob der Einsame oder der Integrierte die Moral des Westens auf seiner Seite hat, bleibt ungeklärt; eine bedeutungsschwere Parabel, die nichts aussagt, außer daß alles sehr kompliziert geworden ist – der gleichsam dialektische Zwischenschritt zu jenen Western der sechziger Jahre, die die Verteidigung eines Gemeinwesens durch Profis der Gewalt auf einer neuen Ebene abhandelten, wie etwa John Sturges' «The Magnificent Seven».

Freundschaft, Gewalt, Feindschaft

Mit der «Psychologisierung des Western» gerieten auch die Beziehungen von Freunden und Partnern komplizierter; Freundschaft und Haß lagen nun oft bedrohlich nahe beieinander, ja schienen häufig die beiden Seiten einer Münze zu sein. Wie eine Gruppe von Eroberern und Kriegern, denen irgendwie der äußere Feind abhanden gekommen war, begannen sich die Western-Helden nun plötzlich gegenseitig zu bedrohen und beim geringsten Anlaß zu zerfleischen. Selbstzerstörerische Konsequenz trieb sie in Auseinandersetzungen, von denen der Westerner vordem kaum angenommen hätte, daß es sie gibt, und mochte es oberflächlich dabei auch um so verständliche Dinge wie Gold, Frauen oder Rache gehen, so wird doch immer deutlich, daß dahinter verborgen andere Motive, andere Verzweiflungen stecken.

Die Brüder, von denen der eine auf die Seite des Rechts, der andere auf die des Banditentums gelangt waren, sind schon früher häufig in Western vorgekommen, auch der tragische Konflikt des «Guten», den anderen töten oder ausliefern zu müssen. (Diese Konfiguration bildete sogar das Handlungsgerüst für einige Audie Murphy-Western, die in den fünfziger Jahren so etwas wie eine Fortsetzung der gehobenen B-Western darstellten.) Aber betont war nun nicht mehr die äußere, sondern auch die innere Verwandtschaft der Kontrahenten, deren Auseinandersetzung nun durch beinahe zufällige Konversionen zustande kommt. Eindeutige Sympathieverteilungen gab es daher kaum noch. (Im Serien-Western war oft genug nicht der Held, sondern der Schurke die interessantere Gestalt gewesen, nun, so könnte man formulieren, hatte sich der «Held» ein wenig von der faszinierenden Zerrissenheit eines Schurken zurückgeholt.)

In «Ride Vacquero!» (1953 – Regie: John Farrow) bilden Anthony Quinn (in einer seiner Darstellung in Elia Kazans «Viva Zapata» aus dem Jahre 1951 ähnlichen Rolle) und Robert Taylor als sein «konvertierter» Bruder ein solches Paar, das sich am Ende gegenseitig umbringt. «Garden of Evil» (1954 – Regie: Henry Hathaway) erzählt von drei Abenteurern (Gary Cooper, Richard Widmark, Cameron Mitchell), die anscheinend aus bloßem Egoismus einer Frau (Susan Hayward) ins Indianergebiet folgen, wo ihr verwundeter Mann mit einem Goldschatz wartet. Mißtrauen untereinander und die Bereitschaft, einander zu übervorteilen, bestimmen ihre Handlungsweise. Aber genauso besessen, wie sie vordem der fixen Idee vom Gold hinterhergelaufen sind, genauso besessen sind sie dann in ihrem Opfermut. Dabei ist nicht einmal eine «Läuterung» vonnöten, wie sie in dramatischen Western so häufig angewandt wurde, sondern dieses Gute war offensichtlich schon immer da und nur verdeckt von der Leidenschaft nach dem Gold. Was dennoch

«The Last Hunt» (Die letzte Jagd/Satan im Sattel – 1955) von Richard Brooks
mit Robert Taylor.

den Helden nie gelingt, ist ihre Entfremdung zu überwinden.

«The Last Hunt» (1955 – Regie: Richard Brooks) schildert die von ge-
genseitiger Achtung bis zur Bereitschaft, einander zu töten, reichende
Beziehung zweier ehemaliger Freunde, der Büffeljäger Gibson (Robert
Taylor) und McKenzie (Stewart Granger). Der Konflikt zwischen bei-

den beginnt, als sich erweist, daß Gibson nur noch aus reiner Mordlust Büffel schießt und auch den Hungertod der Indianer in Kauf nimmt, ja sogar wünscht. Der Film endet mit dem etwas makabren Tod des faschistoiden Westerners; er geht an der Kälte zugrunde, gegen die ihn auch ein Büffelkadaver nicht schützt. Dieser unbarmherzige Mann, der beständig auf seine «Rechte» pocht, der Kolonialist unter den Pionieren, wurde in der Folgezeit neben den lynchwütigen Stadtbewohnern und den blutrünstigen Kavallerie-Generälen zu einer weiteren Negativfigur in der Typologie des Genres: der grausame Einzelgänger, der sich immer durch das Töten von Menschen und Tieren beweisen muß. «Wenn man tötet, beweist man, daß man lebt und daß man stark ist», sagt Taylor einmal.

In Filmen solcher Konstellationen spaltete der Westerner gewissermaßen einen bösen Teil seines Wesens ab, um ihn zu vernichten. Umgekehrt konnte es in anderen Filmen zu Konfrontationen kommen, die ausschließlich durch die äußeren Umstände bedingt sind und mit einer Konfrontation von Prinzipien wie gut und böse nichts gemein haben. Das bekannteste Beispiel für diese Formel, mit der zugleich die Entheroisierung der Helden am eindrucksvollsten betrieben wurde (womit sich der Kreis der Themen der *adult western* zum «entmythologisierten Helden» schließt), ist Delmer Daves' «3:10 to Yuma» (1956). Van Heflin spielt hier einen zunächst recht untüchtig und gar nicht kämpferisch erscheinenden Rancher, der, aus ökonomischer Not und um die Achtung seiner Frau zu bewahren, unfreiwillig zum Helden wird, als er einen gefährlichen Banditen (Glenn Ford) ins Gefängnis nach dem entfernten Ort Yuma bringt. Wie in «High Noon» (und manche Kritiker meinen: besser gelungen) ist in «3:10 to Yuma» am Ende die Realzeit und die Filmzeit in eins gesetzt; jede Verrichtung, jeder Dialog dauert solange, wie er dauern muß; so wird deutlich, daß es sich für den Rancher nicht um die Erfüllung eines Rituals handelt (das sich elliptisch darstellen ließe), sondern um die Erledigung einer harten Arbeit, die das Hintanstellen persönlicher Einsichten (er spürt sehr bald, daß der Bandit nicht eigentlich sein Feind ist) und Bedenken für eine Aufgabe erfordert, die das Überleben bedeutet. Entgegen allen Western-Legenden wird hier der Protagonist durch seine heldenhafte Tat nicht endgültig zum Helden, der nur noch dies und nichts anderes mehr ist, eine lebende Legende, sondern er taucht zufrieden und erlöst zurück in sein arbeitsreiches, glanzloses Leben.

Aber diese Auflösung des Heroismus in den Lebensbedingungen, wie sie Daves auch in «Cowboy» vornahm, die den Protagonisten kaum noch etwas «Überlebensgroßes» beließ, blieb eher Ausnahme (und das Thema der «unheroischen Helden» wurde erst in den siebziger Jahren wiederaufgenommen). Häufiger bildeten die Konfrontationen unter-

«The Left Handed Gun» (Billy the Kid/Einer muß dran glauben – 1958) von Arthur Penn mit Paul Newman.

schiedlichster Charaktere die Gelegenheit zu Exkursionen in die Abgründe der Seele des amerikanischen Mannes, der in den fünfziger Jahren gelernt hatte, daß man seinen Machtanspruch auch durch dekorative Kaputtheit verbreiten konnte. Sadismus und Masochismus mit durchaus erotischen Untertönen bestimmten die Konfrontation der Helden, wie die zwischen Richard Widmark und Robert Taylor in «The Law and Jake Wade» (1958) und John Sturges oder die zwischen Paul Newman (als Billy the Kid) und John Dehner (als Pat Garrett) in Arthur Penns psychogrammhaftem Western «The Left Handed Gun» (1958).

Den Höhepunkt intellektueller Bewältigungsversuche von Erotik und Gewalt im Gewande des Westerns bildete zweifellos Marlon Brandos «One-Eyed Jacks» (1959), ebenfalls eine verschlüsselte Billy the Kid-Geschichte. Erzählt wird von Rio (Brando) und «Dad» Longworth (Karl Malden), die gemeinsam eine Bank ausgeraubt haben. Bei der Flucht kann sich nur einer retten; wer, das entscheidet Rio durch einen Trick beim Losen: Es ist Dad. Nach fünf Jahren der Gefängnishaft gelingt Rio die Flucht. In einer kleinen Stadt in Mexiko findet er Longworth wieder, der nun Sheriff und ein angesehener Bürger ist. «Rios Rache an Dad entwickelt sich langsam, setzt sich aus vielfältigen Überlegungen zusammen und ist in ihrer Konsequenz unerbittlich. Rio, egal welche Aktionen er setzt, zerrt Dad an jenem Nerv, den auch Sam Peckinpahs ‹Outlaws› genüßlich anpeilen – wo er am leichtesten zu verletzen und zu verunsichern ist: Er greift nach seinem Besitz. Zuerst vergewaltigt und demoralisiert Rio Dads Stieftochter, dann zerstört er die Illusion von einem Leben in Sicherheit – zuletzt beweist er, daß jegliche Autorität machtlos wird, wenn sie die eigene Stärke zu überschätzen beginnt . . . ein schockierendes Ende für Menschen, die an ‹Legenden› glauben und nicht wahrhaben wollen, daß nur die Realität über die eigentlichen und wirklichen Proportionen einer Zeit und ihrer Menschen Auskunft geben

«One-Eyed Jacks» (Der Besessene – 1959) von Marlon Brando mit Karl Malden und Marlon Brando.

kann» (Herbert Holba). Rio wird von Dad, seinem einstigen «väterlichen Freund» öffentlich ausgepeitscht, seine Revolverhand zerschlägt Dad ihm mit dem Gewehrkolben, aber weil zwischen ihm und dem Mädchen nun wirkliche Liebe entstanden ist, kann er diese Verstümmelungen überwinden und in einem eindrucksvollen Show-down Dad erschießen.

Mit «The Left Handed Gun» und «One-Eyed Jacks» war die Entmythisierung des Helden in den fünfziger Jahren abgeschlossen; die Gewalt des Westerners war hier eindeutig losgelöst von dem historischen Auftrag und als Trauma und Obsession definiert. Das psychosexuelle Trauma dieser Protagonisten, die nicht zufällig von den *rebel heroes* Newman und Brando verkörpert wurden, entsprach dabei sowohl den zeitgenössischen Problemen als auch einer inneren, unvermeidlichen Krise des Helden im Genre, die weit eher eine Krise des Männlichkeitsideals war als eine der geschichtlichen Tradition. Da was in den großen psychologischen Western der fünfziger Jahre die eigentliche Botschaft ausmachte, das war die Bedrohung des Mannes durch die von ihm selbst geschaffenen Bestätigungsrituale; aus dem Pionier war ein Märtyrer der eigenen Geschichte geworden. Vergeblich sucht man in dieser Dekade einen epischen Western, der diese Bezeichnung wirklich verdient hätte. Die Eroberung, der Krieg ist vorbei, und die Helden finden keinen Frieden.

Indianer-Western

Der Mythos ist eine Methode, das Unvereinbare zusammenzuzwingen, das heimliche Verlangen, wie ein Indianer zu leben, und die historische «Notwendigkeit» des Völkermords zum Beispiel. Der Western-Mythos für diesen Widerspruch ist der Pionier, der mit den Indianern gelebt hat und doch im «Krieg» gegen sie kämpft, wenn seine Rasse in Gefahr ist. Und die Legende ist eine Mauer gegen die Wahrheit, zum Beispiel gegen die Wahrheit, daß die Geschichte des Westens die Geschichte von Betrug, Verrat, Unterdrückung und Mord an den Indianern ist. Die Legende des Western gegen diese fast nicht zu verdrängende Wahrheit ist die vom Heldentum der Männer vom Schlage Custers und die Legende von den Pionieren, die ihren Besitz gegen die Indianer *verteidigen* und dabei große Opfer bringen müssen. Beides, Mythos und Legende, erfuhr in den fünfziger Jahren eine Umdeutung, mußte sie erfahren, weil im Bild des Kriegsgegners, des nationalsozialistischen Deutschland, der Rassenmord in seiner brutalen Offenheit die Frage nach Verantwortung und Umständen virulent machte. Lange Zeit war es die «Aufgabe» der Indianer im Western gewesen, als gleichsam schicksalhafte Macht in die psychischen und ökonomischen Konflikte zwischen Weißen einzugrei-

fen, und nur in wenigen Filmen stellten sie eine autonome, aus Individu-
en bestehende Kraft dar. Die Indianer waren, wenn man so will, die
«Gespenster» des Western gewesen, eine ständige, latente Gefahr, die
die Westerner zu solidarischem Verhalten zwang (man denke nur an
«Stagecoach»). Nun interessierte sich das Genre, nicht ohne Sentimentalität, für die Beziehung der Rassen. Dabei waren sicher viele Filme
über den Antagonismus zwischen Weißen und Indianern auch verschlüsselte Hinweise auf die Beziehung zwischen den weißen und den schwarzen Amerikanern.

«Broken Arrow» (1950), übrigens Delmer Daves' erster Western, war
nicht der erste Film, der eine positive Haltung gegenüber den Indianern
an den Tag legte. Aber er setzte für die fünfziger Jahre einen Trend.
Daves' Film erzählt die Geschichte des Postreiters Tom Jeffords (James
Stewart), der zum Friedensstifter zwischen den Weißen und den Apachen unter Führung von Häuptling Cochise (Jeff Chandler) wird. Er erwirkt eine dreißigtägige Probezeit für den Frieden, während der er bei
den Indianern lebt und Cochises Tochter Sonseeahray (Debra Paget)
heiratet. Cochise, Sonseeahray und Jeffords werden von weißen Siedlern in einen Hinterhalt gelockt; Sonseeahray wird getötet, Jeffords verwundet, nur Cochise kann fliehen. Als er mit seinen Kriegern zurückkehrt, ist es Jeffords, der den Indianern dazu rät, das Kriegsbeil wieder
auszugraben und Rache zu nehmen. Cochise zeigt sich indessen beson-
nen, und der Friede wird erhalten, als sich auch viele Weiße der Trauer
um Sonseeahray anschließen. Jeffords verläßt das Land.

Jeff Chandlers Cochise ist ein so stolzer wie kluger Mann, der auch in
Momenten großer persönlicher Verletzung das Wohl seines Volkes, ja
aller Menschen, im Blick behält. Diesen Cochise spielte Chandler noch
zweimal: in «Battle at Apache Pass» (1952 – Regie: George Sherman)
und in «Taza, Son of Cochise» (1954 – Regie: Douglas Sirk). Ähnlich
wie in vielen Nachfolgefilmen von «Broken Arrow» reduzierte sich freilich die Botschaft dieser Western auf die simple «Wahrheit», daß es
eben auf beiden Seiten, bei den Rothäuten wie bei den Weißen, edle
und schurkische Menschen gab, und daß Uneinigkeit und Verrat auf beiden Seiten mehr zum Krieg beitrugen als ein prinzipieller Antagonismus, der schon deswegen nicht bestehen konnte, weil die Indianer-
häuptlinge dieser Filme den Eindruck erweckten, als kämen sie gerade-
wegs von einer Universität in Europa. Mit anderen Worten, der kulturelle Konflikt wurde verdrängt, indem man die Unterschiede beider Le-
bensformen herunterspielte.

Aber daneben gab es auch Versuche, sich ohne Illusionen mit der
Rassenfrage auseinanderzusetzen. Der konsequenteste (und bitterste)
Western, der vom Unrecht handelt, das den Indianern angetan wurde,
war Anthony Manns «Devil's Doorway» (1950), die Geschichte eines in-

dianischen Farmers (Robert Taylor), der als Held aus dem Bürgerkrieg zurückkehrt und von den Weißen so in die Enge getrieben wird, daß er zum Gesetzlosen wird. Wie «Broken Arrow» bildete «Devil's Doorway» ein Muster für eine Reihe ähnlicher Filme, die aber selten so deutlich aussprachen wie dieser Film, daß eine Integration der Indianer nicht gelingen konnte, weil die Weißen aus «geistigen» wie aus ökonomischen Gründen an ihrer Ausrottung interessiert waren (nachdem verschiedene Versuche, Sklaven aus ihnen zu machen, wie es etwa der Film «Apache» von Robert Aldrich andeutet, fehlgeschlagen waren), und daß auch eine oberflächliche Anerkennung jederzeit wieder in Haß umschlagen konnte.

Diese beiden Grundmuster beinhalteten die zwei bevorzugten Themen der Indianer-Western: die Geschichte vom schwierigen Prozeß der Friedensstiftung (zumeist verbunden mit einer Liebesgeschichte) und die Schilderung einer versuchten individuellen Integration.

Vom Frieden zwischen den Indianern und den Weißen, der von einer besonderen Art von Mensch, dem Pionier, dem Grenzgänger, ermöglicht wird, erzählten so lyrische Filme wie William A. Wellmans «Across the Wide Missouri» (1951) oder Howard Hawks' «The Big Sky» (1952) ebenso wie eher dramatische Filme wie «The Savage» (1952 – Regie: George Marshall), die Geschichte eines weißen Jungen (Charlton Heston), der von den Sioux aufgezogen wurde, zum Wanderer zwischen den Kulturen wird und von einem schier unlösbaren Konflikt in den anderen gerät, bis er am Ende seinen indianischen Ziehvater von der Notwendigkeit des Friedens, um des Erhalts der roten Rasse willen, überzeugen kann. «Seminole» (1953 – Regie: Budd Boetticher) schildert die Bemühungen des Seminolen-Häuptlings Osceola (Anthony Quinn) und des Leutnants Caldwell (Rock Hudson) um den Frieden, der von haßerfüllten Kriegstreibern auf beiden Seiten verhindert wird. (Immerhin endet Boettichers Film mit dem historisch zutreffenden Ausblick auf den Sieg der Indianer.)

Der Formel dieser Filme folgten Western wie «White Feather» (1954 – Regie: Robert Webb), «The Indian Fighter» (1955 – Regie: André de Toth) oder «Walk the Proud Land» (1956 – Regie: Jesse Hibbs). Immer ging es da um den einsichtigen indianischen Führer, der von Heißspornen, Verrätern oder Killernaturen aus den eigenen Reihen bedroht wird, und um den individualistischen, kulturell offenen und gegenüber den Taten seiner eigenen Rasse kritischen weißen Einzelgänger, dessen Friedensbemühungen ihre Grenzen in Brutalität und Hinterlist von Geschäftemachern und starren Militärs finden. Der besessen die Indianer hassende Offizier als neurotischer Autokrat wurde in diesen Filmen zu einer typologischen *villain*-Figur, die auch in die Indianer-Western eine Dimension des Pathologischen einführte, wie er im psychologischen We-

«Run of the Arrow» (Hölle der tausend Martern – 1956) von Samuel Fuller mit
Charles Bronson, Rod Steiger und Sarita Montiel.

stern verbreitet war: Die Porträts solcher Männer, wie etwa von Alex
Nichol in «Tomahawk» (1951 – Regie: George Sherman), Warner An-
derson in «The Yellow Tomahawk» (1954 – Regie: Lesley Selander)
oder Ralph Meeker in «Run of the Arrow» (1956 – Regie: Samuel Ful-
ler), waren natürlich auch ein dramaturgischer Trick, die Schuld an der
Ausrottung der Indianer in einem typologischen Kosmos zu verteilen.
Ihre Wirkung verdankten diese Indianer-Western ja kaum historischer
Wahrhaftigkeit, sondern vielmehr ihrer Verbindung von Appell, Wie-
dergutmachung und kultureller «Aufwertung» der Indianer mit dem Ur-
Mythos des Westens vom Mann, der seine eigene, die weiße Kultur hin-
ter sich läßt, um mit den Indianern zu leben, und eine Indianerin zur
Frau nimmt. (Die Indianer selbst wissen vermutlich sehr genau, warum
sie diesen Wiedergutmachungsversuch Hollywoods nicht angenommen
haben, auch wenn gewiß nicht zu bestreiten ist, daß Filme wie «Broken
Arrow» auch ganz pragmatisch zu einer Verbesserung der Situation der
Indianer beigetragen haben.)

Diese Formel funktionierte wohl auch deshalb, weil die Rolle des Friedensstifters dem traditionellen Westerner, dem aufrechten Einzelgänger, der sich nicht leichtfertig auf eine Seite schlägt, gut zu Gesichte stand. In den Indianer-Western in der Nachfolge von «Broken Arrow» blieb paradoxerweise der Western-Held der Legende am längsten intakt, und umgekehrt beinhalteten Biographien von großen Häuptlingen wie «Sitting Bull» (1954 – Regie: Sidney Salkow) oder «Chief Crazy Horse» (1955 – Regie: George Sherman) eine letzte Art der ungebrochenen Romantik im Western.

Dies trifft in gewisser Weise auch für jene Filme zu, die einen indianischen Helden im aussichtslosen Kampf allein gegen die Übermacht der Weißen zeigen, wenn auch hier, besonders in den Filmen des Themas aus den sechziger Jahren, eine manchmal fast sarkastische Bitterkeit durchschimmerte. In Robert Aldrichs «Apache» (1954) spielt Burt Lancaster den Apachenkrieger Massai, der sich der Deportation in ein Reservat durch Flucht entzieht. Unterwegs trifft er auf einen Cherokee-Indianer, durch den er davon überzeugt wird, daß der Ackerbau eine

«Apache» (Der große Apache/Massai – 1954) von Robert Aldrich mit Burt Lancaster.

Möglichkeit für die Indianer darstellt, den Frieden und zugleich die Autonomie zu bewahren. Er kehrt zu seinem Stamm zurück und versucht, ihn von seinen Ideen zu überzeugen, doch er wird an die Militärs verraten. Wieder gelingt ihm die Flucht, gemeinsam mit seiner Geliebten (Jean Peters), der Tochter des durch den Alkohol zerstörten Häuptlings. Er flieht in die Berge, wo er ein Kornfeld anlegt. Seine Frau erwartet ein Kind. Da wird das Versteck von den Weißen entdeckt; Soldaten umstellen die Hütte, und Massai leistet erbitterten Widerstand. Die Schlußszene des Films zeigt, wie die Weißen die Waffen sinken lassen, als sie das Schreien des neugeborenen Kindes hören. Doch dieses Ende war nicht vorgesehen und kam nur auf Drängen der Produzenten zustande; das Originaldrehbuch ließ Massai durch einen Schuß in den Rücken getötet werden, in dem Augenblick, als er sich nach dem Schreien seines Kindes umdreht.

Durch diese Perspektive wird der Legende die Grundlage entzogen; Massai ist nicht nur *der* Indianer, er ist der freie Mensch überhaupt, der in der amerikanischen Gesellschaft keinen Platz hat. In den Filmen, die nach der Formel von «Apache» entstanden, ist die Stimmung meist versöhnlicher, wie etwa in Joe Kanes Remake von «The Vanishing American» aus dem Jahr 1955 (die erste Version hatte George B. Seitz 1925 inszeniert), wo es ein treuherziges Happy-End gibt, das die Integration als völlig selbstverständlich darstellt, wenn nur der Schurke, der verräterisch gegen alle war, aus dem Weg geräumt ist. Auch hier ist das Symbol für die Versöhnung die gemischtrassige Ehe.

Das Thema des Halbblutes zwischen den Fronten und der problematischen Integration (wie es «Devil's Doorway» vorgegeben hatte), wurde in «Reprisal» (1956 – Regie: George Sherman) wiederaufgenommen. Der Film erzählt die Geschichte eines Farmers mit indianischem Blut (Guy Madison), der von seinen Nachbarn, die die Indianer hassen, immer weiter in die Enge getrieben wird. Am Ende bekennt er sich zu seinem indianischen Volk und verläßt die Weißen. In «The Unforgiven» (1960 – Regie: John Huston) ist Audrey Hepburn das indianische Mädchen Rachel, das von einer Farmerfamilie aufgenommen wurde. Als ihre indianische Abstammung bekannt wird, wenden sich die Nachbarn gegen die Familie. Aber auch die Indianer, die das Mädchen für sich beanspruchen, greifen die Familie an, als diese sich weigert, das Mädchen herauszugeben. In Don Siegels «Flaming Star» (1960) spielt Elvis Presley ein Halbblut, das im Krieg zwischen Indianern und Weißen durch die Brutalität der Weißen auf die Seite der Indianer gezwungen wird. In allen diesen Filmen geht es um die Unfähigkeit der versteinernden Siedlergemeinschaft, nicht nur den Indianer als «Nächsten» zu akzeptieren, sondern auch das indianische Wesen (das eine heimliche Sehnsucht nach Wildheit ausdrückt und das latent in der Western-Gesellschaft vorhanden ist) ins eigene Weltbild zu integrieren. Möglicherweise ist es kein Zufall, daß in den meisten dieser Filme das indianische Wesen des Helden unterschwellig mit einer erotischen Ausstrahlung verbunden ist, welche den weißen Gegenspielern fehlt. Der indianische Held ist ein Märtyrer des Eros und der Freiheit, der Betrogene, wie Jack Buetel in «The Half Breed» (1952 – Regie: Stuart Gilmore), vielleicht der Jugendliche im Kampf mit den Anforderungen der Integration, eine rebellische Identifikationsfigur. Auf jeden Fall war für das Western-Publikum nun möglich, was die amerikanische Gesellschaft lange Zeit verboten und was auch das Genre bis dahin nicht gestattet hatte: zu träumen den alten Traum, ein Indianer zu sein.

Anthony Mann und Budd Boetticher

Zwei Regisseure, die in den fünfziger Jahren fast ausschließlich innerhalb des Genres arbeiteten, sind Anthony Mann und Budd Boetticher, deren Filme nicht unwesentlich dazu beigetragen haben, daß der Western Gegenstand so großer cineastischer Verehrung geworden ist. Beiden Regisseuren gelang es, das Genre aus der Qualität der Tradition zu erneuern und aus einer so modernen und avancierten wie zugleich klassisch-distanzierten Perspektive zu betrachten.

«Devil's Doorway» war Anthony Manns erster Western, gefolgt von «Winchester '73» aus demselben Jahr (1950), mit dem seine Reputation sprunghaft stieg. Obwohl «The Devil's Doorway» zweifellos der konsequenteste (und einer der düstersten) Western von Anthony Mann war, ist «Winchester '73» der für die Arbeit des Regisseurs typischere Film. Es ist eine Rachegeschichte mit James Stewart, Manns später bevorzugtem Schauspieler, in der Rolle eines Mannes, der seinen eigenen Bruder, der den Vater ermordet hat, durch den Westen jagt und ihn in einem letzten Duell tötet. Daneben geht es aber auch um die Jagd nach einem wertvollen, außerordentlich treffsicheren Gewehr (der Winchester des Titels), das ständig den Besitzer wechselt und gleichsam als roter Faden für eine Anthologie nahezu aller markanter Western-Situationen, von der Saloon-Szene bis zum Indianerkampf, dient.

Manns Western, «Bend of the River» (1952), «The Naked Spur» (1952), «The Far Country» (1954) und «The Man from Laramie» (1955), alle mit James Stewart in der Hauptrolle, handeln von einem Westerner, der, bewußt oder unbewußt, bereits einen Bruch mit der Gesellschaft hinter sich hat. «Von Anfang an sind die Helden Anthony Manns extreme Charaktere, die sich über ihre eigenen persönlichen Grenzen erheben wollen. Dabei bleibt keine Wahl; wie besessen sind diese Männer, gänzlich ausgeliefert den unverarbeiteten Kräften in sich selbst. Ob apokalyptisch oder göttlich, visionär oder verwirrt und entfremdet – sie haben wenig Hoffnung auf die geordneten Verhältnisse, in denen die meisten Menschen leben. Es ist typisch für sie, daß sie die Bindung an Familie und Gesellschaft opfern oder zurückweisen müssen. Oft erscheinen sie als Usurpatoren» (Jim Kitses). Das heißt, auch Manns Western zeigen die Entfremdung des Helden, die sich auch in seinen Taten äußert: angestrengte Gewaltakte, die ihren Sinn nur noch in sich selbst haben, aber «geschichtlich» nichts bewirken. So gehört zu Manns Themen der Mord des Sohnes am Vater; das in den Western der fünfziger Jahre häufig aufscheinende Motiv erhält bei ihm eine weniger psychologische als mythische Ausformung. Das Thema taucht auf in «Winchester '73», «Man of the West» (1958), «The Man from Laramie» und übrigens auch in seinem Antik-Film «The Fall of the Roman Empire» (1964). Ein weiteres Thema seiner Western ist der Kampf mit der Natur, der Kampf *in* der Natur, bei dem sich die Auseinandersetzung der Menschen in einem «Kampf der Elemente» (Anthony Mann) spiegelt.

«Bend of the River» (Meuterei am Schlangenfluß – 1952) von Anthony Mann mit James Stewart.

COLOR BY TECHNICOLOR

«The Man from Laramie» (Der Mann aus Laramie – 1955) von Anthony Mann
mit James Stewart.

Mann ist zweifellos der Western-Regisseur, der sich am meisten für
die Beziehungen seiner Helden untereinander interessiert hat; er und
sein bevorzugter Drehbuchautor Borden Chase unternahmen den Versuch, den ethischen Code des Genres in seiner Anwendung unter konkreten Bedingungen zu zeigen, und dabei wurde – wohl zwangsläufig –
die Perspektive immer mehr skeptisch, ja pessimistisch. In Filmen wie
«Man of the West» deutet sich an, daß der Kampf des Westerners mit
seiner Vergangenheit, mit seinen Taten, mit seinen «Dämonen», wie
Anthony Mann es nannte, ein ewiger Kreis ist, ein Kampf, der nicht zu
gewinnen ist. In der Verbindung vom emotionalen und materiellen An-
reizen für die Gewalt (immer geht es da um Rache *und* um Geld) verweisen Manns Western auf die Entwicklung des Italo-Western, und in
zwei seiner Filme, in «The Naked Spur» und «The Tin Star», gibt es die
Figur eines Kopfgeldjägers, Symbol einer Pervertierung der Western-
Ideale.
Wo Anthony Manns Western die größtmögliche Freiheit suchen, formal wie inhaltlich («Ich glaube», hat er gesagt, «der Grund dafür, daß
der Western das populärste und langlebigste Genre darstellt, ist der, daß

es mehr Freiheit in der Handlung, in der Landschaftsschilderung, in der Beschreibung der Leidenschaft gibt. Es ist eine primitive Form. Es wird nicht durch Regeln bestimmt; man kann alles damit anstellen»), und immer auch das Spektakuläre, das «Überlebensgroße» zeigen, da sind die Western von Budd Boetticher von Strenge, ja von Kargheit geprägt. Und wie der lakonische, abgeklärte James Stewart der ideale Darsteller für Anthony Mann war, so stellt der kantige, wortkarge Randolph Scott den Helden für Boettichers Western dar.

«Seven Men From Now» (1956) war der erste Film einer Serie von sieben «kleinen» Western, bei denen des öfteren Burt Kennedy das Drehbuch schrieb und bei denen immer Randolph Scott die Hauptrolle spielte, der zusammen mit Harry Joe Brown die Filme auch produzierte. (Die Filme wurden als Ranown-Zyklus, nach der Produktionsfirma, bekannt.) Es folgten «The Tall T» (1957), «Decision at Sundown» (1957), «Buchanan Rides Alone» (1958), «Ride Lonesome» (1959), «Westbound» (1959), «Comanche Station» (1960). «Der typische Boetticher-Ranown-Western sieht auf den ersten Blick sehr einfach aus. Er beginnt

«Decision at Sundown» (Fahrkarte ins Jenseits – 1957) von Budd Boetticher mit Randolph Scott.

«Comanche Station» (Einer gibt nicht auf – 1960) von Budd Boetticher mit Randolph Scott.

damit, daß der Held (Randolph Scott) gemächlich durch ein Labyrinth von riesigen Felsen reitet, das klassische Niemandsland des Verbrechens, und sich einer einsamen Postkutschenstation nähert. Nach und nach werden wir mit einigen anderen Leuten vertraut gemacht; und meistens zeigt es sich, daß der Held mit einer Rachemission unterwegs ist, er will die Männer finden und töten, die seine Frau getötet haben. Er und die kleine Gruppe von Menschen, die sich durch Zufälle zusammengefunden hat und ihn nun begleitet, haben sich mit verschiedenen Bedrohungen auseinanderzusetzen: Banditen, Indianer etc. Die Filme entwickeln sich sodann, um mit Andrew Sarris zu sprechen, zu stetig wechselnden, fließenden Pokerspielen, in denen jeder die anderen einmal zu bluffen versucht, bis das letzte Show-down anbricht. Der Held drückt eine ‹geschundene Serenität› aus, vermittelt durch ein konstantes, geduldiges Lächeln oder die lässige Eloquenz, mit der er z. B. in jeder Situation sich erbietet, eine Kanne Kaffee über dem Feuer zu kochen, wodurch jeder potentielle Gegner zunächst einmal entwaffnet ist, und die

Selbstverständlichkeit, mit der er sich dann von den anderen absetzt, um seine Sache zu regeln. Schließlich, nach dem Show-down, reitet der Held davon, wieder durch das Labyrinth der Felsen, immer noch allein, ohne jedes Zeichen einer Erregung nach seinem Sieg» (Peter Wollen).

Auf den ersten Blick erscheinen diese Rachegeschichten so konservativ, wie man sich nur vorstellen kann (und die Tatsache, daß Randolph Scotts Erscheinung ein wenig an die von William S. Hart erinnert, unterstreicht dies noch). Aber was dann auffällt, ist das Fehlen der bekannten moralischen Struktur in den Auseinandersetzungen; das Fehlen eines Informationsüberschusses gegenüber der Handlung. Boettichers Western sind «Handlungs-Western», parallel zur Handlungs-Literatur etwa von Chandler, Hammett oder Hemingway. Und sie sprechen dasselbe Problem an, nämlich die Krise des Individualismus, der sich in der Tat verwirklicht und zugleich seine Absurdität erfährt. Boettichers Held ist der Individualist, der sogar in Kauf nimmt, daß seinen Aktionen etwas Groteskes, ja Sinnloses anhaftet, bevor er mit irgendeinem Kollektiv, auch einer kollektiven Vorstellung, einen Kompromiß eingeht. (Die Absurdität seiner Taten deutet sich in mehreren Filmen des Zyklus dadurch an, daß die Männer, an denen er Rache nimmt, bereits für ihre Taten gesühnt haben, ja daß sie im Begriff sind, sich zu ändern.) Der Held riskiert sein Leben ausschließlich für ein von ihm selbst gewähltes Ziel; niemand, nicht einmal der Code, verlangt die Rache von ihm. Und in diesem Spiel mit dem Tod, das keineswegs leichtfertig ist, beweist er seine Identität. Es ist bezeichnend, daß Boetticher den Western vor allem auch als Antithese zum Kriegsfilm gesehen hat, in dem es um Kollektive und deren Art des «Heldentums» geht. Sein Western ist ein ironisches, melancholisches und archaisches Bild einer Situation, in der es noch einen freien Willen gibt, auch wenn der den Helden beständig in die Sackgasse der Absurdität führt.

John Ford

John Ford setzte seine Arbeit im Genre nach «Wagonmaster» (1950) und «Rio Grande» (1950) mit einer Reihe von Western fort, die die Indianerkriege und den ihnen vorangegangenen Bürgerkrieg zum Hintergrund haben. «The Searchers» (1956) ist die Geschichte des Indianerhassers Ethan Edwards (John Wayne), der, begleitet von Martin Pawley, einem Halbblut (Jeffrey Hunter), zwei von den Comanchen verschleppte Mädchen sucht. Als sie nach langen Jahren der Suche eines der beiden Mädchen (Natalie Wood) finden, ist es bereits zu einer Indianerin geworden und die Frau des Häuptlings Scar (Henry Brandon). Ethan will sie erschießen, aber Martin hindert ihn daran. Ethan wird bei

«Wagonmaster» (Westlich St. Louis – 1950) von John Ford.

einem Angriff der Indianer verletzt. Nachdem sie zurückgekehrt sind, wird eine Strafexpedition gegen die Indianer zusammengestellt. Nur Martin bittet darum, zunächst einen Versuch unternehmen zu dürfen, das Leben des Mädchens zu retten. Er schleicht sich in das Indianerlager, tötet den Häuptling. Inzwischen ist die Strafexpedition, deren Anführer den Tod des Mädchens in Kauf nehmen, ja ihn bewußt fordern, wie Ethan, über das Lager hergefallen und tötet wahllos Männer, Frauen und Kinder. Wieder steht Ethan dem Mädchen gegenüber; er nimmt es in die Arme und bringt es «nach Hause».

Fords Film ist zweifellos die komplexeste und detaillierteste Auseinandersetzung mit dem Rassismus und der Landnahme, die nicht nur die Indianer in die Verzweiflung treiben, sondern auch die Pioniere zu Menschen machen, die an «ihrem» Land, an ihrer Existenz verzweifeln müssen. «The Searchers» ist «der ‹Moby Dick› des Western, ein revidierter ‹Lederstrumpf›, ‹Die Geschichte Amerikas› (Joseph McBride). Die Tür zu einem neuen Land hat sich geöffnet. Die Tür zu einem neuen Land hat sich geschlossen. [Anfangs- und Schlußsequenz des Films – d. Verf.] Das Land ist besiegt. Der eingeborene Amerikaner ist tot und skalpiert. Die weiße Frau, die auf dem Boden Amerikas eingewurzelt wurde

«The Searchers» (Der schwarze Falke – 1956) von John Ford mit Jeffrey Hunter, John Wayne, Ward Bond.

(*soiled*, das bedeutet nicht nur geschändet, sondern auch mit der Erde vermählt), ist zurückgeholt. Aber es gibt keinen Frieden. Die weißen Amerikaner, die ihren Schullehrerinnen-Traum von der Zivilisation träumen, bleiben in ihrem dunklen Haus zurück. Der weiße Amerikaner, der sich der Herausforderung der Wildnis stellt, Ethan Edwards, der zu den Wilden geht, wie Lederstrumpf zu den Wilden ging und wie John Ford mit diesem Film zu den Wilden geht, ist verdammt, zwischen den Wilden zu wandern, wie ein toter Krieger, dem man die Augen ausgeschossen hat. Ahab hat das Meer der Wüsten, der Prärien, der Felsengebirge durchquert, seinen weißen Wal erlegt und geht mit ihm unter. Er versinkt in dem Land, dessen Büffel er geschossen, dessen Menschen er massakriert, dessen Erde er mit Messern, Kugeln und mit seinen Fäusten bearbeitet hat» (Joe Hembus).

John Ford selbst hat im Gespräch mit Peter Bogdanovich «The Searchers» charakterisiert als «die Tragödie eines Einzelgängers, der nie wirklich Mitglied einer Familie sein konnte». Tatsächlich ist die Suche nach Heimat, die alle Helden Fords treibt, nirgends so verfehlt wie in diesem Film, und es wird deutlich, warum sie verfehlt sein muß; weil die Erkenntnis, daß das Land einem nicht wirklich gehört und daß man auch dem Land nicht ganz gehören kann, Haß erzeugt, Haß gegen die Indianer, Haß gegen das Land, vor allem Haß gegen sich selbst. Die ruhelose Wanderung, die Odyssee der Helden, ist der Ausdruck für die historische Situation: ein Land, in dem die einen (die Indianer) nicht mehr und die anderen (die Weißen) noch nicht leben können. Das Recht ist, das macht Ford unmißverständlich deutlich, auf der Seite der Indianer, aber die aus Selbsthaß und Verzweiflung gezeugte Wut der Weißen ist die historisch stärkere Kraft.

Ethan Edwards war ein Mann, der gezeichnet war vom Bürgerkrieg, der ihm die ideelle Heimat geraubt hat und ihn zum Outlaw machte. In «The Horse Soldiers» (1959) ist John Wayne ein Nordstaaten-Colonel, der bis in seine persönlichen Beziehungen hinein die destruktive Kraft der Zerrissenheit Amerikas spürt. Seine größte Aufgabe, nämlich seine Truppe durchs Feindesland zu den eigenen Linien zu bringen, stellt sich ihm deshalb, weil er es einmal nicht fertigbringt, auf eine Gruppe angreifender junger Kadetten der Südstaatenarmee schießen zu lassen. (In

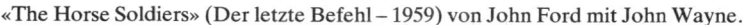

«The Horse Soldiers» (Der letzte Befehl – 1959) von John Ford mit John Wayne.

seiner Episode «The Civil War» aus «How the West Was Won», 1962, nahm Ford das Thema noch einmal auf; hier wird gezeigt, wie der Bürgerkrieg den einsamen, verbitterten Kämpfer, hier als Militär, vom Schlage Ethan Edwards' schafft, indem er die Familien und die Gemeinschaften zerstört, die Kontinuität des Lebens und seine gewachsene Ordnung unterbricht.)

«Sergeant Rutledge» (1960), die Geschichte eines farbigen Sergeant (Woody Strode) in der Kavallerie, der angeklagt ist, eine weiße Frau vergewaltigt und ermordet zu haben und der sich rehabilitieren und als Held beweisen kann, und «Two Rode Together» (1961), eine Variation der Motive aus «The Searchers», in der aus dem Haß und der Verzweiflung der Suchenden Zynismus und Gleichgültigkeit geworden ist, zwei Filme, die von den Filmhistorikern im allgemeinen nicht so hoch eingeschätzt werden wie «The Searchers», leiten dann über zu den beiden «Spät-Western» Fords aus den sechziger Jahren: «The Man Who Shot Liberty Valance (1962) und «Cheyenne Autumn» (1964).

1960 bis heute:
Tode und Wiedergeburten
des Genres

Autoren und Regisseure des Western zu Beginn der sechziger Jahre standen vor dem Dilemma, daß es zu viele «große» Western gegeben hatte, um noch problemlos immer wieder einen hinzufügen zu können. Sich an Originalität, Star-Aufgebot und Aufwand zu übertreffen, hatte nicht immer zu den gewünschten Erfolgen geführt. Die Entmythologisierung des Western-Helden, die immer wieder für große Geschichten gesorgt hatte, war im großen und ganzen abgeschlossen, und manche krampfhaften Versuche, noch weiter in die Psyche oder die historische Korrumpiertheit des Westerners einzudringen, wirkten wie reichlich unfaire Versuche, einer vergangenen Epoche, deren unheroische Grausamkeit man gerade nachgewiesen hatte, auch noch alle Frustrationen und Absurditäten der Gegenwart anzulasten.

Die Bemühungen der Western-Produzenten gingen nun in vier verschiedene Richtungen: immer wieder einen «letzten Western» zu drehen (beginnend mit Sam Peckinpahs «Ride the High Country» aus dem Jahr 1962); noch einmal einen großen, gar einen epischen Western aus dem Geist der Tradition zu schaffen (Beispiele dafür sind etwa die Filme von Andrew V. McLaglen oder manche Western von Burt Kennedy); so zu tun, «als wäre nichts geschehen» (wofür etwa A. C. Lyles Zyklus von «Veteranen-Western» symptomatisch ist), und schließlich: den Western als Vehikel für politisch-kulturelle Botschaften (wie etwa Sidney Pollack) oder/und formale Exkurse (wie John Sturges' Samurai-Variation «The Magnificent Seven») zu verwenden.

«Kleine» Western wurden auch zu Beginn der sechziger Jahre noch gedreht. In Filmen wie «Bullet for a Badman» (1964 – Regie: R. G. Springsteen) oder «Gunpoint» (1965 – Regie: Earl Bellamy) erhielt sich eine Zeitlang die Popularität von Audie Murphy, der neben Randolph Scott und Joel McCrea zur Jahrzehntwende der einzige Star gewesen war, der allein durch seinen Namen einem billigen B-Western zu einem bescheidenen Erfolg verhelfen konnte. (Man erinnert sich vielleicht an die Action-Kinos in Deutschland, die zu Beginn der sechziger Jahre ihr Programm fast ausschließlich mit Audie Murphy-Western bestritten, ehe der Italo-Western diesen Markt für sich eroberte.) Zeichneten sich die Audie Murphy-Western durch eine für das Genre (noch) gar nicht typische Gewalttätigkeit aus, so mußte Joel McCrea etwa in «Fort Massacre» (1958 – Regie: Joseph Newman) zum erstenmal in seiner Karriere einen wirklichen Bösewicht spielen und verlor so den Status eines fast einem Serienhelden vergleichbar konstanten Heldencharakters. Randolph Scott zog sich, nach seinem Auftritt in Sam Peckinpahs «Ride the High Country» als Darsteller vom Film zurück. Nur in den von A. C. Lyles für Paramount produzierten Western, in denen jeweils eine Reihe ehemaliger Stars des Genres auftraten, was aus den gelungenen Beispielen des Zyklus fast so etwas wie *hommages* an die Geschichte des Western und seiner Stars macht, war die Welt des B-Western noch intakt, wenn auch ein wenig greisenhaft. Der Zyklus begann mit dem Film «Law of the Lawless» (1963 – Regie: William F. Claxton) und endete, nach insgesamt dreizehn Produktionen, 1968 mit «Buckskin» (Regie: Michael Moore). Neben Barry Sullivan, Yvonne De Carlo, Wendell Corey, Scott Brady, Rory Calhoun und Lon Chaney jr., um nur einige zu nennen, traten auch ehemalige Cowboy-Stars auf, die seit Jahren nicht mehr vor der Kamera gestanden hatten, wie etwa Johnny Mack Brown in «Apache Uprising» (1965 – Regie: R. G. Springsteen). Ein Abgesang auf den Western-Helden waren die Filme schon deswegen, weil ihre Protagonisten ihr Alter kaum verschweigen konnten.

Die Professionals

Die Versuche, für den großen Western eine neue Formel zu finden, begannen mit John Sturges' «The Magnificent Seven» (1960), einem Film, der sich in der Handlungsführung an den japanischen Film «Shichinin no samurai» (1953 – Regie: Akira Kurosawa) hielt, der von einem Dorf erzählte, das jedes Jahr nach der Ernte von Banditen überfallen wird. Der Dorfälteste beschließt, eine Gruppe von Samurai zu Hilfe zu holen, die im Kampf gegen die in großer Überzahl angreifenden Banditen bestehen. Nur drei der sieben Samurai überleben den Kampf, und der sterbende Anführer erkennt: «Die Bauern haben den Kampf gewonnen und nicht wir Samurai. Die Bauern leben für immer mit ihrer Ernte.»

John Sturges verlegte die Handlung nach Mexiko, und aus den Samurai wurden Revolvermänner. Die sieben Gunmen, die das Dorf gegen die Banditen unter ihrem Anführer Calvera (Eli Wallach) verteidigen, sind Professionals der Gewalt, mit allerdings sehr unterschiedlichen Charakteren und Motiven: Chris (Yul Brynner) ist ein kühler, entschlossener Stratege, der die Aufgabe übernimmt, weil ihm das Dorf als Lohn alles, was es zu bieten hat, anbietet. (Das ist nicht viel, aber das, was die Seele

eines Mannes wie Chris braucht: alles.) Vin (Steve McQueen) ist ein
Abenteurer, ein wenig auch ein Killer. Chico (Horst Buchholz) ist ein
jugendlicher Heißsporn, der darauf brennt, mit den anderen berühmten
Revolvermännern zusammen zu kämpfen. Harry (Brad Dexter) ist der
Habgierige, der einzige der sieben, der ausschließlich aus materiellen Interessen kämpft, weil er einen verborgenen Goldschatz in dem Dorf ver-
mutet. Bernardo (Charles Bronson) ist Halbindianer; er hat keine Heimat und versteht darum am besten die Anstrengung der Mexikaner, die
ihre zu erhalten. Während alle anderen die Aufgabe an sich, ihr Lohn
oder ihre Herausforderung reizt, ist er der einzige, der in ihr auch eine
moralische Mission sieht. Lee (Robert Vaughn) ist ein eleganter Revolverheld und ziemlich rachsüchtig; der rauhbeinige Britt (Charles Coburn) ist auf jede Art von extremer Herausforderung versessen. Nur
Chris, Vin und Chico, der eines Mädchens wegen im Dorf bleibt, um
Bauer zu werden, überleben die Auseinandersetzungen; die Banditen
sind besiegt und ihr Anführer tot.

Sturges' Film bedeutet die Geburt eines neuen Western-Helden: des
kühlen, professionellen *gunfighters*, der fast keine menschlichen Bezie-

«The Magnificent Seven» (Die glorreichen Sieben – 1960) von John Sturges mit
Horst Buchholz und Yul Brynner.

hungen zu seiner Umwelt hat, nicht einmal zu den Leuten, für die oder gegen die er kämpft und sein Leben riskiert. Ansporn ist ihm die Freude an der Aktion, die Befriedigung darüber, in ein bestehendes Machtsystem eingreifen zu können und es auf den Kopf zu stellen (worin vielleicht sogar eine Art verschüttetes Gerechtigkeitsempfinden ausgedrückt ist, das funktioniert, obwohl oder gerade weil die Helden und die Schurken sich innerlich viel näherstehen als der Held und die dumpfe, verängstigte Landbevölkerung, die in Sturges' Film sich am Ende noch einmal, zum letztenmal für lange Zeit in der Geschichte des Genres, dazu aufraffen kann, in den Kampf einzugreifen). Und dann ist da als entscheidendes Motiv der materielle Anreiz, der von kaum einem Westerner zuvor als ausreichender Grund für seine Handlungen angesehen worden wäre (und der auch in «The Magnificent Seven» noch ein wenig verbrämt, mit bitterem Beigeschmack serviert wird). Dieser Held, der viel deutlicher als in den Nachfolgefilmen zu «The Magnificent Seven» in Richard Brooks' «The Professionals» (1966) definiert ist, eine Mischung aus Samurai, Rächer, Kopfgeldjäger und Abenteurer, ist das Urbild für die Helden des Italo-Western, für die unbehausten Kämpfer in einer Welt, in der es endgültig auf Heimat keine Hoffnung mehr gibt.

Der Erfolg von «The Magnificent Seven» war aber nicht nur auf diese «moderne» Formel für das Genre zurückzuführen, sondern auch auf seine klare Typologie, das heißt auch: auf seine Besetzung. Yul Brynner spielte noch einmal die Rolle des Chris in «The Return of the Seven» (1966 – Regie: Burt Kennedy), neben ihm agierten Robert Fuller, Julian Mateos, Warren Oates, Jordan Christopher, Claude Akins und Rodolfo Acosta. Dann, in «Guns of the Magnificent Seven» (1969 – Regie: Paul Wendkos), übernahm George Kennedy und in «The Magnificent Seven Ride!» (1972 – Regie: George McCowan) Lee van Cleef die Rolle. Die *starmaking quality* des ersten Films hatte keiner seiner Nachfolger, und auch zur Variation oder Vertiefung des Themas trug keiner bei.

Aber das war der Fall bei Brooks' «The Professionals». Hier geht es zum erstenmal um die Begegnung des «professionellen Westerners» mit dem Revolutionär und um die – im Italo-Western weiterentwickelte – dialektische Beziehung zwischen beiden. «Vier Männer werden vorgestellt. Lee Marvin als Waffenexperte. Robert Ryan als Pferdekenner. Woody Strode als Fährtensucher. Burt Lancaster als Spezialist für Dynamit und Frauen. Hinweise auf Pancho Villa und Emiliano Zapata weisen die Situation aus: Es ist die Zeit der großen mexikanischen Revolution. Fardan (Marvin) und Dolworth (Lancaster) haben irgendwann auf seiten der Aufständischen gekämpft. Jetzt werden die vier von einem reichen Amerikaner angeheuert, ihm gegen lohnende Bezahlung seine von Fardans ehemaligem Revolutionsfreund Raza (Jack Palance) angeblich gekidnappte Frau Maria (Claudia Cardinale) wiederzuholen. Es

«The Professionals» (Die gefürchteten Vier – 1966) von Richard Brooks mit Burt Lancaster, Claudia Cardinale, Lee Marvin.

beginnt eine mörderische Expedition nach Mexiko, die sich zu spät als völlig verfehlt erweist. Umständliche Aktionen sind bereits eingeleitet, als man in Maria die Geliebte des Revolutionärs entdeckt. Da aber die Mechanik einmal im Gange ist, werden jede Menge Leute umgebracht, Häuser in die Luft gesprengt und wird die Mexikanerin trotz energischer Gegenwehr ‹befreit›. Die übliche Verfolgung schließt sich an, und es sieht böse aus für die Amerikaner, obwohl sie mehr Dynamit haben. Die übliche Verfolgung – die übliche Rettung in letzter Minute: Brooks weiß Bescheid. Aber er kehrt den Spieß um. Die Revolutionäre werden zwar dezimiert, die Profis schaffen es über die Grenze, doch dann ziehen sie die Konsequenzen: der Mexikaner kriegt seine Maria und der Auftraggeber die moralische Ohrfeige. Nicht Raza sei der Kidnapper, so wird er angeschnauzt, sondern er, der Amerikaner, der die Profis beschworen hatte: ‹Sie müssen mir helfen – im Namen der Menschlichkeit!›» (Georg Alexander).

Der professionelle Revolverschütze erfuhr seine «psychologische» Ausleuchtung in «Invitation to a Gunfighter» (1964 – Regie: Richard Wilson), der ebenfalls ein Element des Italo-Western präjudiziert, nämlich das trickreiche Gegeneinanderausspielen aller Parteien, das der elegante (und ein wenig manierierte) Held (hier Yul Brynner) so lässig versteht wie der traditionelle Westerner das Pokerspiel. Und damit löst der Held den Terror erst richtig aus, den zu beseitigen man ihn gerufen hat (ein Thema zahlloser Django-Western). Daß aus professionellen Revolvermännern echte Terroristen werden, zeigt der Film «Firecreek» (1967 – Regie: Vincent McEevety) an Hand von fünf Gunmen unter der Führung von Henry Fonda, die eine kleine Stadt so lange terrorisieren, bis sich ein matter Sheriff (James Stewart) dazu aufrafft, den Kampf aufzunehmen. «A Gunfight» (1970 – Regie: Lamont Johnson) schildert das Ende solcher Professionals: Zwei *gunfighter*, die sich miteinander angefreundet haben (Kirk Douglas, Johnny Cash), treten vor einem zahlenden Publikum gegeneinander an, bereit, sich zu töten, damit der Überlebende seine finanziellen Sorgen verliert.

Um Professionalismus geht es auch in den drei Filmen, die Howard Hawks zwischen 1958 und 1970 gedreht hat. In «Rio Bravo» ist der Held (John Wayne) der Gegen-Typus zu Sheriff Kane aus «High Noon». Bei seiner Aufgabe, einen Banditen gegen die Befreiungsversuche von dessen mächtigem Bruder und seinen bezahlten Revolvermännern im Gefängnis sicherzustellen, will er sich, wenn überhaupt, nur von Leuten helfen lassen, die mit Waffen umgehen können, andere würden ihn nur stören. Diese Aufgabe löst er ganz pragmatisch und nicht zimperlich bei den angewandten Methoden. Hawks' Westerner sind allerdings, anders als die Professionals in den Filmen von Sturges und Brooks, keine kühlen Spezialisten, sondern Männer, die im Kräfteverhältnis und in der Ergänzung von Arbeit, Erotik und Gefahr ihre Bestätigung finden. John Wayne macht es spürbar Freude, seine Mission zu erfüllen, die unter anderem darin besteht, seinen durch eine unglückliche Liebesgeschichte zum Säufer gewordenen Freund (Dean Martin) das Selbstvertrauen wiederzugeben und ihm die Chance zum Auslöschen seiner unrühmlichen Vergangenheit zu geben. Den Kampf entscheidet am Ende aber die List des alten Faktotums Stumpy (Walter Brennan), der sich einer Ladung Dynamit zu bedienen weiß.

Mit dem Thema des Professionalismus taucht im Western eine Konstellation auf, die es früher eigentlich nur im Serien-Western gegeben hatte: die funktionierende Gruppe an Stelle eines einzelnen Helden, die sich über den Antagonismus von Individuum und Gemeinschaft hinwegsetzt und Autonomie ohne Verlust menschlicher Beziehungen bewahrt. (Allerdings: In den Serien-Western war der komische Alte da, um komisch zu sein, und der schwache Freund diente dazu, die Stärke des Helden und seine Ritterlichkeit herauszustreichen; bei Hawks sind alle vital voneinander abhängig, und einer ist des anderen lebenswichtiger Helfer, seinen Blessuren und Handicaps zum Trotz.)

Der typische Held des *adult western* war einsam und tragisch gewesen, ja er mußte es sein, um glaubhaft zu bleiben. Die Gruppe von Professionals birgt dagegen in sich die verschiedensten Möglichkeiten des Verhaltens und Reagierens; Tragik ist ihr auch dann nicht angemessen, wenn sie dezimiert wird und Verluste zu beklagen sind. Das heißt, Hawks' Western (und ähnliche Filme) beginnen, wo die Utopie des traditionel-

Publicity-Foto von Rick Nelson für «Rio Bravo» (Rio Bravo – 1958) von Howard Hawks.

len Western, nämlich der Traum von der Gemeinschaft durch den Heldenmut der einzelnen, ihre Glaubwürdigkeit verloren hat. In den abgespaltenen, extrem determinierten Gruppen, die nur noch nach eigenen Gesetzen handeln, kündigt sich die Erfahrung der Atomisierung der Gesellschaft an. Aber zunächst ist die Gruppe ein Medium, noch einmal den Eros und die Aufgabe (die Gewalt) des Westerners miteinander zu versöhnen.

Aber so unähnlich den Serienfilmen aus den vierziger Jahren ist diese Konstellation gar nicht: Als die Cowboy-Stars älter geworden waren, ihre «Schlagkraft» nachgelassen hatte, bildeten sie in den Trio-Western Gruppen, in denen sie gemeinsam stark genug waren, mit ihren Widersachern fertig zu werden. Nun, bei Hawks, werden wir gerade durch die Prozesse in der Gruppe gewahr, daß die Helden alt werden, und daß ihre Wunden so schnell nicht mehr heilen mögen wie bei den jungen.

«El Dorado» (1966), in dem dieser physische Alterungsprozeß fast ein Leitthema ist, stellt eine Variation des Themas von «Rio Bravo» dar. Cole Thornton (John Wayne), ein berühmter Revolverschütze, wird von dem reichen Grundbesitzer Bart Jason nach El Dorado gerufen. Der Sheriff des Ortes, J. P. Harrah (Robert Mitchum), ist ein alter Freund von ihm und klärt ihn über die unsauberen Machenschaften Jasons auf. Thornton kündigt den Vertrag; er muß selbst aus Notwehr einen Jungen verletzen (der sich aus Angst vor den Schmerzen daraufhin selbst das Leben nimmt) und gerät dann in einen Hinterhalt, bei dem ihn ein Schuß in den Rücken trifft. Von nun an wird er von wiederkehrenden Lähmungsanfällen gepeinigt, die zeitweilig seinen rechten Arm völlig bewegungsunfähig machen.

«Monate danach trifft Thornton einen weiteren alten Bekannten, der sich aus Altersgründen als Sheriff niedergelassen hat, er stößt aber auch auf zwei Männer, die ihm Geschichten erzählen, und das führt dazu, daß alle drei, wenn auch auf getrennten Wegen, nach El Dorado reiten. Der eine ist ein sehr sympathischer Profi, der den von Thornton abgelehnten Auftrag übernommen hat. Er erzählt, daß Sheriff Harrah aus Liebeskummer zum haltlosen Säufer geworden sei. Der andere, ein junger Sonderling, der ‹Mississippi› genannt wird, erzählt, daß er aus Verbundenheit zu einem ermordeten Freund auf jahrelanger Jagd nacheinander die vier Mörder ausfindig gemacht und umgebracht habe. Als Thornton und Mississippi, der ihm nicht von der Seite weicht, in El Dorado eintreffen, finden sie ihre düstersten Befürchtungen bestätigt: Sheriff Harrah ist ein versoffenes Wrack, und das bevorstehende Eintreffen des Berufskillers macht die Katastrophe unausweichlich.

Der dritte und letzte Teil des Films, dramatischer Höhepunkt, verbindet eine Fülle alter und neuer Motive miteinander. Thornton und Harrah sind durch Freundschaft verbunden, beide leiden unter körperlichen

«El Dorado» (El Dorado – 1966) von Howard Hawks mit James Caan, Robert Mitchum, John Wayne, Arthur Hunnicutt.

Gebrechen, der eine an Lähmungen, der andere an den Folgen der Trunksucht, beide reagieren ihre Verbitterung über die körperliche Unzulänglichkeit durch explosive unkontrollierte Gewalttätigkeit in entscheidenden Situationen ab. Jeder von ihnen hat seinen persönlichen Helfer, der das skurril-komische Element, das in allen Hawks-Filmen eine Rolle spielt, vertritt, gleichzeitig aber geheiligte Western-Traditionen in Frage stellt. Mississippi amüsiert immer wieder durch grotesk-komische Einfälle, aber er, der mit einem Colt nicht umgehen kann und deshalb eine wahre Handkanone mit Schrotladung bedient, ist damit weitaus erfolgreicher als mit konventionellen Methoden. Bull, der Adlatus von Harrah, ist ein alter Pfadfinder, der gern Signalhorn bläst und seine Feinde mit Pfeil und Bogen bekämpft. Hawks, der ‹El Dorado› im Alter von siebzig Jahren drehte, mißt hier der Gewalt und ihren Folgen, dem sinnlosen Leiden und Sterben, besondere Bedeutung zu. Wie die Komik gegenüber seinen früheren Filmen nicht mehr harmonisch eingebettet, sondern eher grell zugespitzt auftritt, so sind die Kämpfe nicht mehr eindeutige Erfüllung von Spielregeln, sondern bedrückende Ausbrüche von

Gewalttätigkeit – und sei es nur, um sich gegen das Nachlassen der eigenen Kräfte zu behaupten. Es ist bezeichnend, daß der außergewöhnlich sympathisch gezeichnete Scharfschütze Nelse McLeod nicht in einem Show-down, sondern durch Übertölpelung blutig zu Tode kommt. Und daß am Ende die Sieger Thornton und Harrah an Krücken durch El Dorado humpeln, ist eher armselig als heiter. Immer wieder im Verlauf des Films zitiert Mississippi das Gedicht ‹El Dorado› von Edgar Allan Poe, doch Thornton wehrt ab: So ist es gar nicht. Hier gibt es kein El Dorado, und ob überhaupt jemand danach sucht, ist auch nicht einmal sicher. Dies ist kein Western aus dem Bewußtsein der Blütezeit des Genres, eher ein Spätprodukt eines nachdenklichen alten Mannes, voller Zweifel, Dissonanzen und melancholischen Relativierungen» (Franz Everschor/Klaus Lackschéwitz/Heinz Ungureit).

«Rio Lobo» (1970) erzählt vom Kampf zweier Männer (John Wayne, Jorge Rivero) gegen einen tyrannischen Rancher, der mit Hilfe eines korrupten Sheriffs das Städtchen Rio Lobo terrorisiert, und vom Spaß, den, immer noch, diese Aufgabe den alten Männern macht. Aber am Ende steht hier eine Resignation, ein innerer Stillstand, der vermuten läßt, daß die Verkrüppelungen der Helden diesmal nicht mehr überwunden werden.

Die Helden von Hawks' Filmen entsprechen einer Konsequenz aus der Entmythisierung des Western so sehr wie der persönlichen Perspektive des Regisseurs. Es sind nicht verkleidete Übermenschen, sondern Leute, die pragmatisch an der Lösung von Aufgaben interessiert sind, die ihnen Spaß machen und die ihre Freiheit nicht beschneiden. Was diese Helden tun, ist nicht so wichtig, obwohl sie eine durchaus intakte moralische Leitlinie, den «gesunden Menschenverstand» haben; wichtig ist, wie sie es tun. Professionalismus ist dabei natürlich auch nur eine Chiffre für die Art des Vorgehens und weniger eine Beschreibung ihres Charakters. Wie die von Ford, und auf eine ganz und gar verschiedene Art, sind die Western von Howard Hawks Versuche, im Genre auszudrücken, was die Suche nach dem Glück bedeutet.

Rassenprobleme im Western

John Fords «Cheyenne Autumn» (1964) stellte einen der achtbaren Versuche dar, die Indianer zu «adeln», ihre Größe, ihren Stolz und die Erbärmlichkeit der gegen sie ergriffenen Maßnahmen zu zeigen. Freilich war dies ein Unterfangen, das völlig wirksam nicht mehr sein konnte, nachdem die Indianer auch schon in B-Filmen als edle Helden und melodramatische Märtyrer aufgetreten waren und die Grenze zur Verlogenheit fließend geworden war. Das Konzept eines epischen Western, ange-

«Cheyenne Autumn» (Cheyenne – 1964) von John Ford mit Richard Widmark.

wandt auf die Geschichte vom Marsch der Tränen der Cheyennes, brachte nur eine Relativierung des Geschichtsbildes, oder, wenn man bösartig ist, den Versuch, die Geschichte der Besiegten in der Sprache der Sieger wiederzugeben.

Eine Reihe von – zum Teil vorzüglichen – Western ließ sich auf die Auseinandersetzung mit diesem Thema erst gar nicht ein oder versuchte, im Hintergrund ihrer Geschichte eine Art der «Ausgewogenheit» zwischen traditioneller Aktion und Typologie und «liberaler» Haltung zu erreichen. In Michael Curtiz' letzten Film «The Comancheros» (1962), geht es, in einer turbulenten und bisweilen komödiantisch gefärbten Handlung, um die Zerschlagung der Organisation der Comancheros, weißer Banditen, die den Indianern Schnaps und Waffen verkaufen und mit ihrer Hilfe Raubzüge unternehmen. Auch Raoul Walshs letzter Film, «A Distant Trumpet» (1963), ist ein eher komödiantischer Western, in dem es am Ende das Versprechen eines freien Lebens für die Indianer und den Frieden gibt. In Robert Siodmaks «Custer of the West» (1966) erscheint einmal mehr der *boy general* (Robert Shaw) als

«A Distant Trumpet» (Die blaue Eskadron – 1963) von Raoul Walsh.

heroischer und gerechter Mann, der das Opfer von Intrigen und Unverständnis seitens der Politiker wird. Und in «Chuka» (1966) von Gordon Douglas wird die gesamte Besatzung eines Forts von den Indianern getötet, weil sich die starrköpfigen Militärs nicht dazu durchringen können, den Indianern Lebensmittel auszuhändigen. Alle diese Filme hatten kaum im Sinn, eine Antwort auf die Frage nach der moralischen Berechtigung des kriegerischen Einsatzes gegen die Indianer zu geben; sie erzählten nur konventionelle, dramatische oder mehr ironische Geschichten, ohne sich freilich der Unbehaglichkeit der Indianerfrage ganz entziehen zu können, und deshalb einige dissonante Elemente in ihrer Handlung aufwiesen.

Aber im selben Jahr 1966 entstand mit «Hombre» (Regie: Martin Ritt) ein Film, der radikal die *appeasement*- und Heroisierungstendenzen früherer Indianer-Western in Frage stellte. Hombre (Paul Newman) ist ein Weißer, der bei den Apachen aufgewachsen ist und nun von den Weißen als «Rothaut» verachtet wird. Die Fahrt in einer Postkutsche wird den Reisenden zum Verhängnis; sie werden von Banditen überfallen. Der eben noch verachtete Hombre wird zum Führer der Gruppe auf der Flucht in die Berge. Als die Banditen eine Frau als Geisel genommen haben, stellt er sich ihretwegen dem Kampf und wird erschossen.

Die Frage, die der Film aufwirft, ist nicht so sehr die nach einer Integration der Rassen, die Frage ist vielmehr die, ob es sich lohnt, Mitglied oder Komplice einer solch korrupten Gesellschaft zu werden, wie sie die Weißen dieses Films darstellen, Menschen, die nur an Geld und persönlichen Vorteil denken und auch im Augenblick der Gefahr eher noch bösartiger untereinander werden, anstatt für einmal solidarisch zu sein (wie knapp dreißig Jahre zuvor die Leute in John Fords «Stagecoach»). «Hombre» zeigt, daß Indianer-Sein nur eine Art des Ausgeschlossenseins repräsentiert. Solange Hombre dieses Ausgeschlossensein akzeptiert, die Verachtung, die ihm entgegengebracht wird, zurückgibt, solange ist er sicher und behauptet sich, wenn auch in einer Art innerer Verhärtung gegenüber seiner Umwelt. Hombres Entfremdung ist absolut; sie betrifft die ganze weiße Zivilisation, der er entstammt und durch deren Repräsentantinnen, die Frauen, er ums Leben kommt.

In Sidney Pollacks «The Scalphunters» (1967) geht es um die Beziehungen zwischen einem sturen, ungehobelten Trapper (Burt Lancaster) und einem schwarzen Sklaven (Ossie Davis), der ihm von den Kiowas «eingetauscht» wird. Was sich im Verlauf der Handlung abspielt, ist nicht nur der Prozeß einer Beseitigung rassischer Vorurteile, sondern auch die spielerische Reversion des Herr-Sklave-Verhältnisses. In «Hundred Rifles» (1968 – Regie: Tom Gries) verbünden sich ein schwarzer amerikanischer Deputy Sheriff (Jim Brown) und ein mexikanischer Halbblutindianer (Burt Reynolds), um den Terror des Militärs zu brechen, der auf die Ausrottung der Yaqui-Indianer ausgerichtet ist. «Valdez Is Coming» (1970 – Regie: Edwin Sherin) zeigt Burt Lancaster als mexikanischen Hilfssheriff, der Zeuge der Ermordung eines jungen Negers wird. Er verlangt von dem Rancher Tanner (Jon Cypher), der den Tod des Jungen verursacht hat, weil er ihn fälschlicherweise des Mordes an einem Freund bezichtigte, 100 Dollar als Entschädigung für die indianische Witwe des Getöteten, und als er die verweigert, führt Valdez einen Ein-Mann-Feldzug, bis er den Rancher gezwungen hat, das Geld herauszugeben. In «Buck and the Preacher» (1971 – Regie: Sidney Poitier) verbünden sich Schwarze und Indianer, um gegen eine rassistische Vigilanten-Truppe zu kämpfen.

Alle diese Filme verfolgten nicht den Optimismus der Integration, wie die Filme der fünfziger Jahre, sondern den Optimismus der Veränderung und der Solidarität der rassischen Minderheiten, deren Idealismus und Menschlichkeit die Brutalität der geldgierigen Yankee-Herrschaft bezwingen konnten. Daß die weiße die minderwertigste von allen Rassen ist, eine Plage für alle anderen, wird in diesen Filmen gleichsam vorausgesetzt, so wie der latent im Genre immer vorhandene antikapitalistische Affekt immer deutlicher sich mit einer Kritik am Kolonialismus verband. Massai, der indianische Rebell, begann seine Situation politisch zu verstehen. Die Kultur der Weißen ist es, mit der sich die Helden dieser Filme auseinandersetzen, nicht die Schurkereien einiger weniger in den Reihen der Weißen, zuerst als Opfer (deutlich etwa Burt Lancaster in «Valdez Is Coming» als Gekreuzigter), dann als Menschen, die sich zur Wehr setzen können, weil das Land und die Natur auf ihrer Seite stehen. Auch hier hat der Western in den fünfzig Jahren seiner Geschichte eine Position erreicht, die genau das Gegenteil von dem beinhaltet, was der Mythos der Landnahme ausdrückte: Verklärt finden sich nun nicht mehr die Pioniere, sondern die Versuche, sich ihrem und vor allem ihrer Nachfolger Besitzanspruch zu widersetzen.

Der Held ist der halbe, der «freiwillige» Indianer oder Mexikaner, der Neger, der seine möglichen Verbündeten im Kampf um die Emanzipation erkennt. Ein solcher Mann zwischen den Kulturen, der sich ganz bewußt und definitiv gegen die weiße Kultur stellt, ist auch Tom Laughlin in den von ihm selbst inszenierten Außenseiterfilmen um die Figur des Billy Jack, eines Halbblutindianers, der aus dem Vietnamkrieg heimgekehrt ist und der beim Versuch, sich für eine indianische Schule einzusetzen, einigen Weißen in die Quere kommt. In «Billy Jack» (1971) tötet er einen Ranchersohn, als dieser ihn erschießen will. Er stellt sich freiwillig unter der Bedingung, daß die Schule weitergeführt wird. «The Trial of Billy Jack» (1974) führt diese Geschichte weiter; mehr und mehr wird Billy Jack zu einer Rächergestalt, dessen gewalttätiger Mission für die Rechte der Indianer auch etwas gefährlich Selbstgerechtes anhaftet,

«Hombre» (Man nannte ihn Hombre – 1966) von Martin Ritt mit Peter Lazer,
Frederic March, Paul Newman und Richard Boone.

ein wenig wie denen von Charles Bronson in Michael Winners «Death Wish» (1975). Mit «The Master Gunfighter» (1975), der Adaptation eines japanischen Films, versetzte Laughlin seinen Billy Jack-Charakter aus der Gegenwart zurück in den historischen Westen.

Der Indianer, der von den Weißen zum Außenseiter und zum Gejagten gemacht wird, ist auch der Held von Abraham Polonskys «Tell Them Willie Boy Is Here» (1969). Willie Boy (Robert Blake) hat in Notwehr den Vater des Mädchens, das er liebt (Katherine Ross), erschossen. Nun wird er von einer berittenen Posse gejagt, deren Anführer, Sheriff Cooper (Robert Redford), eher auf seiten Willies steht, aber von den aufgeputschten Verfolgern immer wieder gezwungen wird, den Indianer zu jagen und ihn am Ende sogar zu erschießen. Der Film schildert den wirklichen Rassismus des Westens, der nicht nur aus passiver Verachtung, sondern vor allem aus aktiver Aggression bestand. «Hau ab, verkriech dich bei deiner Sippe!» fährt man Willie Boy in einem Restaurant an. Die Leute der Posse wollen den Tod des Indianers, die immer wiederkehrende Bestätigung der Landnahme, sie verlangen ihn mehr und mehr, als er ihnen seine Überlegenheit in seinem Land beweist. Daß es sein Land ist, gerade diese Tatsache wird von den Weißen so nachhaltig wie bösartig verdrängt. In dem Restaurant diskutieren einige Männer über Demokratie. «Wenn wir einen Indianer hier reinlassen, als ob ihm das Land gehören würde: das nenne ich wahre Demokratie!» sagt einer voll Hohn.

Willie Boy ist alles andere als ein Mörder; seinen Verfolgern erschießt er nur die Pferde, und nur aus Versehen verwundet er dabei einen von ihnen. Der Held von Michael Winners «Chato's Land» (1971), dargestellt von Charles Bronson, der ein ganz ähnliches Schicksal wie Willie Boy gewärtigen muß, als er in Notwehr einen Sheriff erschossen hat und von einer Posse verfolgt wird, nimmt blutige Rache an seinen Verfolgern, im Land, das er kennt und das sie beanspruchen; er tötet sie alle.

Die indianischen Helden müssen zumeist in schmerzlichen Bewußtwerdungsprozessen verstehen lernen, daß mit der weißen Kultur für sie nicht zu leben ist, nicht als Indianer, aber auch, allgemeiner, nicht als Menschen. Es gilt nichts anderes als Brutalität und Ausbeutung, verborgen hinter den vielen, vielen Worten, die die Weißen machen. Willie Boy hat diesen Prozeß hinter sich; er ist schon von Anfang an auf der Hut; man hat ihn eingesperrt, aus nichtigen Gründen: «Indianer vertragen kein Gefängnis, sie sind nicht, wie die Weißen, dafür geboren!» Chato hat versucht, neben den Weißen in Frieden zu leben; er ist dem Konflikt mit ihnen aus dem Weg gegangen, und es hat nichts genützt. Der Held von «When the Legends Die» (1972 – Regie: Stuart Millar) muß sich zunächst ausbeuten lassen, als Rodeo-Reiter, der die Pferde so «bricht», wie einst die Weißen die Indianer gebrochen haben. Thomas

Black Bull (Frederick Forrest) kehrt nach dem Verrat und dem Tod seines weißen «Ziehvaters» (Richard Widmark) zurück zu seinem Volk, um «die Lieder der Alten wieder zu singen» und «mit den Pferden zu leben» (als deren Feind er so lange gelebt hat).

Am Ende steht der Tod zu einem selbstgewählten Zeitpunkt und zu eigenen Bedingungen, der Untergang, im Bewußtsein, zu seiner Kultur zurückgefunden zu haben, die stolze Resignation. Der Held von «Valdez il mezzosangue» (1973 – Regie: John Sturges), ein indianischer Pferdezüchter (Charles Bronson), zieht die Konsequenz: Als sein Widersacher, der weiße Rancher, dessen Tochter ihn liebt, seine Pferde töten lassen will, nachdem er Valdez selbst durch Auspeitschung und Haft nicht brechen konnte, verbrennt er sein Haus, läßt die Pferde frei, verläßt auch den Jungen, dessen Erziehung er übernommen hat, und zieht davon. Vor der kranken, destruktiven Kraft der Weißen kann der indianische *rebel hero* sich immer nur zurückziehen; er kann, um sich zu bewahren, nicht das Spiel des weißen Mannes spielen. Aber der geschundene Indianer bleibt der eigentliche Sieger, weil er mit sich alles Glück nimmt, alle Weisheit, alle Verbundenheit mit der Natur; weil er die Weißen allein läßt mit ihrer Torheit, ihrer Angst und ihrer ungezügelten Aggression, die das Land und die Menschen vernichtet. Wo der Indianer sich in die Berge zurückzieht, bleibt der Weiße als Verdammter zurück, den niemand mehr erlösen kann. Und hier hat die mythische Begegnung des WASP mit dem Indianer ihr Ende gefunden, mit dem Verlust der Hoffnung für die Weißen und der Hoffnung auf Wiedergeburt für die Indianer. Der Indianer geht, wohin ihm kein Weißer folgen kann, und sei es in seinen Tod, und der Weiße bleibt zurück, mit all seinen Siegen, die ihm keinen Sinn mehr geben. Dies ist der Endpunkt für den Indianer-Western, wie die Geburt des «professionellen Westerners» ein Ende für den epischen Western bedeutete.

Diese Verweigerung des Indianers gegenüber dem Zugriff der weißen Kultur mag schmerzlicher sein als die Konstatierung der sinnlos-mechanischen Brutalität des militärischen Apparates bei der Unterwerfung der indianischen Nationen, von der Filme wie «Soldier Blue» (1970 – Regie: Ralph Nelson), «Alien Thunder» (1973 – Regie: Claude Furnier) oder «I Will Fight No More Forever» (1975 – Regie: Richard T. Heffron) berichten. Robert Aldrichs «Ulzana's Raid» (1972) und Charles B. Pierces «Winterhawk» (1975) sind sehr verschiedene Versuche, die Ursachen der Kämpfe zwischen Weißen und Roten sowohl als Ausdruck materieller als auch kultureller «Unvereinbarkeiten» zu deuten; die Grausamkeit der Indianer wird in «Ulzana's Raid» kenntlich als Reaktion auf den Verlust der Identität: Jeder getötete Gegner, so erklärt ein indianischer Scout dem verständnislosen jungen Kavallerie-Offizier, bringt dem Krieger «Macht», eine Macht, die er unter der Herrschaft der Zivilisation verlor. Zwanzig Jahre nach «Apache» diagnostizierte Aldrich neben der Brutalität der Kolonisation ein Element, das noch schlimmer ist: ihre Ideologie von Christentum, «Menschlichkeit» und Zivilisation, die mit der «Wildheit» dem Indianer die Seele raubt. Nicht allein die Massaker, die willkürlich hervorgerufenen Hungersnöte, die Krankheiten, die gebrochenen Verträge, die Morde, die Demütigungen, die Unterdrükkung der Indianer sind das historische Verbrechen der Landnahme, sondern auch die Religion und der gepredigte Humanismus, die doppelte Moral und die schönen Worte, die dies alles begleiten, unter den Kolonisatoren die kritischen beruhigend, unter den Kolonisierten falsche Hoffnungen weckend – eine so skrupellose wie zartbesaitete Zivilisation, der die Indianer nur ihre «Wildheit» entgegenzusetzen hatten.

Der Italo-Western

Italien war nicht das einzige europäische Land, das in den sechziger Jahren damit begonnen hatte, eigene Western herzustellen, als die amerikanische Produktion zu versiegen schien und die Botschaften der Filme, ihre Auseinandersetzung mit Moral, Geschichte und Politik bei den wenigen noch hergestellten Filmen des Genres den Unterhaltungswert gelegentlich beträchtlich verminderten. Ein Grund für die Entwicklung der europäischen Formen des Western war sicherlich auch, daß die Stars des amerikanischen Western aus verschiedenen Gründen sämtlich recht alte Männer waren, allen voran John Wayne, immer noch der Western-Star unter den Western-Stars. Das Publikum in Europa konnte sich mit dieser Konstellation weniger abfinden als das in Amerika, und so war das erste Element des europäischen Western: junge Helden.

Es gab eine Reihe von englischen, zumeist in Spanien gefertigten Western, so zum Beispiel eine ganze Serie von Filmen des Produzenten Euan Lloyd, etwa «Shalako» (1968 – Regie: Edward Dmytryk), «Catlow» (1971 – Regie: Sam Wannamaker) oder «The Man Called Noon» (1973 – Regie: Peter Collinson), die versuchten, ausgefallene Themen im Genre zu behandeln. (Auch Michael Winners «Chato's Land» übrigens ist eine englische Produktion.) Eine ganz eigenständige Spielart konnte der englische Western allerdings schon deswegen nicht werden, weil Autoren, Regisseure und Darsteller vorwiegend aus Amerika rekrutiert wurden. So bildete der englische Western eine Zeitlang eine Art Bindeglied zwischen dem «neuen», dem italienischen, und dem traditionellen, dem amerikanischen Western.

Auch Frankreich, das bereits aus der Stummfilmzeit eine beträchtliche Zahl eigener Western-Produktionen vorzuweisen hat, steuerte zum Boom der europäischen Western in den sechziger Jahren einige Filme bei, darunter Louis Malles «Revolutionskomödie» «Viva Maria» (1965) oder ein wenig exotische Filme wie «Soleil Rouge» (1971 – Regie: Terence Young) mit Alain Delon in einer der Hauptrollen. Delon hatte bereits in einer amerikanischen Produktion, der Komödie «Texas Across the River» (1966 – Regie: Michael Gordon) eine Western-Rolle gespielt; seine jüngste Darstellung innerhalb des Genres ist die Titelrolle in Duccio Tessaris «Zorro» (1975).

Schließlich brachte der deutsche Western, der «Sauerkraut»-Western im Gegensatz zum «Spaghetti»-Western, im Zuge seiner zahlreichen Karl May-Verfilmungen einige über die Grenzen Deutschlands hinaus wirksame Produktionen hervor, die nicht nur bewiesen, daß überhaupt Europäer Western (oder doch sehr western-ähnliche Filme) drehen konnten, sondern auch, daß hierbei ein ganz eigener Stil und eine eigene Typologie der Helden entwickelt werden konnte. Interessant ist hierbei übrigens auch, daß die ja zeitlich vor der Entwicklung des Italo-Western stehenden Karl May-Western, ebenso wie die italienischen «Schieß-Opern», mit ihrer – zumindest im Vergleich zu den amerikanischen Filmen des Genres – ein wenig hypertrophen Musik warben und sie als bestimmendes Gestaltungsmoment verwendeten. Der amerikanische Western, der immer noch die traditionelle, folkloristisch-militärische Filmmusik verwendete, wirkte nun fast ein wenig antiquiert.

Die deutschen Western beeinflußten die Entwicklung des Italo-Western zunächst wohl mehr als die amerikanischen «Problemfilme» des Genres. Die ersten italienischen Western wie etwa «Buffalo Bill, l'eroe del Far West» (1964 – Regie: John W. Fordson, das ist Mario Costa) oder «Arizona Bill» (1964 – Regie: Mario Bava) waren ganz nach dem Muster der «naiven» Abenteuerfilme gefertigt, wie sie die deutschen Karl May-Filme darstellten und wie sie auch das italienische Kino in Serie mit ihren «Muskelprotz»-Filmen um Figuren wie Herkules, Ursus, «die zehn Gladiatoren» oder Samson hervorgebracht hatte. Auch standen am Anfang des italienischen Western die legendären *guten* Gestalten des Genres im Mittelpunkt: Gordon Scott war Buffalo Bill in dem Film von Mario Costa, Guy Madison spielte Wyatt Earp in «Jennie Lee ha una nuova pistola» (1964 – Regie: Tullio Demichelli), und Gloria Milland als Calamity Jane und Adrian Hoven als Wild Bill Hickok spielten in der spanisch-italienischen Co-Produktion «Adventuras del Oeste» (1964 – Regie: Joaquin C. Romero Marchent).

Der neue Held

Der Seriencharakter war von vornherein im Genre angelegt. Aber die Helden, die sich als Träger für die einzelnen Serien herausbildeten, be-

gannen bald eine Ausformung zu erhalten, die sich deutlich von allen
ihren Vorbildern, einschließlich der einheimischen Comic-Helden, unterscheiden sollte. Der erste Serienheld des italienischen Western war
Ringo, gespielt von Guiliano Gemma, der in «Una pistola per Ringo»
(1965) oder «Il ritorno di Ringo» (1965 – Regie bei beiden Filmen: Duc-
cos Tessari) Gestalt annahm. Er ist im ersten Film ein professioneller
Revolvermann, der gegen einen angemessenen Anteil an der Beute einen Banditen übertrumpft, der sich mit einigen Geiseln auf einer Farm
verschanzt hat. Im zweiten Film ist er ein Mann, der aus dem Bürgerkrieg heimkehrt, sein Heimatdorf und selbst seine Frau von einem
Banditen terrorisiert sieht und dessen Herrschaft, nachdem er seine
Angst überwunden hat, brechen kann. Auch Ringo war also, wie die
amerikanischen Serienhelden und wie der berühmteste Held aller Italo-
Western, der von Sergio Corbucci geschaffene Django, keine feststehende Figur, sondern eher eine Chiffre, die sich aus bestimmten Verhal-
tensmustern, der Art der Darstellung und dem Charakteristikum seines
«Problems» zusammensetzte. Bei Ringo/Gemma war es die eigentümliche Beziehung von Sanftheit und Freundlichkeit auf der einen, Gewalt
und List auf der anderen Seite. Dieser Held trug die Absurdität, vielleicht auch die Ironie und die Distanz zu dem, was er anrichten mußte,
immer mit sich herum; in «Vivio o preferibilimente morti» (1969) ist seine Situation vollends komisch geworden: Gemma spielt hier den einen
von zwei charakterlich völlig konträren Brüdern, die einer Erbschaft wegen eine Zeitlang zusammenbleiben müssen, bis am Ende glücklicher-
weise wieder jeder seiner eigenen Wege gehen kann. («Vivio o preferibilimente morti» ist nominell kein Ringo-Film, folgte aber ganz der
durch die ersten Filme des Regisseurs vorgegebenen Formel.)

Ringo, das bedeutete nicht viel mehr als der einsame, schlaue Kämpfer zwischen den Fronten; der Westerner, der siegt und eine Menge
Geld einstreicht, wenn es möglich ist; der Westerner, der andere herein-
legt, der lügt, wenn es sein muß; der Westerner, der nicht nur egoistisch,
sondern auch ganz und gar narzißtisch ist; der Westerner ohne Grenze,
ohne den Mythos; der Westerner mit Phantasie.

In Tessaris Filmen gibt es (bei auffallenden formalen Qualitäten) einen Helden zu sehen, der einem Spiel mit dem Muster des amerikanischen Archetyps entsprach und zugleich, wie etwa in «Il ritorno di Ringo», abendländische Mythen vermittelte. Der Italo-Western war immer
auch ein extrem «literarisches» Genre. Die vielen anderen Filme der
Ringo-Serie waren selten viel mehr als in Blut, Musik und Zynismus ge-
badete B-Western; Richard Harrison war Ringo in «100000 dollari per
Ringo» (1965 – Regie: Alberto de Martino), Ken Clark in «Ringo del
Nebraska» (1965 – Regie: Antonio Roman), Mickey Hargitay in «Uno
straniero a Sacramento» (1965 – Regie: Sergio Bergonzelli) und in «Tre

colpi di Winchester per Ringo» (1965 – Regie: Emimmo Salvi), Sean Flynn in «Una donna per Ringo» (1966 – Regie: Rafael Romero Marchent), Anthony Steffen (das ist Antonio De Teffé) in «Ringo: il volto della vendetta» (1966 – Regie: Mario Caiano) und so weiter.

Auch Ringos Nachfolger in der Publikumsgunst, der schwarzgekleidete Rächer mit gelegentlich recht grausigem Humor, Django, war zunächst in einer Reihe von eher interessanten Filmen der Gattung zu sehen, bevor er als Serienheld in billigen Western alles Spezifische verlor. Der Unterschied zwischen Ringo und Django ist vor allem in der Fortentwicklung der grotesken, aber auch der dunklen Züge des Helden begründet; er ist nicht nur der Abenteurer in einer Welt, die wie unveränderbar in ihrer stumpfen Schäbigkeit erscheint, sondern auch der rächende «Messias», der seine Widersacher mit immer neuen Waffen, immer neuen Tricks überlistet. Das karikiert-negative Messianische dieses Helden kommt auch in Sentenzen zum Ausdruck, die er seinen Gegnern entgegenschleudert und die häufig im Filmtitel aufscheinen: «La vendetta e il mio perdono» (1968 – Regie: Roberto Mauri; etwa: Meine Gnade heißt Rache), «Dio perdoni la mia pistola» (1969 – Regie: Mario Goriazzo, Leopoldo Savana; etwa: Gott, vergib meinem Colt) oder «Chiedi perdono di Dio . . . non a me» (1968 – Regie: Glenn Vincent Davis, das ist Vincenzo Musolini; etwa: Verlange Gnade von Gott – aber nicht von mir). Neben mannigfaltiger Symbolik verweisen auch diese Titel darauf, daß in den *böseren* Filmen des Genres der Held ein veritabler Antichristus ist. Blasphemien und religiöse Travestien begleiten seinen blutigen Weg.

Sergio Corbucci, der Regisseur von «Django» (1966), beschreibt seinen Helden so: «Der Held hat viel Sinn für Humor. Er bewegt sich in einem Westen aus Schmutz und Regen und schleift einen Sarg hinter sich her. Diese Vorstellung allein fand ich damals schon zum Totlachen. Einen Bezug zur gesellschaftlichen Realität herzustellen, bedeutet Konstruktion im nachhinein und deckt sich gewiß nicht mit meiner Absicht. Allein der Einfall, einen Film herzustellen in dem der Held im ersten Teil sein Publikum mit einem geschlossenen Sarg irritiert, ist delikat und amüsant. Auch daß ich den Helden Django genannt habe als *hommage* für den französischen Zigeuner-Gitarristen Django Reinhardt, wird nicht zuletzt für seinen Erfolg von Bedeutung gewesen sein.»

Der Darsteller von Django, Franco Nero, der für die weiteren Filme so prägend wurde wie Giulliano Gemma für die Ringo-Serie, tut ein übriges dazu, diesen Helden vorwiegend als Parodie zu charakterisieren: Er ist, wenn man so will, ein Intellektueller (und ein Psychopath) als Westerner, der seinem Sarg am Ende ein Maschinengewehr entnimmt, um damit eine ganze Horde von Feinden niederzumähen.

Der Held des Italo-Western, von Leones Mann ohne Namen (Clint

Eastwood) in «Per un pugni di dollari» (1964) und seinen Nachfolgefilmen über Ringo und Django, Gringo und Sartana, ist eine der letzten möglichen Helden-Varianten in einer Welt, die Helden eigentlich nicht mehr hervorzubringen vermag. Der Held muß immer exotischer und außergewöhnlicher werden, um akzeptabel zu sein (der Nachfolger des Italo-Western-Helden ist bezeichnenderweise der Held des fernöstlichen Kung Fu-Action-Films), und er wird mehr und mehr zu einer Persiflage. Und die Gewalt dieses Helden hat jede Selbstverständlichkeit verloren; sie wird zelebriert wie eine Kunst, variantenreich, ästhetisch und angestrengt.

«Wer Gewalt sagt, sagt – im Western – immer auch Held, bzw. Antiheld, was wiederum nichts anderes heißt als Bewährung (gegen und durch Gewalt) bzw. Scheitern (unter Einwirkung der Gewalt). Als ‹Western ohne Helden› werden (. . .) die neueren amerikanischen Produkte des Genres definiert – wohlan, im Italo-Western ist der Held insoweit noch vorhanden, als er ‹kann›, schießen und überleben, von einem Scheitern im strengen Sinne also nicht mehr gesprochen werden kann. Aber der Lohn, der dem Helden nach getaner Arbeit bzw. erfolgreicher Selbstverteidigung winkt, zählt sich in schalen Dollars, nicht in ‹moralischen› Gütern. Denn was die Italiener radikal abgeschafft haben, ist die Welt des Guten, die dem erfolgreichen Helden seine Entschädigung für gehabte Mühen in Form von Liebe, Orden, Frieden, Grundbesitz, eines Sheriff-Postens und anderer positiver Werte erst entrichten könnte. Und vor allen Dingen ist keinerlei Ruhm zu erlangen – es ist keiner da, der ihn spenden könnte. Der Held im Italo-Western arbeitet im Angestelltenverhältnis oder als Einmannunternehmer, einen moralischen Auftrag kann er nicht haben, weil in dieser Welt niemand moralische Aufträge zu erteilen hat.

Also trotzdem keine Moral? Wird hier bloß die ‹Kriminalität verherrlicht›, wie man lesen kann, der Sieg des Gerisseneren, Skrupelloseren über den ein bißchen weniger Gerissenen, ein bißchen weniger Skrupellosen? Die Helden im Italo-Western sind wenig zimperlich bei der Verfolgung ihres Zieles (mit finanziellem Vorteil zu überleben). Es fiele ihnen nicht ein, die bestehenden gesellschaftlichen Verhältnisse ändern zu wollen, indem sie zum Beispiel mit einem Feind verhandelten, statt zu töten, und auf einen Toten mehr oder weniger kommt es ihnen nicht an. Gewiß gibt es nichts, das sie höher einschätzen als ihr eigenes Leben.

Aber da ist doch immer wie ein Funke von Anstand, ein gewisser Instinkt, der sie vor ausgesprochenen Verbrechen bewahrt, ein ‹existentielles› Merkmal: ein klein bißchen weniger schlecht zu sein als die durchkriminalisierte Gesellschaft, nicht in Worten, nicht in einer Ideologie, nicht als Entschuldigung, auf der anderen Seite: eher durch Unterlassung als durch aktives Tun.

Das gute Gewissen des ‹Ohne-mich›-Typs also, der mit ‹alldem nichts zu tun haben› will und dessen Magen nicht revoltiert angesichts des Verbrechens? In einer Weise ja, aber ist diese Art der Abstinenz nicht das Äußerste, was eine Welt, in der es keine rächende Gerechtigkeit gibt, an ‹Moralischem› hervorbringen kann? Eine Welt zumal, in der es bestenfalls ‹Partnerschaft›, aber keine menschliche Solidarität gibt, in der jede Illusion, jedes Vertrauen auf jemand anderen als sich selbst über kurz oder lang zum eigenen Untergang führt» (Pierre Lachat).

Nachfolger von Franco Nero als Darsteller des Django waren unter anderem Anthony Steffen in «Django il bastardo» (1969 – Regie: Sergio Garrone), Terence Hill (das ist Mario Girotti) in «Preparati la bara» (1967 – Regie: Fernando Baldi), Sean Todd in «Non aspettare Django: spara» (1968 – Regie: Eduardo Mulargia). Und einer bemüht sich, den andern an grotesken Details bei den Tötungsritualen zu übertreffen. Der zunehmenden Tendenz zum Makabren entsprach auch einer der Helden aus der Spätzeit des Genres, Sartana, einer «der lächerlichsten Helden des Italo-Western: Gianni Garko alias Johnny Garko als zähne-

«Preparati la bara» (Django und die Bande der Gehenkten – 1967) von Ferdinando Baldi mit Terence Hill.

fletschender, stets wie besessen krakeelender blonder Wirrkopf, der glauben machen will, er käme direkt aus der Hölle, während doch sein tragisch-inniges Verhältnis zu seiner völlig versumpften Mutter klar ausweist, daß er aus einem Trinkerhaushalt stammt» (Joe Hembus). Lee van Cleef stellte in einigen Filmen die Figur eines gewitzten und mit zahlreichen waffentechnischen Erfindungen hantierenden «James Bond im Wilden Westen» dar, etwa in «Ehi, amico, c'e Sabata . . . hai chiuso!» (1969 – Regie: Frank Kramer, das ist Gianfranco Parolini). Diese neuen Helden markierten bereits den Umschlag des Italo-Western zur Komödie, die E. B. Clucher (das ist Enzo Barboni, übrigens der Kameramann von «Django») in seinen Filmen mit Terence Hill und Bud Spencer (das ist Carlo Pedersoli), «Lo chiamavano Trinità» (1970) und «Continuavano a chiamarlo Trinità» (1971), zu einem ersten Höhepunkt brachte, in denen der Helden- und Männlichkeitskult des Genres parodiert wurde.

«Continuavano a chiamarlo Trinità» (Vier Fäuste für ein Halleluja – 1970) von E. B. Clucher mit Terence Hill und Bud Spencer.

«La collina degli stivali» (Hügel der blutigen Stiefel – 1969) von Giuseppe Colizzi.

Leone und Corbucci

Sergio Leone gilt vielen als «Vater» und zugleich Vollender des italienischen Western; in der Tat hat er sehr viel dazu beigetragen, aus dem
Italo-Western so etwas wie ein eigenständiges Genre zu machen, während andere Regisseure, wie etwa Giulio Questi mit «Se sei vivo, spara»
(1967), Sergio Sollima mit seiner Trilogie um den von Tomas Milian dar-
gestellten mexikanischen Rebellen Cuchillo oder Giuseppe Colizzi mit
seinen zugleich politischen und komödiantischen Filmen «Il quatro
dell'Ave Maria» (1968) und «La collina degli stivali» (1969), die Formen

und Dekors als Ausgangsmaterial für persönliche Aussagen verwendeten, die sich vermutlich auch in veränderter Form in anderen Genres hätten formulieren lassen. (Beispiel dafür ist auch der Vergleich etwa von Damiano Damianis Western und seinen Mafia-Filmen, die in etwa eine ähnliche «didaktische» Aufgabe erfüllen.)

Leone schuf mit seiner «Dollar-Trilogie» so etwas wie die Initiationswerke der Italo-Western (die man im übrigen bezeichnenderweise häufiger als *Welle* denn als Genre definiert findet). Bei «Per un pugno di dollari» (1964) fanden sich eine Reihe von Ideenlieferanten zusammen, die späterhin noch für die Entwicklung des Genres von Bedeutung sein sollten. Das Drehbuch stammte von Leone und Duccio Tessari, dem späteren Regisseur der Ringo-Filme; es entstand nach dem japanischen Film «Yojimbo» (1961 – Regie: Akira Kurosawa). Die Kamera führte Massimo Dallamano, der später auch als Regisseur arbeitete, und die Musik stammt von Ennio Morricone, der mit seinen Filmmusiken entscheidend zur spezifischen Ästhetik des Italo-Western beitrug. Der Film erzählt von einem geheimnisvollen Fremden (Clint Eastwood),

«Per un pugno di dollari» (Für eine Handvoll Dollar – 1964) von Sergio Leone mit Clint Eastwood.

der sich in einer mexikanischen Grenzstadt die Auseinandersetzung zweier rivalisierender verbrecherischer Clans zunutze macht, beide gegeneinander ausspielt, bis am Ende nur noch einige wenige für ihn selbst zu töten bleiben, und dann mit einem Goldschatz, den die eine der Parteien geraubt hat, von dannen zieht. In «Per qualche dollari in più» (1965) ist Clint Eastwood ein Kopfgeldjäger, der mal mit einem Rivalen (Lee van Cleef), mal gegen ihn Banditen jagt. In «Il buono, il brutto, il cattivo» (1966) schließlich ist Eastwood der Komplice des Banditen Tuco (Eli Wallach), der mit seiner Hilfe mehrmals die auf seinen Kopf ausgesetzte Belohnung kassiert, um dann im letzten Moment von ihm vom Strick wieder befreit zu werden. Sie beide und ein dritter Mann namens Setenza (Lee van Cleef) sind hinter einem Goldschatz her, der auf einem Friedhof vergraben liegt. Als er gefunden ist, kommt es zu einem Show-down zu dritt. Der «Held» siegt; er tötet Setenza und läßt Tuco zurück.

Alle diese geometrischen Slapstick-Western, deren ritueller und zugleich absurder Charakter durch die Musik Morricones mit ihrem Einsatz von Maultrommeln, Chören und extremen rhythmischen Akzentuierungen noch verstärkt wird, lassen sich als Parodien auf herkömmliche Genre-Muster verstehen; sie sind aber auch zum Teil eine Neuerfindung des Western aus Elementen des amerikanischen, italienischen und japanischen Kinos.

«Sergio Leones ‹Dollar-Trilogie› beinhaltet eine Loslösung von traditionellen Western auf zwei Ebenen: zunächst als eine Art von kritischem europäischem Film, der eine etablierte Kino-Konvention benutzt und, ohne deren populäre Gestaltung zu negieren, ihre Themen und Bilder ‹umbauen› und neu organisieren kann, ein Prozeß, der auch die *Verehrung* für den puritanisch-liberalen Hollywood-Western, die Grundlage des Genres, umfaßt. Daher kann Leone mehr tun, als den Westen bloß neu und in einer kritischen Sicht zu *interpretieren;* er kann ihn neu erschaffen; wie Silvanito, der Bartender, zu Joe (Clint Eastwood) in ‹Per un pugno di dollari› sagt: ‹Es ist wie ein Cowboy- und Indianer-Spiel!› Zum zweiten versucht Leone nicht, uns Sympathie für die Helden nahezubringen, sondern beobachtet die gewalttätigen Reaktionen der Protagonisten mit kühler Distanz: Sie sind brutal, weil die Welt, in der sie existieren, brutal ist.

Einige zentrale Motive der ‹Dollar-Trilogie› zeigen jedoch, daß Leone durch seine katholizistische Ikonographie, seine Reihungen von Musik und Bildern, seine manichäische moralische Ambivalenz und seinen Glauben an gewisse positive gesellschaftliche Kräfte eine neue ethische Struktur eingeführt hat, in der seine aufeinanderfolgenden Höhepunkte eine klare Aussage ergeben. Der ‹Mann ohne Namen›, Leones Held, ist oft von den Kritikern als brutaler Existentialist mißdeutet worden, der in einem moralischen Vakuum existiert. Leones neuer ‹Ritualismus› hat eine Quelle auch in der amerikanischen historischen Mythologie und gibt zugleich italienische Wertvorstellungen wieder: Leones Wertbetonung des Familienlebens und der positiven Seiten von Gemeinschaft spiegelt in etwa Nash Smiths Beschreibung eines ‹Garten›- oder ‹Natur›-Ideals wider. Die ‹große amerikanische Wüste› findet ihren Widerschein in Leones Orchestrierung der Bilder, seiner Nahaufnahmen von Gesichtern gegen einen Hintergrund von felsiger und öder Topographie. Abgesehen von zwei Sequenzen in ‹Per qualche dollari in più›, in denen es regnet, scheint in der ‹Dollar-Trilogie› immer die Sonne» (Chris Frayling).

Leones Western sind nicht nur die formale Weiterentwicklung des Genres; seine Helden repräsentieren auch das, was aus den amerikanischen Westernern geworden sein muß, nachdem sie der einfachen Lebensregeln der Grenze beraubt sind: Von Colonel Mortimer (Lee van Cleef) aus «Per qualche dollari in più», um nur ein Beispiel zu nennen, wird gesagt, er sei ein aufrechter Soldat gewesen, bevor die Eisenbahn gekommen sei und ihn gezwungen hätte, Kopfgeldjäger zu werden. Der Italo-Western ist also auch ein Versuch, die Geschichte über die Zerstörung der Grenze und ihres Ethos hinaus weiterzuschreiben, in eine gleichsam «nachgeschichtliche» Zeit, die gewiß ihre Ähnlichkeiten zur «nachbürgerlichen» Gesellschaft der Gegenwart hat. Es ist ein Westen, der tot ist, aber nicht sterben kann, weil es nichts gibt, ihn abzulösen.

Im italienischen Western gibt es auf der anderen Seite (wieder), was in amerikanischen Spät-Western verlorengegangen ist: die Grenze. Es ist eine politische statt einer mythologischen Grenze. In Leones Filmen ist die Tatsache des Lebens an der Grenze zwischen Mexiko und den USA bestimmend für die Haltung der Protagonisten und ihrer Moral. Diese Grenze und ihre Konflikte, vage definiert als die Grenze zwischen Dritter Welt und Yankee-Imperialismus, als Symbol des Nord-Süd-Konflikts auch, gibt dem Italo-Western seine Bewegung; die Helden sind Männer, die stetig bereit sind, diese Grenze zu überschreiten. Und der Italo-Western verschweigt nicht, was nur in ganz wenigen amerikanischen Filmen des Genres ausgesprochen wird, nämlich daß der Bürgerkrieg den amerikanischen Pionier bis auf den Grund seiner Seele zerstört hat.

Auf die «Dollar-Trilogie» (auch «Paella-Trilogie» genannt) folgte der in Amerika (in John Fords bevorzugtem Drehgebiet Monument Valley) gedrehte Film «C'era una volta il West» (1968), eine Rachegeschichte zwischen Charles Bronson und Henry Fonda, eine Liebesgeschichte zwischen Claudia Cardinale und verschiedenen Männern und dem Geld, die Geschichte von der Zivilisierung des Westens durch die Eisenbahn, durch das Kapital und durch das «amerikanische Matriarchat». Die

Ideen und die Bilder dieses Films sind, mehr als das in irgendeinem europäischen Western der Fall ist, ein Traum von der amerikanischen universalen Legende und vom «amerikanischen Versprechen», das nicht einzulösen war. Formal und thematisch ist dieser Film (den einige Kritiker als den ersten «Schinken» des Genres charakterisiert haben, was ihm aber nicht schadet) so kompliziert und «verschachtelt», wie der Italo-Western werden mußte, je mehr er sich auf die Auseinandersetzung mit seinen Quellen einließ. In Leones Filmen deutet die «katholische», barocke, die «opernhafte» Geschichtsbetrachtung die puritanische, karge, die allegorische Mythologie des Western; sein Stil vermittelt befreiende Arroganz und wehmütige Erinnerung zugleich. Im amerikanischen Western sind die Helden tragisch geworden, weil niemand mehr so recht sie brauchen und akzeptieren kann; in Leones (und auch anderer Regisseure des Italo-Western) Filmen ist das Leben selber, die historische Existenz tragisch! Der Westen ist der Ort, an dem die Tragik des modernen Menschen begonnen hat, als der technologische Fortschritt, und was er im Gefolge hatte, sein Paradies zerstörte.

Während Leone so etwas wie – im Kontext des Italo-Western – epische Western drehte, war Sergio Corbucci der Protagonist des dramatischen italienischen Western und seiner (auch gesellschaftlichen) Pathologie. Dabei ist vielleicht gerade der Umstand, daß Corbucci der weniger «ernsthafte» Regisseur von beiden ist (der mit den Effekten mehr spielt als sie auszuloten, wie Leone das immer wieder versucht hat), bestimmend dafür, daß ihm die zuweilen «gewagteren» Konstruktionen, die stärkeren Provokationen gelangen. Nach einigen «kleinen» Western wie «Minnesota Clay» (1964), einem der wenigen Italo-Western mit einem alternden, gebrechlichen Helden (Cameron Mitchell), noch dazu mit einer nachgerade pazifistischen Tönung, oder «Massacro al Grande Canyon» (1965) schuf Corbucci mit seinem «Django» (1966) den Archetyp des Genres. Im selben Jahr folgten drei Western mit eher ungewöhnlichen Konstellationen: «Johnny Oro» erzählt von einem Kopfgeldjäger, der alle Racheanschläge überlebt, weil er die Freundschaft eines Sheriffs genießt; «Navayo Joe» handelt von einem Indianer (Burt Reynolds), der blutige Rache an den Leuten übt, die seinen Stamm ausgerottet haben, und «I crudeli» schildert die Bemühungen eines Südstaaten-Familienclans, nach der Beendigung des Bürgerkriegs einen Goldschatz durch die Linien der Nordstaaten-Soldaten zu bringen, um damit eine neue Armee aufzustellen. Auch Corbucci ist – in diesen Filmen – im Kern ein «Tragiker», und wenn auch gelegentlich etwas oberflächlich gezeichnet, sind doch alle seine Helden geprägt von der Unauslöschlichkeit ihrer Taten, die ihrem Leben den sozialen Sinn nehmen. Retrospektiv betrachtet, wirken diese Filme vorwiegend als «Vorstudien» zu den beiden Filmen, mit denen er dann nachhaltig das Genre beeinflußen sollte: dem

«Il grande silenzio» (Leichen pflastern seinen Weg – 1968) von Sergio Corbucci mit Jean-Louis Trintignant und Vonetta McGee.

«existentialistischen» Film «Il grande silenzio» und dem «politischen» Film «Il mercenario» (beide 1968).

«Il grande silenzio» erzählt von einem stummen *gunfighter* (Jean-Louis Trintignant), der von den Freunden und Angehörigen einer Gruppe von Outlaws engagiert wird, um sie gegen die Kopfgeldjäger zu schützen, die schon ein paar Dollars wegen gnadenlos Menschen töten, im Schutz von Gesetzen, die längst nichts mehr mit der Wirklichkeit des Lebens an der Grenze zu tun haben, die aber niemand zu ändern da ist. Anführer der Kopfgeldjäger ist Loco (Klaus Kinski), ein ebenso grausamer wie gerissener Mann. Der Sheriff (Frank Wolff) versucht, dem Gesetz Geltung zu verschaffen, und zugleich, die Machenschaften der Kopfgeldjäger einzudämmen; er sperrt Loco bei der ersten sich bietenden Gelegenheit ins Gefängnis. Aber der örtliche Friedensrichter und Bankier hat einen Pakt mit den Kopfgeldjägern. Loco kommt frei und ermordet den Sheriff. Dann tötet er auch Silenzio, der mit durchschossenen Händen zum Show-down antreten muß und im Schnee unter den Kugeln Locos endet.

Auch in Corbuccis Film kommt, neben der pessimistisch-humanistischen Botschaft, eine Auseinandersetzung mit dem Geschichtsbild des amerikanischen Western zum Ausdruck: Die Outlaws des Films sind eindeutig als die Pioniere charakterisiert, deren Gesellschaft zerfallen ist und die nun im Auftrag des neuen Kapitals massakriert werden. Der Held hat hier nichts mehr auszurichten durch seine Tat: «Silenzio, der Held dieses Films, läßt sich – man verzeihe den Vergleich – ein wenig wie Christus töten, ich will damit sagen, daß es sich in etwa um das totale Opfer handelt, das die Gewalttätigkeit verdammt» (Sergio Corbucci).

«Im selben Jahr entstand auch ‹Il mercenario›, den Corbucci eine ‹Picareske› (Picaro = Spitzbube des Schelmenromans) nannte und der, in der Inszenierung einer Komödie ähnelnd, ein ‹revolutionäres› Gegenbild zu ‹Il grande silenzio› entwarf. Die drei Männer, die hier einmal mit-, einmal gegeneinander kämpfen, der geldgierige polnische Söldner Kowalski (Franco Nero), der unreflektierte mexikanische Revolutionär Paco (Tony Musante) und der Gentleman-Gauner Riccio (Jack Palance), stellen sich dar als statische, der Entwicklung unfähige Figuren, der Commedia dell'arte vergleichbar, und es ist dieser Narzißmus, den noch alle Helden sowohl bei Corbucci als auch bei Leone vertreten, der letztlich jeder politischen Intention hohn spricht. In den italienischen Revolutionswestern, die mit Mao-Zitaten und markigen Sprüchen nicht eben sparen, ereignet sich Politik nicht als historischer Prozeß, sondern als Ranküne-Spiel mehr mit sich selbst als mit der Geschichte beschäftigter Individuen. Revolution ist hier eine fixe Idee, die gleichberechtigt neben die des Geldes tritt, ein Fetisch, der nur die Person, nicht die gesellschaftliche Umwelt betrifft» (Georg Seeßlen/Bernt Kling). Alle diese Kämpfe, um die es da immer wieder geht, müssen letzten Endes unentschieden bleiben; Revolutionäre, Gangster und Söldner sind nichts anderes als die Träumer, die Stilisten und die Realisten im Posthistoire. Daher ist «Il mercenario» genauso *richtig* wie «Il grande silenzio», wenn man gesellschaftliche Veränderungen höchstens noch als Akzentverschiebungen verstehen kann.

Die Variationen der Themen in Corbuccis Western der folgenden Jahre hatten für das Genre kaum noch eine solche Bedeutung wie diese beiden Filme, die unter anderem dafür sorgten, daß der Italo-Western Diskussionsgegenstand des Feuilletons wurde. «Gli specialisti» (1969) ist eher wieder ein «kleiner» Western, der den französischen Pop-Sänger Johnny Halliday als Helden präsentiert, welcher, um einen Mord aufzuklären, sehr viele Männer, einschließlich eines mexikanischen Weggefährten (Mario Adorf), erschießen muß, und «Vamos a matar, companeros» (1970) stellte weniger eine Fortsetzung als eine vergröbernde Variation zu «Il mercenario» dar.

Auch Sergio Leone hatte mit seinem «politischen» Western wenig Glück. «Giù la testa» (1971) ist das Bekenntnis einer Resignation, der vielleicht deutlichste Ausdruck eines sehr vielen italienischen «Revolu-

«Il mercenario» (Mercenario – der Gefürchtete – 1968) von Sergio Corbucci mit Franco Nero und Tony Musante.

tions-Western» zugrunde liegenden Gedankens, den Sergio Leone in einem Interview einmal auf eine einfache und doch hilflos scheinende Formel gebracht hat: «Ich bin Sozialist. Während des Krieges hatten wir Ideale, Träume, Hoffnungen. Sie erfüllten sich nicht. Sozialismus ist gut als Idee, aber die Menschen sind schlecht. Heute herrscht Anarchie in

Italien. Wahre Freundschaft ist die einzige Zuflucht aus diesem Chaos. Politik zerstört Freundschaft.»

Der Italo-Western war das Genre der Resignation und mußte schon deshalb wieder verschwinden, weil Resignation keine dauerhafte Botschaft abgeben kann. Er war eine der wenigen populären Formeln für den Film, der in gewisser Weise noch zwischen dem «Massenpublikum» und den Intellektuellen eine Verbindung herzustellen imstande war: Von kaum einem Genre ließen sich die Kritiker zu so tiefsinnigen Betrachtungen und mehr oder weniger gescheiten Überlegungen über das Verhältnis von Politik und Ästhetik inspirieren wie vom Italo-Western. Und kein anderes Genre war in den sechziger Jahren so «todsicher» erfolgreich. Das mag zum einen daran liegen, daß der italienische Western binnen weniger Jahre die Entwicklung und Auffächerung des Genres mit allen möglichen Formen, dem billigen Serien-Western, dem «infantilen» Action-Streifen, dem gediegenen Problem-Western, dem mythisch-großen Western, dem «Spät-Western», dem intellektuellen und formalen Experiment, komprimiert darstellte (und in dementsprechend rasendem Tempo auch wieder verfiel). Zum anderen war der Italo-Western eine Art, auf Erfahrungen zu reagieren durch die Entwicklung einer (bald allzu) komplizierten Moral, der ganz und gar der von Cinéasten lange Zeit abgelehnte über-expressive Gestaltungsstil entsprach: Die Helden des Italo-Western hatten als moralische Wesen in einer völlig amoralischen Welt zu überleben, und sie durften zugleich diese ihre verbliebene Moral nicht missionseifrig vertreten, wenn sie das Groteske ihrer Situation nicht auf die Spitze treiben wollten. Der Italo-Western ist ein Film der gesellschaftlichen Resignation, aber er ist auch (manchmal) ein Film des Aufbegehrens. Geschichte allerdings findet in ihm kaum noch statt.

Western ohne Legende, Western ohne Grenze, Western ohne Helden

«Spät-Western» werden im allgemeinen jene Western aus den sechziger Jahren genannt, die neben ihren Helden auch den Westen selbst in Frage stellen, seine Moral, seine Regeln, seine «Zukünftigkeit». Die Bewegung des Western, die Verwandlung der Wildnis in einen Garten, wie es den Pionieren versprochen war, hatte seinen desillusionierenden Abschluß gefunden, damals, in den letzten Tagen des Far West, und in der Gegenwart, in den Herzen der Menschen. Ein erstes exemplarisches Werk dieser Richtung war «Ride the High Country» (1962) von Sam Peckinpah, der sich in der Folgezeit als «Spezialist» für die Gattung profilierte.

«Ride the High Country» handelt von einem Goldtransport, den die beiden alternden Westerner Steve Judd (Joel McCrea) und Gil Westrum (Randolph Scott) zusammen mit dem jungen Heck (Ronald Starr) durchführen. Heck und Westrum wollen das Gold für sich behalten. Die Gruppe wird von einem Familienclan von Banditen angegriffen. Im Kampf solidarisieren sich die beiden alten Freunde Steve und Gil wieder, nachdem das moralische Problem um die Veruntreuung des Goldes sie entzweit hatte. Der aufrechte Steve stirbt in dem Gefecht; Gil hält das seinem sterbenden Freund gegebene Versprechen und bringt das Gold an seinen Bestimmungsort.

Der Westen dieses Films ist – authentisch – desolat: Die Stadt ist zum Jahrmarktsplatz geworden. Autos und Fahrräder bestimmen bereits das Straßenbild; zur Belustigung gibt es ein Rennen zwischen Pferd und Kamel, welches das Pferd, das Symbol der Bezwingung des Westens, verliert. Die alten Westerner tragen lange Unterhosen, um sich gegen die Kälte zu schützen; Steve kann ohne Brille nicht lesen. Es bereitet ihnen Mühe, aufs Pferd zu steigen. Der frühere Sheriff Westrum unterhält, als

«Ride the High Country» (Sacramento – 1962) von Sam Peckinpah mit Joel McCrea, Randolph Scott, Ronald Starr und Mariette Hartley.

«Oregon Kid» maskiert, eine Schießbude und betrügt seine Kunden, indem er die Gewehre anstatt mit Kugeln mit Schrot füllt. Es ist Herbst; eine letzte Reise bricht für die Helden an.

Die Kritik Peckinpahs gilt jedoch nicht so sehr den Helden-Insignien und den Kampfritualen des Genres, sondern seiner inhärenten religösen Botschaft. «Das Grundmotiv der Handlung ist der aus der anglo-amerikanischen Literatur vertraute Topos der Reise oder Pilgerschaft (als Film vergleiche Premingers ‹Fluß ohne Wiederkehr›). Als Gegenpole der Bewegungen fungieren die Farm und das Lager. Daß sowohl diese beiden Schauplätze als auch der Ritt selbst nur Metaphern sind, legen die Bibelzitate im Dialog und die Jahreszeiten-Symbolik nahe. Der Weg vom sommerlichen Grün der Farm durch die Herbstlandschaft in die winterliche Einöde des Lagers läßt sich als Abstieg in die Hölle deuten, dem die Rückkehr ins Paradies (Farm) folgt. Hölle und Paradies sind dabei jedoch nicht theologisch zu verstehen, sondern mythisch, d. h. als Orte der Prüfung bzw. der Belohnung. Auf dieser Ebene betrachtet, steht die Reise für einen geistigen Prozeß: den Prozeß der Bewußtwerdung und des Zu-sich-selbst-Findens.

Dieser Prozeß der Bewußtwerdung soll knapp am Beispiel Judds und Elsas [eines jungen Mädchens, Verlobte eines der Banditen, das sich Judd und Gil angeschlossen hat – d. Verf.] skizziert werden. Als Elsa sagt: ‹Mein Vater behauptet, es gäbe nur Recht und Unrecht, Gut und Böse, aber nichts dazwischen. Es ist doch nicht so einfach?›, erwidert Judd: ‹Nein. Es sollte so sein, aber es ist nicht so.› Judds Verblendung liegt nun gerade darin, daß er nicht seiner Erkenntnis gemäß handelt. Wenn er darauf besteht, Elsa nur mitzunehmen, falls das Gericht ihre Ehe annulliert, beachtet er zwar den Buchstaben des Gesetzes, verhält sich aber im Grunde unmenschlich. Dasselbe gilt von seinem Vorsatz, Westrum und Heck vor Gericht zu schleifen. Judds ‹Gerechtigkeit› ist bloße Selbstgerechtigkeit, und es ist gewiß kein Zufall, daß er wie Knudsen (der Besitzer der Farm und Elsas Vater) bisweilen aus der Bibel zitiert. Auch ihm droht die Gefahr, eines Tages bei Knudsens pervertierter Religiosität zu enden.

Auf der Tafel in Knudsens Wohnzimmer steht: ‹When pride commeth, then commeth shame. For with the lowly is wisdom› (Mit dem Hochmut kommt die Schande. Denn die Weisheit liegt bei den Demütigen). Dieser Satz umreißt das Dilemma Judds. Das Schild vor dem Bordell: ‹Men taken in and done for› (Wortspiel: to take in = aufnehmen/ hereinlegen; to do for = versorgen/ruinieren), könnte eine Anspielung auf Dantes Hölle sein. Am Grab von Elsas Mutter heißt es: ‹Wherefore, O Harlot . . . I will judge thee as women that break wedlock and shed blood are judged.› Obwohl auch Elsa in den Augen ihres Vaters eine Hure ist und obwohl sie die ‹Ehe bricht› und indirekt ‹Blut vergießt›, wird sie nicht verurteilt, eine eindeutige Widerlegung von Knudsens und Judds Religiosität» (Peter Schmid).

Im selben Jahr wie «Ride the High Country» entstand auch John Fords Auseinandersetzung mit der Legende des Westens, «The Man Who Shot Liberty Valance». Die politische Karriere des Gouverneurs Stoddard (James Stewart) ist von der Legende begleitet, daß er der Mann ist, der den berüchtigten Banditen Liberty Valance (Lee Marvin) erschossen hat. Als Stoddard zum Begräbnis seines Freundes Tom Doniphon (John Wayne) der Stadt, in der sich dies vor langer Zeit abgespielt hat, einen Besuch abstattet, erzählt er einem Redakteur (Edmond O'Brien) die Wahrheit: Stoddard war als junger Rechtsanwalt mit Liberty Valance in Konflikt geraten, der sich über das Gesetz hinwegsetzen konnte, weil die verängstigten Stadtbewohner nichts gegen ihn unternahmen. Stoddard stellte sich schließlich dem gefährlichen Gunman zu einem chancenlosen Show-down. Zur Überraschung aller fällte ein Schuß des völlig waffenunerfahrenen Stoddard den Banditen. Tatsächlich aber hatte nicht er, sondern Tom Doniphon, der die Szene beobachtet hatte, den tödlichen Schuß abgegeben. Als der Senator seine Erzählung beendet hat, zerreißt der Redakteur seine Aufzeichnungen mit den Worten: «Unsere Legenden wollen wir uns bewahren. Sie sind für uns Wahrheit geworden.»

Tom Doniphon ist der Held des Films, nicht so sehr, weil er ein wirklicher Westerner ist, sondern weil er in einem entscheidenden Moment die Spielregeln des Westens außer acht läßt. «Es war glatter Mord», sagt Doniphon zu seiner Tat, «aber ich kann trotzdem schlafen.» Zudem ist dieser Mord an einem Mann, der wie er selbst den alten Westen repräsentiert, ein doppeltes Opfer: Er verliert auch seine Braut (Vera Miles) an Stoddard. Der Westerner opfert seine Ehre für die neue Zeit, aber die Legende soll bleiben, weil sie allein noch Kontinuität und Geborgenheit geben kann.

Der Italo-Western erzählt vom *zerstörten Westen*; der «Spät-Western» von der *Zerstörung des Westens*. Daher ist der Italo-Western das Genre der großen Bilder der Destruktion, der amerikanische Spät-Western das Genre der kleinen schmerzlichen Details. (In «The Man Who Shot Liberty Valance» ist etwa die Eingangssequenz mit dem Zug bezeichnend, der sich durch das Land bewegt wie in unzähligen Western zuvor. Doch sieht man genauer hin, ist der häßliche schwarze Rauch auffallend, den die Lokomotive als giftige Wolke in den Himmel stößt.)

Ford löste die Legende auf und bestätigte sie zugleich, freilich in einer Form, die man fast dialektisch nennen kann. John Sturges dagegen unternahm in «Hour of the Gun» (1967) den Versuch, sie soweit als möglich auf ihren (auch politischen) Wirklichkeitsgehalt hin zu untersuchen. Der Film beginnt, wie die meisten Wyatt Earp-Western enden, mit dem

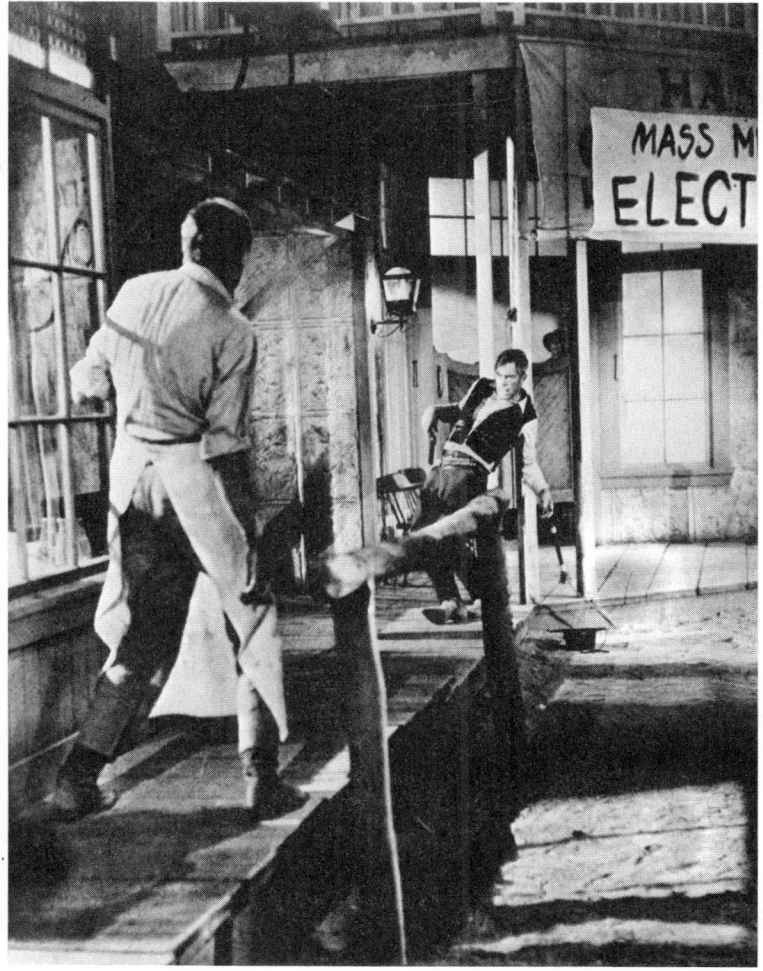

«The Man Who Shot Liberty Valance» (Der Mann, der Liberty Valance erschoß – 1962) von John Ford mit James Stewart und Lee Marvin.

berühmten *gunfight* am OK Corral. Ike Clanton (Robert Ryan) entkommt bei dem Gefecht und läßt Virgil Earp von seinen Revolverleuten erschießen. Wyatt Earp (James Garner) nimmt Rache und erschießt kaltblütig vier Männer der Clanton-Gang. Doc Holliday (Jason Robards) versucht vergeblich, Wyatt von seiner auch selbstzerstörerischen Rachsucht abzubringen, die sich mit seinem rücksichtslosen Machtstreben verbindet. Wyatt erschießt in Mexiko Ike Clanton, und Doc Holliday stirbt in einem Krankenhaus in Denver, möglicherweise an den Folgen eines Blutsturzes, den er durch einen Faustschlag Wyatts erlitten hat.

In Frank Perrys «Doc» (1971) ist Holliday (Stacy Keach) die eigentliche Hauptfigur, die sich von dem ruhmsüchtigen und selbstgefälligen Wyatt Earp (Harris Yulin) immer mehr entfernt. Der in allen Filmen des Themas latent vorhandene Konflikt ist hier ganz manifest: der Konflikt zwischen einem ehrgeizigen Opportunisten und einem intellektuellen Außenseiter, die durch die Umstände aneinander gebunden sind.

Das Gesetz und die Outlaws wurden nun im Western in einem sozialen Rahmen interpretiert; die Banditen waren nun keine Volkshelden mehr, sondern Ausdruck einer gesellschaftlichen Situation, in der es für viele Menschen keine andere Möglichkeit des Überlebens oder der Identitätsfindung mehr gibt. Gerade die jungen Outlaws gehen dann aber an ihrem verzweifelten Glauben an die Spielregeln, an den Westen des Mythos, zugrunde; viele Western der späten sechziger Jahre sind keine Filme über das Kämpfen und Siegen, sondern Filme über das Sterben. Den alten Westernern, wie etwa in «Ride the High Country», die sich der Realität der Endzeit des Westens angepaßt haben oder in einer sturen Moral versteinern, stehen die ganz jungen Leute in dieser Situation gegenüber, die ihre Hoffnungen im Tod, in der Korruption, in der Absurdität verlieren müssen. Mit «A Time For Dying» (1969) entwarf Budd Boetticher eines der pessimistischsten Bilder vom Leben im Westen. Der junge Cass (Richard Lapp) will ein berühmter Revolverheld werden, wie sein Vorbild Jesse James (Audie Murphy). Ein junges Mädchen (Nelli Winters) «rettet» er vor dem Bordell und wird von dem dämonisch-komischen Richter Roy Bean (Victor Jory) gezwungen, sie zu heiraten. Nach einer Begegnung mit Jesse James, dessen Warnungen er in den Wind schlägt, provoziert er ein Duell mit dem Revolvermann Billy Pimple und wird erschossen; seiner Witwe bleibt nun doch nichts weiter als der Weg ins Bordell.

Hoffnungsloser und unheroischer war das Bild des Westens kaum je gezeichnet worden; der Protagonist ist so arrogant wie unwissend, kaum ein jugendlicher Anti-Held wie in einigen Outlaw-Western der siebziger Jahre, die das Scheitern ihrer Helden, gelegentlich etwas larmoyant, als den ungleichen Kampf zwischen dem jugendlichen Idealisten und der korrupten Gesellschaft zeichnen. Der Held in Boettichers Film ist nicht das Opferlamm einer brutalen Gesellschaft, sondern selber Teil eines aberwitzigen Systems, das seine Rituale als Alpträume fortsetzt. Überhaupt sind die Helden des Spät-Western in dieser Hinsicht denen des Italo-Western verwandt: Sie sind nicht *gut* in einer absoluten Weise, sie sind nur ein wenig besser als die anderen, als die Gesellschaft zumal.

In Robert Bentons «Bad Company» (1972) wird der junge Drew (Barry Brown) in eine Bande aufgenommen, nachdem er ihr eine Straftat nur vorgespielt hat. Die Mitglieder dieser Bande zerstreuen sich wieder, einige ihrer Mitglieder werden bei kleineren Überfällen oder harmlosen Vergehen getötet oder von wirklichen Banditen umgebracht. Ihr Anführer Jake (Jeff Bridges) schließt sich einer Bande von solchen wirklichen Verbrechern an, während Drew mit dem Sheriff und seiner Posse die Banditen verfolgt. Als die Banditen gefaßt sind, versucht Drew, den Sheriff zu überreden, Jake laufenzulassen, und nachdem seine Versuche fehlgeschlagen sind, befreit er ihn. Dann unternehmen sie ihren ersten Bankraub. Früher hat es Western gegeben, die gezeigt haben, wie *einer* unter der Last der Ungerechtigkeit und der Gewalt zum Outlaw wird, einer, der immer auch ein wenig dazu psychologisch prädisponiert war; nun wird bestätigt, daß *jeder*, und sei er zunächst noch so entschlossen, seine moralischen Auffassungen zu bewahren, in seine Rolle gezwungen wird. Es gibt nicht mehr einige korrupte Leute, mit denen man sich auseinandersetzen muß, sondern die Korruption ist gegenwärtig. Ihr sich zu entziehen gelingt höchstens im Traum, wie etwa dem Helden (Dennis Hopper) in «Kid Blue» (1973 – Regie: James Frawley), der seinen Verfolgern in einer «Flugmaschine» entkommt, vielleicht nur in den Tod, um als strahlender Cowboy für ein kurzes Bild wiedergeboren zu werden.

Der Spät-Western erzählt vor allem davon, wie im Westen mit der Grenze und dem Land die Freiheit verlorengeht; nicht nur die Freiheit, die Kirk Douglas in «Man Without a Star» verloren hatte, die sinnliche Freiheit des Westerners, sondern auch die «kleine» Freiheit der eigenen Entscheidungen. Die Helden der Spät-Western werden getrieben und gedemütigt von den zahllosen ungeschriebenen und geschriebenen Gesetzen einer beginnenden Massengesellschaft, und wie hier der Individualist als Held zum Outcast wird, so kann auch seine letztmögliche Option eigentlich nur der Tod sein. Diese Helden, die nicht mehr gut und nicht mehr aufrecht in jeder Situation sein können, wehren sich gegen die Zivilisation und ihre Versklavung ein wenig wie die Indianer (so, wie sie sich etwa in Aldrichs «Ulzana's Raid» wehren): durch eine zuweilen gewiß irrational und amoralisch erscheinende Wildheit und Gewalttätigkeit, wie vor allem die Männer aus Sam Peckinpahs «The Wild Bunch» (1969). Sie töten und laufen selber in den Tod, brüllend, in verzweifelter Konsequenz, sich nicht anzupassen.

Wenn man sich daran erinnert, daß der Western das Genre war, welches das Drama der Initiation zum erwachsenen Mann paraphrasiert hat, so zeigt sich nun, daß der Western ein Genre der Verweigerung geworden ist, mit Helden, die nicht erwachsen werden wollen und können. Sie sind zugleich faszinierend und erschreckend, längst nicht mehr das, was man als Identifikationsfigur bezeichnen könnte. Ob diese Charaktere, vor allem aus Peckinpahs Filmen und etlichen seiner Nachahmer, «kleine Faschisten» sind oder nur eine besonders drastische («filmische») Art haben, auf den allgemeinen Faschismus zu reagieren, ist häufig Gegenstand der kritischen Auseinandersetzung gewesen, doch ist diese moralische Doppelbödigkeit eher nebensächlich, denn das eigentliche Thema des Spät-Western ist nicht der «Held», sondern sein Hintergrund. Die Option auf den Tod ist das einzige, was von der Autonomie des Westerners übriggeblieben ist. Billy the Kid (Kris Kristofferson) in Sam Peckinpahs «Pat Garrett and Billy the Kid» (1973) entscheidet sich, nicht zu fliehen, seine einzig verbliebene Entscheidungsmöglichkeit, und er wird von Pat Garrett (James Coburn), dem Mann, der seinen Preis für die Anpassung an die neue, unfreie und unentrinnbare Gesellschaftsform zahlt, erschossen.

Die Bewegung des Westerners in den Spät-Western kann nur noch Flucht sein, eine Flucht, die sich fortsetzt in der Fluchtbewegung des «modernen Western» «Easy Rider». Die beiden Banditen (Paul Newman, Robert Redford) aus «Butch Cassidy and the Sundance Kid» (1969 – Regie: George Roy Hill), die ständig auf der Flucht sind, ohne je ganz zu begreifen, daß aus ihrem Spiel schon längst tödlicher Ernst geworden ist, finden unter dem Kugelhagel einer ganzen Armee den Tod. Die Helden dieser und ähnlicher Filme sind wie das negative Spiegelbild der Western-Helden aus den fünfziger Jahren: dem Leben zugewandt, müssen sie sterben, während die Gary Coopers, James Stewarts oder Richard Widmarks immer weiterzuleben haben. Tatsächlich ist das eigentliche Verbrechen dieser neuen jugendlichen Western-Helden, beginnend mit Paul Newmans Billy the Kid in «The Left Handed Gun», ihre ganz und gar antipuritanische Freude am Leben. Sie sterben alle, bevor sie erwachsen, daß heißt in Pflicht und Aufgabe verloren sind. Und dieser Tod ist besser als das, was die Gesellschaft ihnen als Alternative zu leben anbietet. So ist aus einem Genre der romantischen Konservativität ein Genre der romantischen Evasion geworden, wenn man so will, ein Außenseiter-Genre, das die Konsequenzen daraus zeigt, daß die Grenze geschlossen ist. Und geschlossen hatte sie sich in Indochina.

Von den *closed options* handeln auch die Western, die weniger Wert auf die Rekonstruktion der historischen Situation legen. Den Western ohne Helden und ohne Legende gegenüber stehen eine Reihe von Filmen, die einen Westen ohne Geschichte zeigen, einen Westen, der gleichsam historisches Niemandsland darstellt, in dem sich sozusagen «existentialistische» Dramen abspielen. «The Outrage» (1964) von Martin Ritt ist ein weiterer Versuch, die Konstellationen eines japanischen Films ins Genre des Western zu übertragen, den Film «Rashomon» (1950 – Regie: Akira Kurosawa). Die Geschichte eines Mordes und einer Vergewaltigung, die von verschiedenen Beteiligten sehr verschieden erlebt und wiedergegeben wird, war vor allem als schauspielerische Parforcetour für Paul Newman, Laurence Harvey, Claire Bloom und Edward G. Robinson angelegt. Die von John Sturges nach dem Erfolg seines Films «The Magnificent Seven» aufgestellte These, daß man «mit dem Western alles machen könne», erhielt durch diesen Film allerdings eine gewisse Korrektur, und der Flirt des Western mit dem *Kunstfilm* erwies sich viel eher als eine Form von Unsicherheit gegenüber dem «Fundamentalismus» des Genres als eine mögliche Fortentwicklung.

Dagegen entwickelte Monte Hellman in seinen beiden 1966 entstandenen Western seine Aussagen gerade aus den Beschränkungen des Genres. «The Shooting» und «Ride in the Whirlwind» sind Western ei-

«The Shooting» (Das Schießen – 1966) von Monte Hellman mit Warren Oates und Jack Nicholson.

ner Endzeit. «The Shooting» berichtet von einer absurden Reise einer Frau (Millie Perkins), eines Mannes, dessen Bruder als Mörder geflohen ist (Warren Oates), und eines bezahlten Killers (Jack Nicholson) in ihr Verderben; «Ride in the Whirlwind» ist die Geschichte von drei arbeitslosen Cowboys (Cameron Mitchell, Jack Nicholson, Tom Filer), die von einer Gruppe von Vigilanten gejagt werden, weil sie sie für Banditen halten; zwei von ihnen kommen um, der dritte flüchtet in die Wüste. Diese kargen Filme «objektivieren» das Leben im Westen; was geschieht, ist das Sterben und das Sich-Vorbereiten darauf. Die Figuren dieses Dramas kämpfen darum, Art und Zeitpunkt wenigstens ihres Todes bestimmen zu können.

«Das beckettsche ‹Endspiel› erreicht Hellman (der als ‹Samuel Beckett der Pferdeoper› apostrophiert wurde) in ‹The Shooting›, in dem die Reiter unter einer mörderischen Wüstensonne sinn- und ziellos ihrem Verderben entgegenirren. Die Personen scheitern weniger an der physischen Bedrohung durch die feindliche Umgebung – die immer nackter und karger wird, je mehr sich die Menschen entblößen – als an ihrem Unvermögen, einen konkreten Sinn in ihren Anstrengungen zu erfassen. Hellmans Figuren sind herausgelöst aus einem Leben, nicht gerechtfertigt und nicht zu rechtfertigen, Erscheinungen eines Augenblicks, von ihrem Autor (durch die visuelle Distanz und die totale Emotionslosigkeit der brüchigen Dialoge) von Anfang an aufgegeben, verlassen, um anderer Gegenwärtigkeiten willen» (Wolfram Knorr).

Von der positiven Utopie zur negativen Vision, das war auch der Weg, den Arthur Penn in seinem heiter-melancholischen Geschichts-Tableau «Little Big Man» (1970) und in «The Missouri Breaks» (1975) und Robert Altman in seinen zwei Quasi-Western «McCabe and Mrs. Miller» (1970) und «Buffalo Bill and the Indians» (1976) beschritten. Am längsten überdauerte eine «lebende Legende» des Western, der «Duke», John Wayne. Eine vitale, ironische *hommage* an den alten, feisten und versoffenen Westerner schuf Henry Hathaway in «True Grit» (1969), und Don Siegel unterzog in «The Shootist» (1976) den Mythos einer distanzierenden Würdigung, die noch einmal dem Western zurückgab, was ihm in den letzten Jahren abhanden gekommen war: Ruhe. Und vielleicht exakt diese Botschaft ist es, die endgültig dem Genre ein friedvolles Ende beschert: nämlich die, daß der Westen tot, die Grenze verschlossen, die Gesellschaft korrupt ist und daß man sich darüber nicht besonders aufregen muß.

«Little Big Man» (Little Big Man – 1970) von Arthur Penn mit Dustin Hoffman und Richard Mulligan.

Anhang

Filmografie

Die Filmografie ist nach Jahreszahlen geordnet. Sie geben das Produktionsjahr an. Innerhalb eines Jahres sind die Filme alphabetisch geordnet, da sich das genaue Datum der Fertigstellung nicht erschließen läßt.

Die Auswahl der Filme will die Entwicklung des Genres in den bekanntesten (nicht unbedingt den künstlerisch bedeutendsten) Beispielen dokumentieren. Die im Text behandelten Filme sind aufgenommen, soweit es sich nicht um beiläufige Erwähnungen nur unter einem bestimmten Aspekt interessanter Filme handelt.

Angegeben wurden Produktionsjahr, der Originaltitel, bei Filmen, die in Deutschland zu sehen waren, der deutsche Verleihtitel, der Regisseur, der Drehbuchautor, der Kameramann und die wichtigsten Darsteller.

Die Abkürzungen bedeuten

R Regie   K Kamera   M Musik
B Drehbuch   D Darsteller

1903
THE GREAT TRAIN ROBBERY
R, B, K: Edwin S. Porter. D: George Barnes, Frank Hanaway, G. M. Anderson, Marie Murray.

1908
THE REDMAN AND THE CHILD
R: David Wark Griffith.

1911
THE LAST DROP OF WATER
R: D.W. Griffith.

1913
THE BATTLE OF ELDERBUSH GULCH
R: David Wark Griffith. K: Billy Bitzer. D: Mae Marsh, Lillian Gish, Robert Harron.

1916
HELL'S HINGES
R: Charles Swickard. B: C. Gardner Sullivan. K: Joseph August. D: William S. Hart, Clara Williams, Jack Standing, Alfred Hollingsworth.

1923
THE COVERED WAGON (Der Planwagen)
R: James Cruze. B: Jack Cunningham. K: Karl Brown. D: J. Warren Kerrigan, Lois Wilson, Alan Hale, Charles Ogle.

1924
THE IRON HORSE (Das eiserne Pferd)
R: John Ford. B: Charles Kenyon n. e. Story von Charles Kenyon und John Russell. K: George Schneiderman, Burnett Guffey. M: Erno Rapee. D: George O'Brien, Madge Bellamy, Judge Charles Edward Bull, Fred Kohler.

1925
THE VANISHING AMERICAN
R: George B. Seitz. B: Lucien Hubbard n. d. Roman von Zane Grey. D: Richard Dix, Lois Wilson, Noah Beery.

1926

THREE BAD MEN
R: John Ford. B: John Stone n. d. Roman «Over the Border» von Herman Whittaker. K: George Schneiderman. D: George O'Brien, Olive Borden, J. Farrell McDonald, Tom Santschi, Frank Campeau.

1929

IN OLD ARIZONA
R: Raoul Walsh, Irving Cummings. B: Tom Barry n. d. Erzählung «The Caballero's Way» von O. Henry. K: Arthur Edeson, A. Hansen. D: Warner Baxter, Dorothy Burgess, Edmund Lowe, J. Farrell McDonald.

THE VIRGINIAN (Der Virginier)
R: Victor Fleming. B: Howard Estabrook n. d. Roman von Owen Wister. K: Roy Hunt, Eduard Cronjager. D: Gary Cooper, Richard Arlen, Walter Huston.

1930

THE BIG TRAIL (Der große Treck)
R: Raoul Walsh. B: Jack Peabody, Marie Boyle, Florence Postal, Hal G. Evarts. K: Lucien Andriot (35 mm), Arthur Edeson (Breitwand). M: Arthur Kay. D: John Wayne, Marguerite Churchill, El Brendel, Tully Marshall.

BILLY THE KID (Billy the Kid)
R: King Vidor. B: Wanda Tuchock, Laurence Stallings, Charles MacArthur n. d. Buch «The Saga of Billy the Kid» von Walter Noble Burns. K: Gordon Avil. D: Johnny Mack Brown, Wallace Beery, Kay Johnson, Karl Dane.

1931

LAW AND ORDER (Gesetz und Ordnung)
R: Edward L. Cahn. B: Tom Read, John Huston n. d. Roman «Saint Johnson» von W. R. Burnett. D: Harry Carey, Andy Devine, Walter Brennan, Walter Huston, Raymond Hatton.

THE PLAINSMAN (Der Held der Prärie)
R: Cecil B. DeMille. B: Waldemar Young, Harald Lamb, Lynn Riggs. K: Victor Milner, George Robinson. M: George Antheil. D: Gary Cooper, Jean Arthur, James Ellison, Charles Bickford.

1937

WELLS FARGO
R: Frank Lloyd. B: Stuart N. Lake. M: Victor Young. D: Joel McCrea, Frances Dee, Ralph Morgan, Johnny Mack Brown.

1939

DESTRY RIDES AGAIN (Der große Bluff)
R: George Marshall. B: Felix Jackson, Gertrude Purcell, Henry Meyers n. d. Roman von Max Brand. K: Hal Mohr. M: Friedrich Hollaender. D: Marlene Dietrich, James Stewart, Brian Donlevy, Charles Winninger, Mischa Auer.

DODGE CITY (Der Herr des Wilden Westens)
R: Michael Curtiz. B: Robert Buckner. K: Sol Polito. M: Max Steiner. D: Errol Flynn, Olivia de Havilland, Ann Sheridan, Bruce Cabot.

DRUMS ALONG THE MOHAWKS (Trommeln am Mohawk)
R: John Ford. B: Lamar Trotti, Sonya Levien n. d. Roman von Walter D. Edmonds. K: Bert Glennon, Ray Rennahan. M: Alfred Newman. D: Henry Fonda, Claudette Colbert, Edna May Oliver, John Carradine.

JESSE JAMES (Jesse James – Mann ohne Gesetz)
R: Henry King. B: Nunnally Johnson. K: W. H. Greene, George Barnes. M: Louis Silvers. D: Tyrone Power, Henry Fonda, Nancy Kelly, Randolph Scott, Henry Hull, Brian Donlevy, John Carradine.

THE OKLAHOMA KID
R: Lloyd Bacon. B: Warren Duff, Robert Buckner, Edward E. Paramore. K: James Wong Howe. M: Max Steiner. D: James Cagney, Humphrey Bogart, Rosemary Lane, Donald Crisp.

STAGECOACH (Ringo/Höllenfahrt nach Santa Fé)
R: John Ford. B: Dudley Nichols n. d. Erzählung «Stage to Lordsburgh» von Ernest Haycox. K: Bert Glennon. M: Richard Hagemann, W. Franke Harling, John Leipold, Leo Shuken, Louis Gruenberg. D: John Wayne, Claire Trevor, John Carradine, Thomas Mitchell, Andy Devine, Donald Meek, Louise Platt, Tim Holt.

UNION PACIFIC (Union Pacific/Die Frau gehört mir)
R: Cecil B. DeMille. B: Walter DeLeon, C. Gardner Sullivan, Jesse Lasky jr., Jack Cunningham n. e. Roman von Ernest Haycox. K: Victor Milner. M: Sigmund Krumgold, John Leipold. D: Joel McCrea, Barbara Stanwyck, Akim Tamiroff, Robert Preston, Brian Donlevy, Anthony Quinn.

1940
ARIZONA (Arizona)
R: Wesley Ruggles. B: Claude Binyon n. e. Story von Clarence Budington Kelland. K: Joseph Walker. M: Victor Young. D: Jean Arthur, William Holden, Warren Williams, Porter Hall.

BRIGHAM YOUNG – FRONTIERSMAN (Treck nach Utah)
R: Henry Hathaway. B: Lamar Trotti n. e. Story von Louis Bromfield. K: Arthur Miller. M: Alfred Newman. D: Dean Jagger, Brian Donlevy, Tyrone Power, Linda Darnell, John Carradine.

NORTHWEST PASSAGE (Nordwest-Passage)
R: King Vidor. B: Laurence Stallings, Talbot Jennings n.d. Roman von Kenneth Roberts. K: Sidney Wagner, William V. Skall. M: Herbert Stothart. D: Spencer Tracy, Robert Young, Ruth Hussey, Walter Brennan.

THE OUTLAW (Geächtet)
R: Howard Hughes (beg. von Howard Hawks). B: Jules Furthman n. e. Story von Ben Hecht. K: Gregg Toland. M: Victor Young. D: Jane Russell, Jack Buetel, Walter Huston, Thomas Mitchell.

THE RETURN OF FRANK JAMES (Rache für Jesse James)
R: Fritz Lang. B: Sam Hellman. K: George Barnes, William V. Skall. M: David Buttolph. D: Henry Fonda, Gene Tierney, Jackie Cooper, Henry Hull, John Carradine.

SANTA FE TRAIL (Land der Gottlosen)
R: Michael Curtiz. B: Robert Buckner. K: Sol Polito. M: Max Steiner. D: Errol Flynn, Olivia de Havilland, Ronald Reagan, Raymond Massey, Van Heflin.

VIRGINIA CITY (Goldschmuggel nach Virginia)
R: Michael Curtiz. B: Robert Buckner. K: Sol Polito. M: Max Steiner. D: Errol Flynn, Randolph Scott, Humphrey Bogart, Miriam Hopkins, Alan Hale.

THE WESTERNER (Der Westerner/In die Falle gelockt)
R: William Wyler. B: Jo Swerling, Niven Busch n. e. Story von Stuart N. Lake. K: Gregg Toland, Archie Stout. M: Dimitri Tiomkin, Alfred Newman. D: Gary Cooper, Walter Brennan, Doris Davenport, Fred Stone.

1941
TEXAS (Flucht nach Texas)
R: George Marshall. B: Horace McCoy, Lewis Meltzer, Michael Blankfort n. e. Story von Michael Blankfort und Lewis Meltzer. K: George Meehan. M: M. W. Stoloff. D: William Holden, Glenn Ford, Claire Trevor, George Bancroft, Edgar Buchanan.

THEY DIED WITH THEIR BOOTS ON (Sein letztes Kommando)
R: Raoul Walsh. B: Wally Kline, Aeneas MacKenzie. K: Bert Glennon. M: Max Steiner. D: Errol Flynn, Olivia de Havilland, Arthur Kennedy, Anthony Quinn.

WESTERN UNION (Western Union/Überfall der Ogallala)
R: Fritz Lang. B: Robert Carson n. d. Roman von Zane Grey. K: Edward Cronjager, Allen M. Davey. M: David Buttolph. D: Robert Young, Randolph Scott, Dean Jagger, Virginia Gilmore, John Carradine.

1943
THE OX-BOW INCIDENT (Ritt zum Ox-Bow)
R: William A. Wellman. B: Lamar Trotti n. d. Roman von Walter Van Tilburg Clark. K: Arthur Miller. M: Cyril Mockridge. D: Henry Fonda, Dana Andrews, Anthony Quinn, Jane Darwell, Francis Ford.

1944
BUFFALO BILL (Buffalo Bill, der weiße Indianer)
R: William A. Wellman. B: Aeneas MacKenzie, Clements Ripley, Cecile Cramer n. e. Story von Frank Winch. K: Leon Shamroy. M: Emil Newman. D: Joel McCrea, Maureen O'Hara, Linda Darnell, Thomas Mitchell, Anthony Quinn.

1946
DUEL IN THE SUN (Duell in der Sonne)
R: King Vidor (Mitarbeit: Otto Brower, Sidney Franklin, William Cameron Menzies, William Dieterle, Josef von Sternberg). B: David O. Selznick, Oliver H. P. Garrett n. d. Roman von Niven Busch. K: Lee Garmes, Hal Rosson, Ray Rennahan. M: Dimitri Tiomkin. D: Jennifer Jones, Joseph Cotten, Gregory Peck, Lionel Barrymore, Lillian Gish, Herbert Marshall, Charles Bickford, Walter Huston.

MY DARLING CLEMENTINE (Tombstone/Faustrecht der Prärie)
R: John Ford. B: Samuel G. Engel, Winston Miller n. d. Dokumentarbericht «Wyatt Earp, Frontier Marshall» von Stuart N. Lake. K: Joe MacDonald. M: Cyril J. Mockridge. D: Henry Fonda, Linda Darnell, Victor Mature, Walter Brennan, Tim Holt, Ward Bond.

1947
UNCONQUERED (Die Unbesiegten)
R: Cecil B. DeMille. B: Charles Bennett, Fredric M. Frank, Jesse Lasky jr. n. d. Roman von Neil H. Swanson. K: Ray Rennahan. M: Victor Young. D: Gary Cooper, Paulette Goddard, Howard Da Silva, Boris Karloff, Ward Bond.

1948

FORT APACHE (Bis zum letzten Mann)
R: John Ford. B: Frank S. Nugent n.
d. Erzählung «Massacre» von James
Warner Bellah. K: Archie Stout. M:
Richard Hageman. D: John Wayne,
Henry Fonda, John Agar, Ward Bond,
Shirley Temple, George O'Brien, Victor McLaglen, Pedro Armendariz.

RED RIVER (Red River/Panik am roten Fluß)
R: Howard Hawks. B: Borden Chase,
Charles Schnee. K: Russell Harlan. M:
Dimitri Tiomkin. D: John Wayne,
Montgomery Clift, Joanne Dru, Walter Brennan, John Ireland.

THREE GODFATHERS (Spuren im Sand)
R: John Ford. B: Laurence Stallings,
Frank S. Nugent n. d. Erzählung von
Peter B. Kyne. K: Winton C. Hoch.
M: Richard Hageman. D: John Wayne, Pedro Armendariz, Harry Carey
jr., Ward Bond.

1949

SHE WORE A YELLOW RIBBON (Der
Teufelshauptmann)
R: John Ford. B: Frank S. Nugent,
Laurence Stallings n. d. Erzählung
«War Party» von James Warner Bellah. K: Winton C. Hoch, Charles P.
Boyle. M: Richard Hageman. D: John
Wayne, Joanne Dru, John Agar, Ben
Johnson, Harry Carey jr., Victor
McLaglen.

1950

BROKEN ARROW (Der gebrochene
Pfeil)
R: Delmer Daves. B: Michael Blankfort n. d. Roman «Blood Brother» von
Elliott Arnold. K: Ernest Palmer. M:
Hugo Friedhofer. D: James Stewart,
Jeff Chandler, Debra Paget, Basil
Ruysdael, Will Geer.

THE DEVIL'S DOORWAY (Fluch des
Blutes)
R: Anthony Mann. B: Guy Trosper.
K: John Alton. M: Daniele Amfitheatrof. D: Robert Taylor, Louis Calhern,
Paula Raymond, Marshall Thompson.

THE GUNFIGHTER (Der Scharfschütze/
Scharfschütze Jimmy Ringo)
R: Henry King. B: William Bowers,
William Sellers n. e. Story von William
Bowers und André De Toth. K: Arthur Miller. M: Alfred Newman. D:
Gregory Peck, Helen Westcott, Millard Mitchell, Jean Parker, Mae
Marsh, Karl Malden, Richard Jaeckel.

RIO GRANDE (Rio Grande)
R: John Ford. B: James Kevin McGuiness n. d. Erzählung «Mission With No
Record» von James Warner Bellah. K:
Bert Glennon, Archie Stout. M: Victor Young. D: John Wayne, Maureen
O'Hara, Claude Jarman jr., Ben Johnson, Harry Carey jr., J. Carrol Naish,
Victor McLaglen.

WAGONMASTER
R: John Ford. B: Frank S. Nugent, Patrick Ford. K: Bert Glennon, Archie
Stout. M: Richard Hageman. D: Ben
Johnson, Harry Carey jr., Joanne
Dru, Ward Bond, Charles Kemper.

WINCHESTER '73 (Winchester '73)
R: Anthony Mann. B: Robert L. Richards, Borden Chase n. e. Story von
Stuart N. Lake. K: William Daniels.
M: Joseph Gershenson. D: James
Stewart, Shelley Winters, Dan Duryea, Stephen McNally.

1951
ACROSS THE WIDE MISSOURI (Colorado)
R: William A. Wellman. B: Talbot Jennings, Frank Cavett. K: William Mellor. M: David Raksin. D: Clark Gable, Ricardo Montalban, John Hodiak, Adolphe Menjou.

VIVA ZAPATA (Viva Zapata)
R: Elia Kazan. B: John Steinbeck. K: Joe MacDonald. M: Alex North. D: Marlon Brando, Jean Peters, Anthony Quinn.

1952
BEND OF THE RIVER (Meuterei am Schlangenfluß)
R: Anthony Mann. B: Borden Chase. K: Irving Glassberg. M: Hans J. Salter. D: James Stewart, Arthur Kennedy, Julia Adams, Rock Hudson, Jay C. Flippen.

THE BIG SKY (Weiter Himmel/Das Geheimnis der Indianerin/Flußpiraten am Missouri)
R: Howard Hawks. B: Dudley Nichols n. d. Roman von A. B. Guthrie jr. K: Russell Harlan. M: Dimitri Tiomkin. D: Kirk Douglas, Dewey Martin, Elizabeth Threatt, Arthur Hunnicutt, Buddy Bear.

HIGH NOON (Zwölf Uhr mittags)
R: Fred Zinnemann. B: Carl Foreman n. d. Erzählung «The Tin Star» von John W. Cunningham. K: Floyd Crosby. M: Dimitri Tiomkin. D: Gary Cooper, Grace Kelly, Lloyd Bridges, Katy Jurado, Thomas Mitchell.

THE NAKED SPUR (Nackte Gewalt)
R: Anthony Mann. B: Sam Rolfe, Harold Jack Bloom. K: William Mellor. M: Bronislau Kaper. D: James Stewart, Robert Ryan, Janet Leigh, Ralph Meeker.

THE OUTCASTS OF POKER FLAT (Die Frau des Banditen)
R: Joseph M. Newman. B: Edmund H. North n. d. Erzählung von Bret Harte. K: Joseph La Shelle. M: Lionel Newman. D: Anne Baxter, Dale Robertson, Miriam Hopkins, Cameron Mitchell, Craig Hill.

RANCHO NOTORIOUS (Engel der Gejagten)
R: Fritz Lang. B: Daniel Taradash. K: Hal Mohr. M: Emil Newman. D: Marlene Dietrich, Arthur Kennedy, Mel Ferrer.

SHANE (Mein großer Freund Shane)
R: George Stevens. B: A. B. Guthrie jr., Jack Sher n. d. Roman von Jack Schaefer. K: Loyal Griggs. M: Victor Young. D: Alan Ladd, Jean Arthur, Van Heflin, Brandon De Wilde, Jack Palance, Ben Johnson.

1953
JOHNNY GUITAR (Johnny Guitar/Wenn Frauen hassen)
R: Nicholas Ray. B: Philip Yordan n. d. Roman von Roy Chanslor. K: Harry Stradling. M: Victor Young. D: Joan Crawford, Sterling Hayden, Mercedes McCambridge, Scott Brady, Ward Bond, Ben Cooper, Ernest Borgnine.

RIDE VACQUERO (Terror der Gesetzlosen/Verwegene Gegner)
R: John Farrow. B: Frank Fenton. K: Robert Surtees. M: Bronislau Kaper. D: Anthony Quinn, Robert Taylor, Ava Gardner, Howard Keel.

SEMINOLE (Seminola)
R: Budd Boetticher. B: Charles K. Peck jr. K: Russell Metty. M: Joseph Gershenson. D: Rock Hudson, Anthony Quinn, Richard Carlson, Barbara Hale.

THE WOMAN THEY ALMOST LYNCHED
(Am Tode vorbei)
R: Allan Dwan. B: Steve Fisher n. e.
Story von Michael Fessier. K: Reggie
Lanning. M: Stanley Wilson. D: John
Lund, Brian Donlevy, Audrey Totter,
Joan Leslie, Reed Hadley.

1954
APACHE (Der große Apache/Massai)
R: Robert Aldrich. B: James R. Webb
n. d. Roman «Bronco Apache» von
Paul I. Wellman. K: Ernest Laszlo. M:
David Raksin. D: Burt Lancaster,
Jean Peters, John McIntire, Charles
Buchinsky (= Charles Bronson), John
Dehner.

BAD DAY AT BLACK ROCK (Stadt in
Angst)
R: John Sturges. B: Millard Kaufman
n. e. Story von Howard Breslin. K:
William C. Mellor. M: André Previn.
D: Spencer Tracy, Robert Ryan, Anne
Francis, Dean Jagger, Walter Bren-
nan, Ernest Borgnine.

BROKEN LANCE (Die gebrochene
Lanze/Arizona)
R: Edward Dmytryk. B: Richard Mur-
phy. K: Joe MacDonald. M: Leigh
Harline. D: Spencer Tracy, Robert
Wagner, Jean Peters, Richard Wid-
mark, Katy Jurado.

THE FAR COUNTRY (Über den Todes-
paß)
R: Anthony Mann. B: Borden Chase.
K: William Daniels. M: Joseph Gershenson. D: James Stewart, Ruth Roman, Corinne Calvet, Walter Brennan, John McIntire, Jay C. Flippen.

GARDEN OF EVIL (Der Garten des
Bösen)
R: Henry Hathaway. B: Frank Fenton
n. e. Story von Fred Freiberger und
William Tunberg. K: Milton Krasner,
Jorge Stahl jr. M: Bernard Hermann.
D: Gary Cooper, Richard Widmark,
Cameron Mitchell, Susan Hayward,
Victor Manuel Mendoza.

RIVER OF NO RETURN (Fluß ohne Wie-
derkehr)
R: Otto Preminger. B: Frank Fenton
n. e. Story von Louis Lantz. K: Joseph
La Shelle. M: Cyril Mockridge. D: Ro-
bert Mitchum, Marilyn Monroe, Rory
Calhoun, Tommy Rettig, Murvyn
Vye.

SILVER LODE (Stadt der Verdammten)
R: Allan Dwan. B: Karen DeWolfe.
K: John Alton. M: Louis Forbes. D:
John Payne, Dan Duryea, Lizabeth
Scott, Dolores Moran, Emile Meyer.

VERA CRUZ (Vera Cruz)
R: Robert Aldrich. B: Roland Kibee,
James R. Webb n. e. Story von Bor-
den Chase. K: Ernest Laszlo. M: Hugo
Friedhofer. D: Gary Cooper, Burt
Lancaster, Denise Darcel, Cesar Ro-
mero, George Macready, Ernest Bor-
gnine.

WHITE FEATHER (Die weiße Feder)
R: Robert Webb. B: Delmer Daves,
Leo Townsend n. e. Story von John
Prebble. K: Lucien Ballard. M: Hugo
Friedhofer. D: Robert Wagner, Jef-
frey Hunter, Debra Paget, Hugh
O'Brien, John Lund.

1955

JUBAL (Der Mann ohne Furcht)
R: Delmer Daves. B: Russell S.
Hughes, Delmer Daves n. d. Roman
«Jubal Troop» von Paul I. Wellman.
K: Charles Lawton jr. M: David Rak-
sin. D: Glenn Ford, Ernest Borgnine,
Rod Steiger, Valerie French, Felicia
Farr, Noah Beery jr.

THE LAST HUNT (Die letzte Jagd/Satan
im Sattel)
R: Richard Brooks. B: Richard
Brooks n. d. Roman von Milton Lott.
K: Russell Harlan. M: Daniele Amfi-
theatrof. D: Robert Taylor, Stewart
Granger, Lloyd Nolan, Debra Paget,
Russ Tamblyn.

THE MAN FROM LARAMIE (Der Mann
aus Laramie)
R: Anthony Mann. B: Philip Yordan,
Frank Burt n. e. Erzählung von Tho-
mas T. Flynn. K: Charles Lang. M:
George Duning. D: James Stewart,
Arthur Kennedy, Donald Crisp, Cathy
O'Donnell.

MAN WITH A GUN (Der Einzelgänger)
R: Richard Wilson. B: N. B. Stone,
Richard Wilson. K: Lee Garmes. M:
Lionel Newman. D: Robert Mitchum,
Jan Sterling, Karen Sharpe, Henry
Hull.

MAN WITHOUT A STAR (Mit stahlharter
Faust)
R: King Vidor. B: Borden Chase, D.
D. Beauchamp n. e. Roman von Dee
Linford. K: Russell Metty. M: Joseph
Gershenson. D: Kirk Douglas, Jeanne
Crain, Claire Trevor, William Camp-
bell, Jay C. Flippen, Richard Boone.

RUN FOR COVER (Im Schatten des Gal-
gens)
R: Nicholas Ray. B: Winston Miller n.
e. Story von Harriet Frank jr. und Irving Ravetch. K: Daniel Fapp. M:
Howard Jackson. D: James Cagney,
Viveca Lindfors, John Derek, Jean
Hersholt, Grant Withers, Ernest Borgnine.

TENNESSEE'S PARTNER (Todesfaust)
R: Allan Dwan. B: Allan Dwan, Milton Krims, D. D. Beauchamp, Gra-
ham Baker, Teddy Sherman n. d. Erzählung von Bret Harte. K: John Alton. M: Louis Forbes. D: John Payne,
Ronald Reagan, Rhonda Fleming, Co-
leen Gray, Leo Gordon.

THE VANISHING AMERICAN (Der letzte
Indianer)
R: Joe Kane. B: Alan LeMay n. d. Ro-
man von Zane Grey. K: John L. Rus-
sell. M: R. Dale Butts. D: Scott Bra-
dy, Audrey Totter, Forrest Tucker,
Gene Lockhart, Jim Davis, Lee van
Cleef.

WICHITA (Wichita)
R: Jacques Tourneur. B: Daniel B.
Ullmann. K: Harold Lipstein. M:
Hans J. Salter. D: Joel McCrea, Vera
Miles, Lloyd Bridges, Wallace Ford,
Edgar Buchanan, Peter Graves.

1956

BACKLASH (Das Geheimnis der fünf
Gräber)
R: John Sturges. B: Borden Chase n.
e. Roman von Frank Gruber. K: Irving Glassberg. M: Joseph Gershenson. D: Richard Widmark, Donna
Reed, William Campbell, John McIntire.

GREAT DAY IN THE MORNING (Skrupellos)
R: Jacques Tourneur. B: Lesser Samuels n. d. Roman von Robert Hardy Andrews. K: William Snyder. M: Leith Stevens. D: Robert Stack, Donald McDonald, Virginia Mayo, Ruth Roman.

THE LAST WAGON (Der letzte Wagen)
R: Delmer Daves. B: James Edward Grant, Delmer Daves, Gwen Bagni Gielgud n. e. Story von Gwen Bagni Gielgud. K: Wilfrid Cline. M: Lionel Newman. D: Richard Widmark, Felicia Farr, Susan Kohner, Tommy Rettig.

REPRISAL (Prärie-Banditen)
R: George Sherman. B: David P. Harmon, Raphael Hayes n. d. Roman von Arthur Gordon. K: Henry Freulich. M: Mischa Bakaleinikoff. D: Guy Madison, Felicia Farr, Kathryn Grant, Michael Pate.

RUN OF THE ARROW (Hölle der tausend Martern)
R: Samuel Fuller. B: Samuel Fuller. K: Joseph Biroc. M: Victor Young. D: Rod Steiger, Sarita Montiel, Brian Keith, Ralph Meeker, Jay C. Flippen, Charles Bronson.

THE SEARCHERS (Der schwarze Falke)
R: John Ford. B: Frank S. Nugent n. d. Roman «The Search» von Alan LeMay. K: Winton C. Hoch. M: Max Steiner. D: John Wayne, Jeffrey Hunter, Vera Miles, Ward Bond, Natalie Wood.

SEVEN MEN FROM NOW (Der siebente ist dran)
R: Budd Boetticher. B: Burt Kennedy. K: William H. Clothier. M: Henry Vars. D: Randolph Scott, Gail Russell, Lee Marvin, Walter Reed, Donald Barry.

3 : I0 TO YUMA (Zähl bis drei und bete)
R: Delmer Daves. B: Halsted Welles n. e. Story von Elmore Leonard. K: Charles Lawton jr. M: George Duning. D: Glenn Ford, Van Heflin, Felicia Farr, Leora Dana, Richard Jaeckel.

THE TRUE STORY OF JESSE JAMES (Rächer der Enterbten)
R: Nicholas Ray. B: Walter Newman. K: Joe MacDonald. M: Leigh Harline. D: Robert Wagner, Jeffrey Hunter, Hope Lange, Agnes Moorehead, Alan Hale.

1957
COWBOY (Cowboy)
R: Delmer Daves. B: Edmund H. North n. d. Autobiographie «My Reminiscenses as a Cowboy» von Frank Harris. K: Charles Lawton jr. M: George Duning. D: Jack Lemmon, Brian Donlevy, Glenn Ford, Anna Kashfi, Dick York.

DECISION AT SUNDOWN (Fahrkarte ins Jenseits)
R: Budd Boetticher. B: Charles Lang n. e. Story von Vernon L. Fluharty. K: Burnett Guffey. M: Heinz Roemheld. D: Randolph Scott, John Carroll, Karen Steele, Valerie French, Noah Beery jr.

FORTY GUNS (Vierzig Gewehre)
R: Samuel Fuller. B: Samuel Fuller.
K: Joseph Biroc. M: Harry Sukman.
D: Barbara Stanwyck, Barry Sullivan,
Dean Jagger, John Ericson, Gene
Barry.

GUNFIGHT AT THE OK CORRAL (Zwei
rechnen ab)
R: John Sturges. B: Leon Uris n. e.
Artikel von George Scullin. K:
Charles Lang jr. M: Dimitri Tiomkin.
D: Burt Lancaster, Kirk Douglas,
Rhonda Fleming, Jo Van Fleet, John
Ireland.

THE TALL T (Um Kopf und Kragen)
R: Budd Boetticher. B: Burt Kennedy
n. e. Story von Elmore Leonard. K:
Charles Lawton jr. M: Mischa Baka-
leinikoff. D: Randolph Scott, Richard
Boone, Maureen O'Sullivan, Arthur
Hunnicutt, Skip Homeier.

THE TIN STAR (Der Stern des Ge-
setzes)
R: Anthony Mann. B: Dudley Ni-
chols. K: Loyal Griggs. M: Elmer
Bernstein. D: Henry Fonda, Anthony
Perkins, Betsy Palmer, Michael Ray,
Neville Brand.

1958
THE BIG COUNTRY (Weites Land)
R: William Wyler. B: James R. Webb,
Sy Bartlett, Robert Wilder, Jessamyn
West n. d. Roman «Ambush at Blanco
Canyon» von Donald Hamilton. K:
Franz Planer. M: Jerome Morros. D:
Gregory Peck, Jean Simmons, Carroll
Baker, Charlton Heston, Burl Ives,
Charles Bickford, Chuck Connors, Al-
fonso Bedoya.

BUCHANAN RIDES ALONE (Sein Colt
war schneller)
R: Budd Boetticher. B: Charles Lang
n. d. Erzählung «The Name's Buchanan» von Jonas Ward. K: Lucien Ballard. D: Randolph Scott, Craig Stevens, Barry Kelley, Tol Avery.

GUNMAN'S WALK (Duell im Morgen-
grauen)
R: Phil Karlson. B: Frank Nugent n. e.
Erzählung von Ric Hardman. K:
Charles Lawton jr. M: George Du-
ning. D: Van Heflin, Tab Hunter, Ka-
thryn Grant, James Darren, Mickey
Shaughnessy.

THE LAST TRAIN FROM GUN-HILL (Der
letzte Zug von Gun-Hill)
R: John Sturges. B: James Poe. K:
Charles Lang. M: Dimitri Tiomkin. D:
Kirk Douglas, Anthony Quinn, Caro-
lyn Jones, Earl Holliman, Brad
Dexter.

THE LAW AND JAKE WADE (Der Schatz
des Gehenkten)
R: John Sturges. B: William Bowers n.
d. Roman von Marvin H. Albert. K:
Robert Surtees. D: Robert Taylor, Richard Widmark, Patricia Owens, Robert Middleton, Henry Silva.

THE LEFT HANDED GUN (Billy the Kid/
Einer muß dran glauben)
R: Arthur Penn. B: Leslie Stevens n.
d. Fernsehspiel «The Death of Billy
the Kid» von Gore Vidal. K: J. Pever-
ell. M: Alexander Courage. D: Paul
Newman, Lita Milan, John Dehner,
Hurt Hatfield.

MAN OF THE WEST (Der Mann aus dem Westen)
R: Anthony Mann. B: Reginald Rose n. d. Roman «The Border Jumpers» von Will C. Brown. K: Ernest Haller. M: Leigh Harline. D: Gary Cooper, Julie London, Lee J. Cobb, Arthur O'Conell.

RIO BRAVO (Rio Bravo)
R: Howard Hawks. B: Jules Furthman, Leigh Brackett n. e. Story von B. H. McCampbell. K: Russell Harlan. M: Dimitri Tiomkin. D: John Wayne, Dean Martin, Ricky Nelson, Angie Dickinson, Walter Brennan, Ward Bond, Pedro Gonzales-Gonzales.

1959
THE HANGING TREE (Der Galgenbaum/Rivalen am Gold River)
R: Delmer Daves. B: Wendell Mayes, Halsted Welles n. d. Roman von Dorothy M. Johnson. K: Ted McCord. M: Max Steiner. D: Gary Cooper, Maria Schell, Karl Malden, Benn Piazza, George C. Scott.

THE HORSE SOLDIERS (Der letzte Befehl)
R: John Ford. B: John Lee Mahin, Martin Rackin n. d. Roman von Harold Sinclair. K: William H. Clothier. M: David Buttolph. D: John Wayne, William Holden, Constance Towers, Althea Gibson, Hoot Gibson, Anna Lee.

ONE-EYED JACKS (Der Besessene)
R: Marlon Brando. B: Guy Trosper, Calder Willingham n. d. Roman «The Authentic Death of Hendry Jones» von Charles Neider. K: Charles Lang jr. M: Hugo Friedhofer. D: Marlon Brando, Karl Malden, Katy Jurado, Pina Pellicer, Slim Pickens, Ben Johnson.

RIDE LONESOME (Auf eigene Faust)
R: Budd Boetticher. B: Burt Kennedy. K: Charles Lawton jr. M: Heinz Roemheld. D: Randolph Scott, Karen Steele, Pernell Roberts, Lee van Cleef.

WARLOCK (Warlock/Der Mann mit den goldenen Colts)
R: Edward Dmytryk. B: Robert Alan Arthur n. d. Roman von Oakley Hall. K: Joe MacDonald. M: Leigh Harline. D: Richard Widmark, Henry Fonda, Anthony Quinn, Dorothy Malone, Dolores Michaels, Wallace Ford.

WESTBOUND (Messer an der Kehle)
R: Budd Boetticher. B: Berne Giler, Albert Shelby LeVino. K: J. Peverell Marley. M: David Buttolph. D: Randolph Scott, Virginia Mayo, Karen Steele, Michael Dante.

1960
COMANCHE STATION (Einer gibt nicht auf)
R: Budd Boetticher. B: Burt Kennedy. K: Charles Lawton jr. M: Mischa Bakaleinikoff. D: Randolph Scott, Nancy Gates, Claude Akins, Skip Homeier, Richard Dust.

FLAMING STAR (Flammender Stern)
R: Don Siegel. B: Clair Huffaker, Nunnally Johnson n. e. Roman von Clair Huffaker. K: Charles C. Clarke. M: Cyril J. Mockridge. D: Elvis Presley, Dolores del Rio, Steve Forrest, John McIntire, Barbara Eden, Rodolfo Acosta.

THE MAGNIFICENT SEVEN (Die glorreichen Sieben)
R: John Sturges. B: William Roberts, Walter Newman n. d. Film «Shichinin no samurai» von Akira Kurosawa. K: Charles Lang jr. M: Elmer Bernstein. D: Yul Brynner, Eli Wallach, Steve McQeen, Horst Buchholz, Charles Bronson, Robert Vaughn, Brad Dexter, James Coburn.

SERGEANT RUTLEDGE (Mit einem Fuß in der Hölle)
R: John Ford. B: Willis Goldbeck, James Warner Bellah. K: Bert Glennon. M: Howard Jackson. D: Woody Strode, Jeffrey Hunter, Constance Towers.

THE UNFORGIVEN (Denen man nicht vergibt)
R: John Huston. B: Ben Maddow n. d. Roman von Alan LeMay. K: Franz Planer. M: Dimitri Tiomkin. D: Burt Lancaster, Audrey Hepburn, Audie Murphy, John Saxon, Charles Bickford, Albert Salmi, Lillian Gish, Carlos Rivas.

1962
THE COMANCHEROS (Die Comancheros)
R: Michael Curtiz. B: James Edward Grant, Clair Huffaker n. d. Roman von Paul I. Wellman. K: William H. Clothier. M: Elmer Bernstein. D: John Wayne, Stuart Whitman, Ina Balin, Nehemiah Persoff, Lee Marvin.

THE MAN WHO SHOT LIBERTY VALANCE (Der Mann, der Liberty Valance erschoß)
R: John Ford. B: James Warner Bellah, Willis Goldbeck n. e. Erzählung von Dorothy M. Johnson. K: William H. Clothier. M: Cyril J. Mockridge. D: James Stewart, John Wayne, Vera Miles, Lee Marvin, Edmund O'Brien, Andy Devine, John Carradine.

RIDE THE HIGH COUNTRY (Sacramento)
R: Sam Peckinpah. B: N. B. Stone jr. K: Lucien Ballard. M: George Bassman. D: Randolph Scott, Joel McCrea, Ronald Starr, Marietta Hartley, James Drury.

1963
A DISTANT TRUMPET (Die blaue Eskadron)
R: Raoul Walsh. B: John Twist n. d. Roman von Paul Horgan. K: William H. Clothier. M: Max Steiner. D: Troy Donahue, Suzanne Pleshette, James Gregory, Diane McBain.

1964
CHEYENNE AUTUMN (Cheyenne)
R: John Ford. B: James R. Webb n. d. Buch von Mari Sandoz. K: William H. Clothier. M: Alex North. D: Richard Widmark, Carroll Baker, James Stewart, Edward G. Robinson, Karl Malden, Sal Mineo, Dolores Del Rio.

INVITATION TO A GUNFIGHTER (Treffpunkt für zwei Pistolen)
R: Richard Wilson. B: Elizabeth und Richard Wilson n. e. Story von Hal Goodman und Larry Klein. K: Joe MacDonald. M: David Raksin. D: Yul Brynner, George Segal, Janice Rule, Brad Dexter, Alfred Ryder.

PER UN PUGNO DI DOLLARI (Für eine Handvoll Dollar)
R: Sergio Leone. B: Sergio Leone, Duccio Tessari n. d. Film «Yojimbo» von Akira Kurosawa. K: Massimo Dallamano. M: Ennio Morricone. D: Clint Eastwood, Marianne Koch, Gian Maria Volonté, Sieghardt Rupp.

1965
PER QUALCHE DOLLARI IN PIÙ (Für ein paar Dollar mehr)
R: Sergio Leone. B: Sergio Leone, Luciano Vencenzoni. K: Massimo Dallamano. M: Ennio Morricone. D: Clint Eastwood, Lee van Cleef, Gian Maria Volonté, Klaus Kinski, Josef Egger.

IL RITORNO DI RINGO (Ringo kommt zurück)
R: Duccio Tessari. B: Duccio Tessari, Fernando Di Leo. K: Francisco Marin. M: Ennio Morricone. D: Giuliano Gemma, Fernando Sancho, Hally Hammond, Nieves Navarro.

UNA PISTOLA PER RINGO (Eine Pistole für Ringo)
R: Duccio Tessari. B: Duccio Tessari. K: Francisco Marin. M: Ennio Morricone. D: Giuliano Gemma, Fernando Sancho, Hally Hammond, Nieves Navarro.

1966
IL BUONO, IL BRUTTO, IL CATTIVO (Zwei glorreiche Halunken)
R: Sergio Leone. B: Age & Scarpelli, Luciano Vicenzano, Sergio Leone n. e. Idee von Luciano Vicenzano und Sergio Leone. K: Tonio Delli Colli. M: Ennio Morricone. D: Clint Eastwood, Lee van Cleef, Eli Wallach, Aldo Giuffrè.

CUSTER OF THE WEST (Ein Tag zum Kämpfen)
R: Robert Siodmak. B: Bernard Gordon, Julian Halevy. K: Kurt Herrnfeld. M: Bernardo Segall. D: Robert Shaw, Mary Ure, Jeffrey Hunter, Ty Hardin, Robert Ryan.

DJANGO (Django)
R: Sergio Corbucci. B: Franco Rossetti, José G. Maesso, Piero Vivarelli. K: Enzo Barboni. M: Luis Enrique Bacalov. D: Franco Nero, Loredana Nusciak, José Bodalo, Angel Alvarez.

EL DORADO (El Dorado)
R: Howard Hawks. B: Leigh Brackett n. d. Roman «The Stars in their Courses» von Harry Brown. K: Harold Rosson. M: Nelson Riddle. D: John Wayne, Robert Mitchum, James Caan, Charlene Holt, Michele Carey.

HOMBRE (Man nannte ihn Hombre)
R: Martin Ritt. B: Irving Ravetch, Harriet Frank jr. n. d. Roman von Elmore Leonard. M: David Rose. D: Paul Newman, Frederic March, Richard Boone, Diane Cilento, Cameron Mitchell, Barbara Rush.

THE PROFESSIONALS (Die gefürchteten Vier)
R: Richard Brooks. B: Richard Brooks n. d. Roman «A Mule For the Marquesa» von Frank O'Rourke. K: Conrad Hall. M: Maurice Jarre. D: Burt Lancaster, Lee Marvin, Robert Ryan, Woody Strode, Claudia Cardinale, Jack Palance, Ralph Bellamy.

LA RESA DEI CONTI (Der Gehetzte der Sierra Madre)
R: Sergio Sollima. B: Sergio Donati, Sergio Sollima. K: Carlo Carlini. M: Riz Ortolani. D: Tomas Milian, Lee van Cleef, Walter Barnes, Raf Baldassare, Fernando Sancho.

RIDE IN THE WHIRLWIND (Ritt im Wirbelwind)
R: Monte Hellman. B: Jack Nicholson. K: Gregory Sandor. M: Robert Drasnin. D: Cameron Mitchell, Jack Nicholson, Millie Perkins, Tom Filer, Katherine Squire.

THE SHOOTING (Das Schießen)
R: Monte Hellman. B: Adrian Joyce. K: Gregory Sandor. M: Richard Markowitz. D: Warren Oates, Will Hutchins, Millie Perkins, Jack Nicholson, B. J. Merholz.

1967
FACCIA A FACCIA (Von Angesicht zu Angesicht)
R: Sergio Sollima. B: Sergio Donati, Sergio Sollima. K: Rafael Pacheco. M: Ennio Morricone. D: Tomas Milian, Brad Fletcher, William Berger, Lydia Alfonsi.

FIRECREEK (Die fünf Vogelfreien)
R: Vincent McEveety. B: Calvin Clements. K: William H. Clothier. M: Alfred Newman. D: James Stewart, Henry Fonda, Gary Lockwood, Dean Jagger.

HOUR OF THE GUN (Die fünf Geächteten)
R: John Sturges. B: Edward Anhalt. K: Lucien Ballard. M: Jerry Goldsmith. D: James Garner, Jason Robards, Robert Ryan, Frank Converse.

THE SCALPHUNTERS (Mit eisernen Fäusten)
R: Sidney Pollack. B: William Norton. K: Duke Callaghan, Kevin Moore. M: Elmer Bernstein. D: Burt Lancaster, Ossie Davis, Telly Savalas, Shelley Winters, Armando Silvestre.

1968
C'ERA UNA VOLTA IL WEST (Spiel mir das Lied vom Tod)
R: Sergio Leone. B: Sergio Leone, Sergio Donati n. e. Story von Dario Argento, Bernardo Bertolucci und Sergio Leone. K: Tonino Delli Colli. M: Ennio Morricone. D: Henry Fonda, Claudia Cardinale, Jason Robards, Charles Bronson, Frank Wolff, Gabriele Ferzetti.

IL GRANDE SILENZIO (Leichen pflastern seinen Weg)
R: Sergio Corbucci. B: Sergio Corbucci, Mario Amendola, Vittoriani Petrilli, Bruno Corbucci. K: Silvano Ippoliti. M: Ennio Morricone. D: Jean-Louis Trintignant, Frank Wolff, Klaus Kinski, Vonetta McGee, Luigi Pistilli.

HUNDRED RIFLES (100 Gewehre)
R: Tom Gries. B: Clair Huffaker, Tom Gries n. e. Roman von Robert MacLeod. K: Cecilio Paniagua. M: Jerry Goldsmith. D: Jim Brown, Racquel Welch, Burt Reynolds, Fernando Lamas.

IL MERCENARIO (Mercenario – der Gefürchtete)
R: Sergio Corbucci. B: Luciano Vincenzoni, Sergio Spina, Adriano Bolzoni, Giorgio Alorio, Sergio Corbucci. K: Alejandro Ulloa. M: Ennio Morricone, Bruno Nicolai. D: Franco Nero, Tony Musante, Jack Palance, Giovanni Ralli.

IL QUATTRO DELL'AVE MARIA (Vier für ein Ave Maria)
R: Giuseppe Colizzi. B: Giuseppe Colizzi. K: Marcello Masciocchi. M: Carlo Rustichelli. D: Terence Hill, Bud Spencer, Eli Wallach, Brock Peters.

SHALAKO (Shalako)
R: Edward Dmytryk. B: J. J. Griffith, Hal Hopper, Scot Finch n. d. Roman von Louis L'Amour. K: Ted Moore. M: Robert Farnon. D: Sean Connery, Brigitte Bardot, Stephen Boyd, Jack Hawkins, Peter van Eyck, Woody Strode.

TRUE GRITT (Der Marshal)
R: Henry Hathaway. B: Marguerite Roberts n. d. Roman von Charles Portis. K: Lucien Ballard. M: Elmer Bernstein. D: John Wayne, Kim Darby, Glen Campbell, Jeremy Slate, Robert Duvall, Dennis Hopper.

VIVI O PREFERIBILIMENTE MORTI (Friß oder stirb)
R: Duccio Tessari. B: Giorgio Salvioni, Duccio Tessari n. e. Story von Ennio Flaiano. K: Cesare Allione, Manolo Rocas. M: Gianni Ferrio. D: Giuliano Gemma, Nino Benvenuti, Sydne Rome, Chris Huerta.

THE WILD BUNCH (The Wild Bunch – Sie kannten kein Gesetz)
R: Sam Peckinpah. B: Walon Green, Sam Peckinpah n. e. Story von Walon Green und Roy N. Sickner. K: Lucien Ballard. M: Jerry Fielding. D: William Holden, Ernest Borgnine, Robert Ryan, Edmund O'Brien, Warren Oates, Jaime Sanchez, Ben Johnson, Strother Martin.

1970
A GUNFIGHT (. . . die von der Kugel leben – die durch die Kugel sterben)
R: Lamont Johnson. B: Harold Jack Bloom. K: David M. Walsh. M: Laurence Rosenthal. D: Kirk Douglas, Johnny Cash, Jane Alexander, Raf Vallone, Karen Black.

LITTLE BIG MAN (Little Big Man)
R: Arthur Penn. B: Calder Willingham n. d. Roman von Thomas Berger. K: Harry Stradling jr. M: John Hammond. D: Dustin Hoffman, Faye Dunaway, Martin Balsam, Richard Mulligan, Chief Dan George.

1969
BUTCH CASSIDY AND THE SUNDANCE KID (Butch Cassidy und Sundance Kid/Zwei Banditen)
R: George Roy Hill. B: William Goldman. K: Conrad Hall. M: Burt Bacherach. D: Paul Newman, Robert Redford, Katharine Ross, Strother Martin, Henry Jones.

LA COLLINA DEGLI STIVALI (Hügel der blutigen Stiefel)
R: Giuseppe Colizzi. B: Giuseppe Colizzi. K: Marcello Masciocchi. M: Carlo Rustichelli. D: Terence Hill, Bud Spencer, Woody Strode, Victor Buono, Lionel Stander, Eli Wallach.

CORRI, UOMO, CORRI (Lauf um dein Leben)
R: Sergio Sollima. B: Sergio Sollima, Pompeo De Angelis. K: Guglielmo Mancori. M: Ennio Morricone. D: Tomas Milian, John Ireland, Donald O'Brien, Linda Veras.

TELL THEM WILLIE BOY IS HERE (Blutige Spur)
R: Abraham Polonsky. B: Abraham Polonsky n. d. Roman «Willie Boy» von Harry Lawton. K: Conrad Hall. M: Dave Grusin. D: Robert Redford, Katharine Ross, Robert Blake, Susan Clark, Barry Sullivan.

A Time for Dying (Zeit zum Sterben)
R: Budd Boetticher. B: Budd Boetticher. K: Lucien Ballard. M: Harry Betts. D: Richard Lapp, Anne Randall, Bob Random, Victor Jory, Audie Murphy.

Lo chiamavano trinita (Die rechte und die linke Hand des Teufels)
R: E. B. Clucher. B: E. B. Clucher. K: Aldo Giordani. M: Franco Micalizzi. D: Terence Hill, Bud Spencer, Farley Granger, Steffen Zacharias.

McCabe and Mrs. Miller (McCabe & Mrs. Miller)
R: Robert Altman. B: Robert Altman, Brian McKay n. d. Roman «McCabe» von Edmund Naughton. K: Vilmos Zsigmond. M: Leonard Cohen. D: Warren Beatty, Julie Christie, Rene Auberjonois, Shelley Duvall, Michael Murphy.

Rio Lobo (Rio Lobo)
R: Howard Hawks. B: Burton Wohl, Leigh Brackett n. e. Story von Burton Wohl. K: William H. Clothier. M: Jerry Goldsmith. D: John Wayne, Jorge Rivero, Jennifer O'Neill, Jack Elam, Chris Mitchum.

Soldier Blue (Das Wiegenlied vom Totschlag)
R: Ralph Nelson. B: John Gay n. d. Roman «Arrow in the Sun» von Theodore V. Olsen. K: Robert Hauser. M: Roy Budd. D: Candice Bergen, Peter Strauss, Donald Pleasance, Jorge Rivero.

Valdez is Coming (Valdez)
R: Edwin Sherrin. B: Roland Kibbee, David Rayfiel n. d. Roman von Elmore Leonard. K: Gabor Pogany. M: Charles Gross. D: Burt Lancaster, Susan Clark, Jon Cypher, Barton Heyman.

Vamos a matar, companeros (Laßt uns töten, Companeros)
R: Sergio Corbucci. B: Dino Maiuri, Massimo De Rita, Fritz Ebert, Sergio Corbucci. K: Alejandro Ulloa. M: Ennio Morricone. D: Franco Nero, Tomas Milian, Jack Palance, Fernando Rey, Iris Berben, Karin Schubert.

1971
Billy Jack (Billy Jack)
R: Tom Laughlin. B: Tom Laughlin, Delores Taylor. K: Fred Koenekamp, John Stephens. M: Mundell Lowe. D: Tom Laughlin, Delores Taylor, Clark Howat, Bert Freed.

Buck and the Preacher (Der Weg der Verdammten)
R: Sidney Poitier. B: Ernest Kinoy. K: Alex Phillips. M: Benny Carter. D: Sidney Poitier, Harry Belafonte, Ruby Dee, Cameron Mitchell, Denny Miller.

Chato's Land (Chatos Land)
R: Michael Winner. B: Gerald Wilson. K: Robert Paynter. M: Jerry Fielding. D: Charles Bronson, Jack Palance, Richard Basehart, James Whitmore, Simon Oakland.

Continuavano a chiamarlo trinità (Vier Fäuste für ein Halleluja)
R: E. B. Clucher. B: E. B. Clucher. K: Aldo Giordani. M: Guido und Maurizio De Angelis. D: Terence Hill, Bud Spencer, Harry Carey jr., Jessica Dublin.

Doc (Doc)
R: Frank Perry. B: Pete Hamil K: Gerald Hirschfeld. D: Stacy Keach, Faye Dunaway, Harris Yulin, Mike Witney, Denver John Sollin.

GIÙ LA TESTA (Todesmelodie)
R: Sergio Leone. B: Luciano Vincenzoni, Sergio Donati, Sergio Leone. K: Giuseppe Ruzzolini, Franco Delli Colli. M: Ennio Morricone. D: Rod Steiger, James Coburn, Romolo Valli, Maria Monti.

1972
BAD COMPANY (In schlechter Gesellschaft)
R: Robert Benton. B: David Newman, Robert Benton. K: Gordon Willis. M: Harvey Schmidt. D: Jeff Bridges, Barry Brown, Jim Davis, David Huddleston.

ULZANA'S RAID (Keine Gnade für Ulzana)
R: Robert Aldrich. B: Alan Sharp. K: Joseph Biroc. M: Frank DeVol. D: Burt Lancaster, Bruce Davidson, Jorge Luke, Richard Jaeckel, Joaquin Martinez.

WHEN THE LEGENDS DIE (Die Legende vom Killer Tom)
R: Stuart Millar. B: Robert Dozier n. d. Roman von Hal Borland. K: Richard H. Kline. M: Lionel Newman. D: Richard Widmark, Frederic Forrest, Luana Anders, Vito Scotti, John War Eagle.

1973
ALIEN THUNDER (Ferner Donner)
R: Claude Fournier. B: George Malko, Claude Fournier, Marie-Jose Raymond. K: Claude Fournier. M: Georges Delerue. D: Donald Sutherland, Gordon Tootoosis, Chief Dan George, Kevin McCarthy.

IL MIO NOME È NESSUNO (Mein Name ist Nobody)
R: Tonino Valerii. B: Ernesto Gastaldi. K: Armando Nannuzzi. M: Ennio Morricone. D: Terence Hill, Henry Fonda, Jean Martin, Rainer Remus Peets, Piero Lulli.

KID BLUE (Kid Blue)
R: James Frawley. B: Edwin Shrake. K: Billy Williams. M: Tim McIntire, John Rubinstein. D: Dennis Hopper, Warren Oates, Peter Boyle, Ben Johnson, Lee Purcell, Janice Rule.

PAT GARRETT AND BILLY THE KID (Pat Garrett jagt Billy the Kid)
R: Sam Peckinpah. B: Rudolph Wurlitzer. K: John Coquillon. M: Bob Dylan. D: James Coburn, Kris Kristofferson, Bob Dylan, Richard Jaeckel, Katy Jurado, Chill Wills, Jason Robards.

VALDEZ IL MEZZOSANGUE (Wilde Pferde)
R: John Sturges. B: Dino Maiuri, Massimo De Rita, Clair Huffaker n. d. Roman «The Valdez Horses» von Lee Hoffman. K: Armando Nannuzzi. M: Guido u. Maurizio De Angelis. D: Charles Bronson, Jill Ireland, Vincent Van Patten, Marcel Bozzuffi.

1974
BLAZING SADDLES (Der wilde Wilde Westen/Is' was, Sheriff?)
R: Mel Brooks. B: Mel Brooks, Norman Steinberg, Andrew Bergman, Richard Pryor, Alan Uger. K: Joseph Biroc. M: John Morris. D: Cleavon Little, Gene Wilder, Slim Pickens, Harvey Korman, Madeline Kahn, Mel Brooks.

1975

THE MISSOURI BREAKS (Duell am Missouri)
R: Arthur Penn. B: Thomas McGuane. K: Michael Butler. M: John Williams. D: Marlon Brando, Jack Nicholson, Randy Quaid, Kathleen Lloyd.

WINTERHAWK (Winterhawk)
R: Charles B. Pierce. B: Charles B. Pierce. K: Jim Roberson. M: Lee Holdridge. D: Michael Dante, Leif Erickson, Woody Strode, Denver Pyle, Elisha Cook jr.

1976

BUFFALO BILL AND THE INDIANS, OR: SITTING BULL'S HISTORY LESSONS (Buffalo Bill und die Indianer)
R: Robert Altman. B: Alan Rudolph, Robert Altman n. d. Bühnenstück «Indians» von Arthur Kopit. K: Paul Lohmann. M: Richard Baskin. D: Paul Newman, Burt Lancaster, Joel Grey, Geraldine Chaplin.

THE SHOOTIST (The Shootist – Der Scharfschütze)
R: Don Siegel. B: Miles Hood Swarthout, Scott Hale n. d. Roman von Glendon Swarthout. K: Bruce Surtees. M: Elmer Bernstein. D: John Wayne, Lauren Bacall, Ron Howard, James Stewart, Richard Boone, Hugh O'Brien.

Verzeichnis der im Text zitierten Bücher und Zeitschriftenartikel.

Georg Alexander: Die gefürchteten Vier. In: «Film» Nr. 2. Velber 1967.

John Baxter: The Cinema of John Ford. London/New York 1971.

Jürgen Berger/Georg Seeßlen: Der Western. Schondorf 1980.

Gert Berghof u. a.: Der Western. Aachen o. J.

Peter Bogdanovich: John Ford. London 1968.

Eileen Bowser in: «Bianco e Nero». Sonderheft Griffith e Pastrone. Nr. 5/8. Rom 1975.

Sergio Corbucci in einem Gespräch mit Mario Devena. In: «Film» Nr. 5. Velber 1968.

Daniel Dohter: Die Drahtseilakte des John Ford. In: «Film-Korrespondenz» Nr. 10. Köln 1973.

Sergei Eisenstein: . . . und fand sich berühmt. Aufzeichnungen und Gedanken des großen Revolutionärs der Filmkunst. Wien/Düsseldorf 1968.

Franz Everschor/Klaus Lackschewitz/Heinz Ungureit: El Dorado. In: Dies.: Spielfilme im Deutschen Fernsehen 1974. Frankfurt 1974.

William K. Everson: A Pictorial History of the Western Film. Secaucus 1969.

Leslie A. Fiedler: Liebe, Sexualität und Tod. Berlin 1964.

Leslie A. Fiedler: The Return of the Vanishing American. New York 1968.

Julian Fox: William A. Wellman. In: «Films and Filming». November. London 1973.

Chris Frayling: Sergio Leone. In: «Cinema» Nr. 6/7. August. Beverly Hills 1970.

Klaus Hellwig: Union Pacific. In: «Filmkritik» Nr. 7. München 1965.

Joe Hembus: Western-Lexikon. München 1978.

Herbert Holba: Der Besessene. Tango im Death Valley. In: «Filmjournal F» Nr. 7. Ulm 1978.

Jim Kitses: Horizons West. London 1969.

Wolfram Knorr: Faszinierende Endspiele. Die kurze Karriere des Monte Hellman. In: «Zoom/Filmbeobachter» Nr. 15. Zürich/Bern 1975.

Theodor Kotulla: The Westerner. In: «Filmkritik» Nr. 7. München 1967.

Pierre Lachat: Der Italo-Western. Originalität und Abhängigkeit. In: «Cinema» Nr. 61. Adliswil 1970.

Don Miller: Hollywood Corral. New York 1976.

Jean Mitry: John Ford. Paris 1954.

Niels C. Nielsen: Vereinigte Staaten von Amerika. Nürnberg 1960.

Michael Parkinson/Clyde Jeavons: A Pictorial History of Westerns. London 1972.

Enno Patalas: Kommentierte Filmografie. In: Peter W. Jansen/Wolfram Schütte (Hg.): Fritz Lang. München 1976.

Enno Patalas: Stars – Geschichte der Filmidole. Frankfurt/Main 1967.

Hans Günther Pflaum: Wer baute das siebentorige Theben. Anmerkungen zu zwei Stummfilmen von John Ford. In: «Film-Korrespondenz» Nr. 3. Köln 1975.

Max Savelle: Die Vereinigten Staaten von Amerika. Von der Kolonie zur Weltmacht. München 1969.

Harry Schein: The Olympian Cowboy. In: «Amerikan Scholar» Nr. 24. o. O. 1955.

Peter Schmid: Sacramento. Arbeitshilfen des Arbeitszentrums Jugend Film Fernsehen. München o. J.

Georg Seeßlen: Western. In: Ders./Bernt Kling: Unterhaltung. Lexikon zur populären Kultur. Band 1. Reinbek 1977.

Georg Seeßlen/Claudius Weil: Ästhetik des erotischen Kinos. München 1978.

Heinrich Stammler: Amerika im Spiegel seiner Literatur. Stuttgart 1949.

Jon Tuska: The Filming of the West. Garden City/N. Y. 1976.

Alexander von Wechmar: Zwölf Uhr mittags – Höhepunkt der McCarthy-Zeit. In: «Filmbeobachter» Nr. 5. Frankfurt 1977.

Peter Wollen: Boetticher's World-View. In: Jim Kitses (Hg.): Budd Boetticher: The Western. London o. J. (1969).

Bibliografie zur Geschichte, Mythologie und Ästhetik des Western

(zusammengestellt von Jürgen Berger)

1. Selbständige Veröffentlichungen

Les Adams/Buck Rainey: Shoot-em-ups. The Complete Reference Guido to Westerns of the Sound Era. New Rochelle 1978.

Ramon F. Adams: Burs under the Saddle. A Second Look at Books and Histories of the West. Norman 1964.

Henri Agel (Hg.): Le Western. Paris 1961 (=Etudes Cinématographiques Nr. 12–13).

Henri Agel (Hg.): Le Western. Ergänzt durch Jean A. Gili: Evolution et renouveau du western (1962–1968). Paris 1969.

Georges-Albert Astre/Albert-Patrick Hoarau: Univers du Western. Les sources. Les structures. Les données permanentes. Les significations. Les fonctions. La mythologie. Les grandes epoques. Les grandes œuvres. L'evolution. Paris 1973

Gene Autry: Back in the Saddle. Garden City 1978.

Alan G. Barbour (Hg.): The «B» Western. Kew Gardens 1966.

Alan G. Barbour: Days of Thrill and Adventure. New York 1970.

Alan G. Barbour: Hit the Saddle. New York 1968.

Alan G. Barbour: Old Movies Nr. 1/Nr. 3/Nr. 5: The B-Western. New York 1969/1970/1970.

Alan G. Barbour: Screen Nostalgia Illustrated. Kew Garden 1975ff. (Bd. 1: A Poster Salute to B-Westerns. Part 1; Bd. 4: A B-Western Potpourri; Bd. 5: B-Western and Serial Pressbook Ads; Bd. 7: A Pictorial Salute to William Elliott; Bd. 10: B-Western Labby Cards; Bd. 12: A Poster Salute to B-Westerns. Part 2.)

Alan G. Barbour: The Serials of Republic. Kew Gardens 1965.

Alan G. Barbour: The Thrill of it all. New York 1971.

Alan G. Barbour: Western Favorites. New York 1971.

John Baxter: Stunt. London 1973.

John Baxter: The Cinema of John Ford. London/New York 1971.

André Bazin: Evolution du western. In: «Cahiers du Cinéma» Dezember. Paris 1955. Nachdruck in: Ders.: Qu'est-ce que le cinéma? Band 3: Cinéma et Sociologie. Paris 1961. Dtsch. Übersetzung in: Ders.: Was ist Kino? Bausteine zur Theorie des Films. Köln 1975.

André Bazin: Le Western, ou, le cinéma Américain par excellence. Vorwort zu Jean-Louis Rieupeyrout: Le Western, ou, le cinéma Américain par excellence. Paris 1953. Dtsch. Übersetzung in: Jean-Louis Rieupeyrout: Der Western. Bremen 1963, und A. Bazin: Was ist Kino? Bausteine zur Theorie des Films. Köln 1975.

Herman Beddig: Legalität im Western. Hannover 1966.

Raymond Bellour/Patrick Brion (Hg.): Le Western. Sources, thèmes, mythologies, auteurs, acteurs, filmographies. Paris 1966.

Hans C. Blumenberg: Wanted. Steckbriefe aus dem wilden Westen. Düsseldorf 1970.

Peter Bogdanovich: John Ford. London 1968.

Franz Born: Die Eroberung des Wilden Westens. München/Berlin 1953.

Ralph Brauer mit Donna Brauer: The Horse, the Gun and the Piece of Property. Changing Images of the TV Western. Bowling Green 1975.

Dee Brown: Bury my Heart at Wounded Knee. New York 1971. Dtsch.: Ders.: Begrabt mein Herz an der Biegung des Flusses. Hamburg 1972.

Dee Brown: The Westerners. London 1974. Dtsch.: Ders.: Im Westen ging die Sonne auf. Hamburg 1976.

Gian Brunetta: Aspetti narrativi del cinema western. Grado 1971.

Michael Burrows: John Ford and Andrew V. McLaglen. St. Austell (Cornwall) o. J. (1970).

Jenni Calder: There must be a Lone Ranger. The Myth and Reality of the American Wild West. London 1974.

Roberto Campari: Western e mito. Grado 1971.

George Carprozi jr.: The Gary Cooper Story. New Rochelle 1970.

Donald Carter: The Western. Ottawa 1966.

John G. Cawelti: The Six-Gun Mystique. Bowling Green 1971.

Antonio Chiattone: Il Film western. Mailand 1949.

Judith Christ: The Private Eye, the Cowboy and the Very Naked Girl. New York 1968.

Walter C. Clapham: Western Movies. The Story of the West on the Screen. London 1974.

Gary Cooper: Gib dem Glück die Sporen. Hamburg 1958.

Ernest A. Corneau: The Hall of Fame of Western Film Stars. North Quincy 1969.

Jessie Cresland: Outlaws in Fact and Fiction. London 1959.

Raymond de Becker: De Tom Mix à James Dean, ou, le mythe de l'homme dans le cinéma américain. Paris 1959.

Manfred Delling: Bonanza & Co. Reinbek 1976.

Bernard DeVoto: Across the Wide Missouri. Boston 1947.

Homer Dickens: The Films of Gary Cooper. Secaucus 1970.

David Downing/Gary Herman: Clint Eastwood. All-American Anti-Hero. London/New York/Cologne/Sydney 1977.

F. E. Emery/David Martin: Psychological Effects of the «Western» Film. A Study in Television Viewing. Melbourne 1957.

Lucienne Escoube: Gary Cooper. Le cavalier de l'ouest. Paris 1965.

Max Evans: Sam Peckinpah. Master of Violence. Being an Account of the Making of a Movie and Other Sundry Things. Vermillion 1972.

William K. Everson: The Bad Guys. A Pictorial History of the Movie Villain. Secaucus 1964.

William K. Everson: A Pictorial History of the Western Film. Secaucus 1969.

Allen Eyles: John Wayne and the Movies. New York 1977.

Allen Eyles: The Western. An Illustrated Guide and Index to 2200 Films. London 1967.

Allen Eyles: The Western. South Brunswick/New York/London 1975.

Allen Eyles (Hg.): Western Film Album. Shepperton 1971.

George N. Fenin/William K. Everson: The Western from Silents to Cinerama. New York 1962.

George N. Fenin/William K. Everson: The Western from Silents to the Seventies. New York 1973.

Leslie Fiedler: The Return of the Vanishing American. New York 1968. Dtsch.: Ders.: Die Rückkehr des verschwundenen Amerikaners. Frankfurt 1970.

Charles Ford: Histoire du Western. Paris 1964.

John Ford/Dudley Nichols: Stagecoach. A Film. London 1971.

Joe B. Frantz/Julian Ernest Choate: The American Cowboy. The Myth and the Reality. Norman 1955.

Philip French: Westerns. London 1973.

Ralph Friar/Natasha Friar: The Only Good Indian . . . The Hollywood Gospel. New York 1972.

Pierre Galante/Gaston Bonheur/Bolandarus Sills: Die Eroberung des Wildens Westens. Das Buch zum Cinerama-Film «Das war der Wilde Westen». Ravensburg 1963.

Harry M. Geduld (Hg.): Focus on D. W. Griffith. Englewood Cliffs 1971.

Hans Gerhold: Handlungsmuster, Rituale und Rollenverhalten in Trivialfilmen, dargestellt am Beispiel des Italo-Western 1964-1969. Magisterarbeit. Universität Münster 1976.

Alice Goetz/Helmut W. Banz: Lexikon des Italo-Western. Die Produktion 1963 bis 1968/69, die Regisseure, die Pseudonyme, die deutschen Titel, die 20 besten Italo-Western. In: Film 1969. Chronik und Bilanz des internationalen Films. Velber 1969.

Ulrich Gregor/Enno Patalas: Der Western und seine Regisseure. In: Dies.: Geschichte des modernen Films. Gütersloh 1965.

Friedemann Hahn: Der Italo-Western. Berlin 1973.

Phil Hardy: Aspects of the Western. Budd Boetticher and Anthony Mann. Sussex University, Brighton 1969.

Phil Hardy: Samuel Fuller. London 1970.

William S. Hart: My Life East and West. Boston 1929, 1966[2].

Philippe Haudiquet: John Ford. Paris 1966.

Joe Hembus: Western-Geschichte 1540-1894. Chronologie, Mythologie, Filmographie. München 1979.

Joe Hembus: Western-Lexikon. 1272 Filme von 1894-1975. Mit einem Vorwort von Sergio Leone. München 1976.

Joe Hembus: Western-Lexikon. 1324 Filme von 1894-1978. München 1978.

Joe Hembus: Western von gestern. München 1978.

James D. Horan/Paul Sann: Pictorial History of the Wild West. London 1961.

Larry K. Jacobson: Christus Americanus. Mythic Origins of the Western. University of Minnesota 1974.

I. C. Jarvie: Western und Gangsterfilm: Zur Soziologie gewisser Legenden. In: Ders.: Film und Gesellschaft. Struktur und Funktion der Filmindustrie. Stuttgart 1974.

Rene Jordan: Gary Cooper. New York 1974.

Tullio Kezich (Hg.): Il western maggiorenne. Saggi e documenti sulla film storico americano. Trieste 1953.

Tullio Kezich: John Ford. Parma 1958.

Donald H. Kirkley: A Descriptive Study of the Network Television Western During the Season 1955/56–1962/63. Dissertation. Ohio University 1967.

Jim Kitses (Hg.): Budd Boetticher. The Western. London o. J. (1969).

Jim Kitses: Horizons West. Anthony Mann, Budd Boetticher, Sam Peckinpah. Studies of Authorship Within the Western. London 1969.

Horst Königstein: Es war einmal ein Western: Stereotyp und Bewußtsein. Wie sich marktkonforme Ästhetik selber zum Thema macht und was der Italo-Western damit zu tun hat. In: Herman K. Ehmer (Hg.): Visuelle Kommunikation. Beiträge zur Kritik der Bewußtseinsindustrie. Köln 1971.

Kalton C. Lahue: Bound and Gagged. The Story of the Silent Serials. New York 1968.

Kalton C. Lahue: Continued Next Week. A History of the Moving Picture Serial. Norman 1964.

Kalton C. Lahue: Riders of the Range. The Sagebrush Heroes of the Sound Screen. New York 1973.

Kalton C. Lahue: Winners of the West. The Sagebrush Heroes of the Silent Screen. South Brunswick/New York/London 1970.

Gilles Lambert: Les bons, les sales, les méchants et les propres de Sergio Leone. Paris 1976.

John Howard Lenihan: Western Movies: A Study of American Popular Culture and Society Since 1945. Dissertation. University of Maryland 1976.

Wolf Lepenies: Der Italo-Western. Ästhetik und Gewalt. In: Karsten Witte (Hg.): Theorie des Kinos. Ideologiekritik der Traumfabrik. Frankfurt 1972.

Jean-Louis Leutrat: Le Western. Paris 1973.

Joseph McBride/Michael Wilmington: John Ford. London 1974.

Todd McCarthy/Charles Flynn: Kings of the Bs. Working Within the Hollywood System. An Anthology of Film History and Criticism. New York 1975.

Arthur McClure/Ken D. Jones: Heroes, Heavies and Sagebrush. A Pictorial History of the «B» Western Player. New York 1972.

Tim McCoy mit Ronald McCoy: Tim McCoy Remembering the West. An Autobiography. Garden City 1977.

Larry McMurtry: Cowboys, Movies, Myths and Cadillacs: Realism in the Western. In: W. R. Robinson (Hg.): Man and the Movies. Baltimore 1967.

Frank Manchel: Cameras West. Englewood Cliffs 1971.

Richard A. Maynard: The American West on Film. Myth and Reality. Rochelle Park 1974.

Richard M. Merelman: Mass Culture and Political Ideology. The Television Western. Dissertation. Yale University 1965.

Don Miller: Hollywood Corral. New York 1976.

Jean Mitry: Ince. In: Anthologie du Cinéma. Band 9. Paris 1965.

Olive Stokes Mix mit Eric Heath: The Fabulous Tom Mix. Englewood Cliffs 1957.

Paul E. Mix: The Life and Legend of Tom Mix. South Brunswick/New York/ London 1972.

Jack Nachbar (Hg.): Focus on the Western. Englewood Cliffs 1974.

John G. Nachbar: Western Films. An Annotated Critical Bibliography. New York/London 1975.

Kemp R. Niver: The Battle at Elderbush Gulch. Los Angeles 1972.

James Robert Parish: Great Western Stars. New York 1976.

James Robert Parish/Don E. Stanke: The All-Americans. New Rochelle 1977.

James Robert Parish/Michael Pitts: The Great Western Pictures. Metuchen 1976.

Michael Parkinson/Clyde Jeavons: A Pictorial History of Westerns. London 1972.

Michael Pehlke: High Chapparal. In: Friedrich Knilli (Hg.): Die Unterhaltung der deutschen Fernsehfamilie. München 1971.

J. A. Place: The Western Films of John Ford. Secaucus 1974.

Ernest Prodolliet: Lexikon des Wilden Westens. Geschichte und Filme. Zürich 1963.

Mark Ricci/Boris Zmijewsky/Steve Zmijewsky: The Films of John Wayne. New York 1970.

Jean-Louis Rieupeyrout: La grande aventure du Western. Du far west à Holly- wood (1894–1963). Paris 1964.

Jean-Louis Rieupeyrout: Histoire du far west. Paris 1967.

Jean-Louis Rieupeyrout: Le Western, ou, le cinéma Américain par excellence. Paris 1953. Dtsch.: Ders.: Der Western. Geschichten aus dem Wilden Westen. Die Geschichte des Wildwest-Films. Bremen 1963.

David Rothel: Who was that Masked Man? The Story of the Lone Ranger. South Brunswick/London 1976.

Andrew Sarris: John Ford Movie Mystery. London 1976.

Georg Seeßlen: Die Kunst des Western. Materialien, Bildbeispiele, Dokumenta- tion. Schondorf/Ammersee 1979.

Georg Seeßlen: Western. In: Ders./Bernt Kling: Unterhaltung. Lexikon zur po- pulären Kultur. Band 1. Reinbek 1977.

Peter H. Schröder (Zusammenst.): Western Retrospektive. Dokumentation zu den XI. Westdeutschen Kurzfilmtagen Oberhausen. Oberhausen 1965.

Louis Garner Simmons: The Cinema of Sam Peckinpah and the American We- stern. A Study of the Interrelationship Between an Auteur/Director and the Genre in Which he Works. Dissertation. Northwestern Unversity 1975.

Henry Nash Smith: Virgin Land. The American West as Symbol and Myth. Cambridge, Mass. 1970[2].

Jack Spears: The Civil War on the Screen and Other Essays. South Brunswick/New York/London 1977.

F. Maurice Speed: The Western Film Annual. London 1951/1952/1953.

F. Maurice Speed: The Western Film and TV Annual. London 1960/1961/1962.

Laurence Staig/Tony Williams: Italian Western. The Opera of Violence. London 1975.

H. J. Stammel: Der Cowboy. Legende und Wirklichkeit. Ein Lexikon der amerikanischen Pioniergeschichte in zwei Bänden. Reinbek 1976.

Jon Tuska (Hg.): The Contract Director. Metuchen 1976.

Jon Tuska: The Filming of the West. Garden City 1976.

Verband der deutschen Filmclubs e. V. (Hg.): Aspekte des italienischen Films II. Der Italo-Western. Eine Übersicht. Ausgewählt und zusammengestellt von Alice Goetz und Helmut W. Banz. o. O. 1969.

Jean Wagner: Anthony Mann 1906–1967. In: Anthologie du Cinéma. Band 4. Paris 1968.

Eric Warman/Tom Vallance: Westerns. London 1964.

Robert Warshow: Movie Chronicle. The Westerner. In: Ders.: The Immediate Experience. Movies, Comics, Theater and Other Aspects of Popular Culture. Garden City 1962.

Will Wehling (Hg.): Delmer Daves. Dokumentation von Joachim Kreck. Oberhausen 1972.

John Williams: ‹The Western›. Definition of the Myth. In: Irving Deer/Harriet A. Deer (Hg.): The Popular Arts. A Critical Reader. New York 1967.

Arthur Wise/Derek Ware: Stunting in the Cinema. London 1973.

Robin Wood: Howard Hawks. London 1968.

Will Wright: Sixguns and Society. A Structural Study of the Western. Berkeley/Los Angeles/London 1975.

Maurice Zolotow: John Wayne. Shooting Star. London/New York 1974.

Georg Zurlo: Strukturelle Untersuchungen zu Western-Texten. In: W. A. Koch (Hg.): Textsemiotik und strukturelle Rezeptionstheorie. Hildesheim 1976.

2. Zeitschriftenartikel

Karl Aeschbach: Geschichte und Mythos. In: «Cinema» Nr. 42. Adliswil 1965.

Karl Aeschbach: Der Western ohne Helden. Veränderungen im amerikanischen Wildwestfilm: In: «Cinema» Nr. 61. Frühjahr. Adliswil 1970.

Georg Alexander: Die ethischen Werte der amerikanischen horse-opera. In: «Film» Nr. 4. April. Velber/Hannover 1967.

Georg Alexander: Western – das internationale Gesellschaftsspiel. In: «Film» Nr. 12. Dezember. Velber/Hannover 1967.

Guy Allombert: Chevauchées infernales et poursuites fantastiques ouest de A à Z. In: «Cinématographie Francaise». Juni–Juli. Paris 1964.

Guy Allombert: «La Frontière» avant et dans le nouveau Western. In: «La Revue du Cinéma Image et Son» Nr. 258. März. Paris 1972.

Barthélemy Amengual: Notes sur le Neo Western. In: «Image et Son» Nr. 97. Dezember. Paris 1956.

Joseph L. Anderson: Japanese Swordfighters and American Gunfighters. In: «Cinema Yournal» Nr. 2. Frühjahr. Iowa City 1973.

Joseph L. Anderson: When the Twain Meet. Hollywood's Remake of The Seven Samurai. In: «Film Quarterly» Nr. 3. Frühjahr. Berkeley 1962.

Valério Andrade: A fronteira movel. In: «Filme cultura» Nr. 15. Juli–August. Rio de Janeiro 1970.

Guido Aristarco: Il Western all'italiana et la lettera rubata di Poe. In: «Cinema nuovo» Nr. 179. Januar–Februar. Milano 1966.

George-Albert Astre: Existe-t-il une «pensée sauvage» du Western? Problems et fonctions du Western. Les heros de Western: types et stereotypes. In: «Cinema» Nr. 172. Januar. Paris 1973.

George-Albert Astre: Reportage nostalgique à Kanab (Utah) aux sources du Western. In: «Cinema» Nr. 196. März. Paris 1975.

David Austen: Continental Westerns. In: «Films and Filming» Nr. 10. Juli. London 1971.

Robert Avrech/L. Gross: Revisionist Westerns. John Wayne Will Never be the Same. In: «Millimeter» Nr. 7–8. Juli–August. New York 1975.

Klaus Bädekerl: Western und Italowestern. In: «Filmkritik» Nr. 10. München 1969.

Thomas Baird: Time and the Cowboys. In: «World Film News». August. London 1938.

Rémy G. Baisselin: Poetics of the Western. In: «British Yournal of Aesthetics» Nr. 2. London 1962.

Bob Baker/D. J. Badder et al.: A Western A-B-C. In: «Kinema» Nr. 3. Herbst. Nottingham 1971.

Pio Baldelli: Western à l'italienne. In: «Image et Son» Nr. 206. Mai. Paris 1967.

Warren J. Barker: The Stereotyped Western Story. Its Latent Meaning and Psychoeconomic Function. In: «Psychoanalytic Quarterly» Nr. 24. April. New York 1955.

Charles Barr: Western. In: «Axle Quarterly» Nr. 3. Frühjahr. London 1963.

John A. Barsness: A Question of Standard. In: «Film Quarterly» Nr. 1. Herbst. Berkeley 1967.

Gretchen M. Bataille/Charles L. P. Silet: A Checklist of Published Materials on Popular Images of the Indian in the American Film. In: «The Journal of the Popular Film» Nr. 2. Vol. V. Bowling Green 1976.

Pierre Baudry: L'idéologie du Western Italien. In: «Cahiers du Cinéma» Nr. 233. November. Paris 1971.

Lewis Beale: The American Way West. An American's View of His Cultural Heritage, and the Difference Between the ‹Old› and the ‹New› Western. In: «Films and Filming» Nr. 7. April. London 1972.

Robin Bean: Way Out West in Yugoslavia. In: «Films and Filming» Nr. 12. September. London 1965.

Raymond Bellour: Femmes de l'ouest. In: «Cinema 62» Nr. 68. Juli–August. Paris 1962.

Robert Benayoun: Billy the Kid ou la crise de croissance. In: «Présence du Cinéma» Nr. 2–3. Paris 1959.

Claude Benoit: Quatre ans de Westerns. In: «Jeune Cinéma» Nr. 49. September–Oktober. Nr. 51. Dezember–Januar. Paris 1970/1971.

Wilfried Berghahn: Reservate in Zelluloid. In: «Filmkritik» Nr. 11. München 1964.

Gert Berghoff: Zur Topographie des Western. Teil I/Teil II. In: «Filmstudio» Nr. 37/Nr. 38. November/Februar. Frankfurt 1962/1963.

Claude Beylie: Les très belles heures du fan de Western. In: «Présence du Cinéma» Nr. 2–3. Paris 1959.

Trevor Blount: Violence in the Western. In: «Kinema» Nr. 3. Herbst. Nottingham 1971.

George Bluestone: The Changing Cowboy. From Dime Novel to Dollar Film. In: «Western Humanities Review» Vol. 14. Sommer. Salt Lake City 1960.

William Blum: Toward a Cinema of Cruelty. In: «Cinema Journal» Nr. 2. Frühjahr. Iowa City 1971.

Budd Boetticher: Im Western gibt es keine Botschaft. In: «Film» Nr. 10. Oktober–November. Velber/Hannover 1964.

Yves Boisset: L'ouest, terre de cruaute. In: «Cinema 62» Nr. 68. Juli–August. Paris 1962.

Ralph Brauer: Who are Those Guys? The Movie Western During the TV Era. In: «The Yournal of Popular Film» Nr. 4. Herbst. Bowling Green 1973. (Nachgedruckt in: Jack Nachbar (Hg.): Focus on the Western. Englewood Cliffs 1974.)

Douglas Brode: Reflections on the Tradition of the Movie Western. In: «Cineaste» Nr. 2. Herbst. New York 1968.

Wolf-Eckart Bühler: Aus meinem kleinen grünen Notizbüchlein: Settimana Internazionale del Cinema Grado, Italia, 11.–18. Sept. 1971. West: epopea o mito? (Stummfilm-Western). In: «Filmkritik» Nr. 11. München 1971.

Wolf-Eckart Bühler/Helmut H. Färber: Amerikanische Western 1962–1972. Ein Verzeichnis aller in den USA von 1962 bis 1970 hergestellten und in der BRD gezeigten Western. In: «Filmkritik» Nr. 8. München 1971. Nachtrag Nr. 10. München 1971.

Michelangelo Buffa: Il mito di fronte alla storia. In: «Filmcritica» Nr. 234–235. Mai–Juni. Roma 1973.

Howard A. Burton: High Noon: Everyman Rides Again. In: «The Quarterly of Film, Radio and Television» Vol. 8. Nr. 1. Herbst. Berkeley 1973.

Edward Buscombe: The Idea of Genre in the American Cinema. In: «Screen» Nr. 2. März–April. London 1970.

John G. Cawelti: Cowboys, Indians, Outlaws. The West in Myth and Fantasy. In: «The American West» Vol. 1. Nr. 1. Frühjahr. Palo Alto, Calif. 1964.

John G. Cawelti: The Gunfighter and Society. Good Guys, Bad Guys, and Compulsives. A View of the Adult Western. In: «The American West» Vol. 5. Nr. 2. März. Palo Alto, Calif. 1968.

John G. Cawelti: Prolegomena to the Western. In: «Western American Literature» Vol. 4. Winter. Logan, Utah 1970.

John G. Cawelti: Reflections on the New Western Films. In: «The University of Chicago Magazine» Januar–Februar. Chicago 1973. (Nachgedruckt in: Jack Nachbar (Hg.): Focus on the Western. Englewood Cliffs 1974.)

John G. Cawelti: Zane Grey and W. S. Hart. The Romantic Western of the 1920s. In: «The Velvet Light Trap» Nr. 12. Frühjahr. Cottage Grove, Wisconsin 1974.

Jacques Chevalier: Les tuniques bleues privées de leur légende. In: «La Revue du Cinéma Image et Son» Nr. 258. März. Paris 1972.

Claude-Michel Cluny: Chassez le Western, il revient au galop. In: «Cinéma 73» Nr. 178–179. Juli–August. Paris 1973.

Juan Cobos: Los hombres que han camindo por la pista de oeste. In: «Film Ideal» Nr. 63. Madrid 1963.

Richard Collins: Genre. A Reply to Ed Buscombe. In: «Screen» Nr. 4–5. August–September. London 1970.

James Cortese: Bourgeois Myth and Anti-Myth. The Western Hero of the Fifties. In: «Substance» Nr. 15. Madison, Wisconsin 1976.

Judith Christ: Special Report: The Western. The Great Dozen. The Great Dozen: A Critique. In: «Action» Nr. 3. Mai–Juni. Hollywood 1970.

Ralph C. Croizier: Beyond East and West. The American Western and the Rise of the Chinese Swordplay Movie. In: «The Journal of Popular Film» Nr. 3. Sommer. Bowling Green 1972.

Massimo D'Avack: Il Western. In: «Filmselezione» Nr. 19–20. Roma 1965.

Fernando Fausto de Almeida: O Western moderno. In: «Celuloide» Nr. 63. März. Rio Maior, Portugal 1963.

Michel Delahaye: De cinq Western exceptionnels. In: «Présence du Cinéma» Nr. 2–3. Paris 1959.

Michel Delahaye: Vers une réconciliation raciale. In: «Présence du Cinéma» Nr. 2–3. Paris 1959.

Jacques Demeure: Defense et illustration du Western. In: «Positif» Nr. 12. November–Dezember. Paris 1954.

Avelino Dias: Cavaleiros de duas épocas. In: «Celuloide» Nr. 63. März. Rio Maior, Portugal 1963.

Ivan Dobremer: . . . et Amérique créa le Western. In: «Cinemonde» vom 25. Juli. Paris 1967.

Jarvis Doctorow: Westerns à la chaine. In: «Image et Son» Nr. 44. September. Paris 1951.

Raoul Dubois: Western notre souci. In: «Ciné Jeunes» Nr. 18. Paris 1959.

Philip Durham: The Cowboy and the Myth Makers. In: »Journal of Popular Culture» Vol. 1. Nr. 1. Sommer. Bowling Green 1967.

Peter John Dyer: A Man's World. In: «Films and Filming» Nr. 8. Mai. London 1959.

Jürgen Ebert: Spätwestern. In: «Filmkritik» Nr. 7. München 1971.

Frederick Elkin: The Psychological Appeal of the Hollywood Western. In: «Journal of Educational Psychology» Vol. 24. Washington o. J. (Nachgedruckt als: The Psychological Appeal for Children of the Hollywood B Western. In: Jack Nachbar (Hg.): Focus on the Western. Englewood Cliffs 1974.)

P. E. Emery: Psychological Effects of the Western Film. A Study in Television Viewing. In: «Human Relations» Vol. 12. Nr. 3. New York 1959.

Gary Engle: ‹McCabe and Mrs. Miller›. Robert Altman's Anti-Western. In: «The Journal of Popular Film» Nr. 4. Herbst. Bowling Green 1972.

Kathryn C. Esselman: When the Cowboy Stopped Kissing His Horse. In: «Journal of Popular Culture» Vol. 6. Nr. 2. Herbst. Bowling Green 1972.

Richard E. Etulain: Origins of the Western. In: «Journal of Popular Culture» Vol. 5. Nr. 4. Frühjahr. Bowling Green 1972. (Nachgedruckt als: Cultural Origins of the Western Film. In: Jack Nachbar (Hg.): Focus on the Western. Englewood Cliffs 1974.)

Richard W. Etulain: Literary Historians and the Western. In: «Journal of Popular Culture» Vol. 4. Nr. 2. Herbst. Bowling Green 1970.

John W. Evans: Modern Man and the Cowboy. In: «Television Quarterly» Mai. New York 1962.

William K. Everson: Europe Produces Westerns Too. In: «Films in Review» Nr. 2. Februar. New York 1953.

William K. Everson/George N. Fenin: The European Western. In: «Film Culture» Nr. 20 (Vol. 4. Nr. 5). New York 1959.

Helmut Färber: Einige Notizen über amerikanische Western. In: «Filmkritik» Nr. 9. München 1975.

George N. Fenin: The Western – Old and New. In: «Film Culture» Nr. 8 (Vol. 2. Nr. 2). Mai–Juni. New York 1956.

Emidio Fernandes: A Evolução do Western. In: «Celuloide» Nr. 63. März. Rio Maior, Portugal 1963.

Franco Ferrini: I generi classici del cinema americano. Western. In: «Bianco e Nero» Nr. 3–4. März–April. Rom 1974.

Robert Florey: TV Corral. In: «Cinema 62» Nr. 68. Juli–August. Paris 1962.

Goffredo Fofi: Lettre d'italie: les Western et le reste. In: «Positif» Nr. 76. Juni. Paris 1966.

Carl Foreman: Virtue and a Fast Gun. In: «Observer Colour Supplement» vom 10. Oktober. London 1965.

Eliza Franklin: Westerns, First and Lasting. In: «The Quarterly of Film, Radio and Television» Vol. 7. Nr. 2. Berkeley 1952.

René Gardies: Sur la construction dramatique de deux Westerns de Boetticher. In: «La Révue du Cinéma Image et Son» Nr. 260. April. Paris 1972.

Alain Garel: La femme dans le Western. In «Ecran 74» Nr. 28. August–September. Paris 1974.

Patrick Gaulier: Approche du Western (1965–1971). In: «La Révue du Cinéma Image et Son» Nr. 258. März. Paris 1972.

Guy Gauthier: Mort et résurrection du Western. In: «La Révue du Cinéma Image et Son» Nr. 258. März. Paris 1972.

Guy Gauthier/Jacques Zimmer: Western et bande dessinée. Introducing Goscinny et Giraud. In: «La Révue du Cinéma Image et Son» Nr. 260. April. Paris 1972.

Dan Georgakas: They Have Not Spoken. American Indians in Film. In: «Film Quarterly» Nr. 3. Frühjahr. Berkeley 1972.

Frank Getlein: How the West Was Lost. In: «American Film» Nr. 1. Oktober. Washington 1976.

Jenn A. Gili: Une amérique crépusculaire. Notes sur la situation du Western. In: «Cinema 71» Nr. 154. März. Paris 1971.

Jean A. Gili: Western et chansons de geste. In: «Etudes Cinématographiques» Nr. 12–13. Paris 1961.

Lionel Godfrey: A Heretic's View of Westerns. In: «Films and Filming» Nr. 8. Mai. London 1967.

Alex Gordon: Trivia. In: «Cinema» Vol. 5. Nr. 1. Beverly Hills 1969.

Sandro Graziani: Western Italiano Western Americano: In: «Bianco e Nero» Nr. 9–10. September–Oktober. Roma 1970.

Roland Hammer: Der Western. Saga Amerikas. In: «Cinema» Nr. 42 (Vol. 2. Nr. 2). Adliswil 1965.

Philippe Haudiquet: Notes sur la représentation des indiens dans le Western contemporain. In: «La Révue du Cinéma Image et Son» Nr. 260. April. Paris 1972.

Gaston Haustrate: Faut-il brûler les Western Italiens. In: «Cinema 71» Nr. 154. März. Paris 1971.

Klaus Hellwig/Theodor Kotulla/Uwe Nettelbeck/Enno Patalas/Peter H. Schröder: Kommentierte Westernografie I/II/III. In: «Filmkritik» Nr. 2/Nr. 3/Nr. 4. München 1965.

B. Hodsdon: Grenre. A Review. In: «Cinema Papers» Dezember. Richmond, Australien 1974.

Peter Homans: Puritanism revisited. An Analysis of the Contemporary Screen-Image Westerns. In: «Studies in Public Communication» Nr. 3. Sommer. Chicago 1961. (Nachdruck in: Jack Nachbar (Hg): Focus on the Western. Englewood Cliffs 1974).

Herbert L. Jacobson: Cowboy, Pioneer and American Soldier. In: «Sight and Sound» Nr. 4. April–Juni. London 1953.

Bruno Jaeggi: Den Western verstehen. In: «Zoom-Filmberater» Nr. 6. Bern/Zürich 1973.

Jean-Pierre Jeancolas: Quand l'amérique se gratte. In: «Jeune Cinéma» Nr. 49. September–Oktober. Paris 1970.

Alain Jomy: West all'italiano. In: «Image et Son» Nr. 218. Juni–Juli. Paris 1968.

Robert Joseph: The New American Mythology. In: «Cinema» Vol. 5. Nr. 2. Beverly Hills 1969.

Stuart Kaminsky: Once Upon a Time in Italy. The Italian Western Beyond Leone. In: «Velvet Light Trap» Nr. 12. Frühjahr. Cottage Grove, Wisconsin 1974.

Stuart M. Kaminsky: The Samurai Film and the Western. In: «The Journal of Popular Film» Nr. 4. Herbst. Bowling Green 1972.

Karyn Kay: You Can Get a Man With a Gun or the True Story of Annie Oakley. In: «The Velvet Light Trap» Nr. 8. Madison, Wisconsin 1973.

Tullio Kezich: Rinascita de Western. Da «Rio Conchos» al «Grande Sentiero». In: «Bianco e Nero» Nr. 3. März. Roma 1965.

Tullio Kezich: Il «Western» è vivo: ma vivo come? In: «Bianco e Nero» Nr. 1–2. Januar–Februar. Roma 1968.

Pamela King: Vestiges. In: «Films in Review» Nr. 5. Mai. New York 1970.

Werner Kliess: Kino das frei macht. Gedanken zum Italo-Western. In: «Film 1969. Chronik und Bilanz des internationalen Films». Velber bei Hannover 1969.

Hans-Peter Kochenrath: Der italienische Western. In: «Film» Nr. 10. Velber bei Hannover 1968.

Yves Kovacs: Mythologie du Western. Charactéristiques générales du Western. In: «Etudes Cinématographiques» Nr. 12–13. Paris 1961.

Paul Krellstein: Pourquoi le Western? In: «Script» Nr. 3. Februar. Bruxelles 1962.

Dieter Krusche: Fünfzig Jahre Wildwestfilm. In: «Filmforum» Nr. 11. August. Emsdetten 1953.

Péter Kuczka: Colt és kalap. Jegyzetek a westernröl. In: «Filmkultura» Nr. 5. September–Oktober. Budapest 1978.

Frank Lacassin: Les héros. In: «Cinema 62» Nr. 68. Juli–August. Paris 1962.

Francis Lacassin: Le Héros désintegré. In: «La Révue du Cinéma Image et Son» Nr. 260. April. Paris 1972.

Pierre Lachat: Der Italo-Western. Originalität und Abhängigkeit. In: «Cinema» Nr. 61 (Vol. 16. Nr. 1). Frühjahr. Adliswil 1970.

Jacqueline Lajeunesse/Charles Dautricourt: Les enfants et le Western. In: «La Révue du Cinéma Image et Son» Nr. 260. April. Paris 1972.

Robert Larkins: Hollywood and the Indians. In: «Focus on Film» Nr. 2 März–April. London 1970.

Claude Le Gallou: Les ressorts dramatiques du décor dans le Western. In: «Etudes Cinématographiques» Nr. 12–13. Paris 1961.

Alan Lovell: The Western. In: «Screen Education» Nr. 41. September–Oktober. London 1967.

José Maria Pérez Lozano: Introduccional Western. In: «Film Ideal» Nr. 63. Madrid 1961.

Peter Lyon: The Wild, Wild West. In: «American Heritage» August. Marion, Ohio 1960.

Colin McArthur: The Roots of the Western. In: «Cinema» Nr. 4. Oktober. London 1969.

Larry McMurtry: Pencils West: or a Theory For the Shoot-'Em-Up. In: «American Film» Nr. 1. Oktober. Washington 1976.

Michael T. Marsden: Savior in the Saddle. The Sagebrush Testament. In: Jack Nachbar (Hg.): Focus on the Western. Englewood Cliffs 1974.

Felix Martialay: Mitologia y evolucion del Western. In: «Film Ideal» Nr. 63. Madrid 1961.

Joachim von Mengershausen: Ein Schieß-Spiel. Anmerkungen zur italienischen Spielart des Wildwestfilms. In: «Film» Nr. 1. Velber bei Hannover 1967.

Robert B. Meyers: Theory Number One. Dissecting an Interpretation. In: «The Journal of Popular Film» Nr. 3. Bowling Green 1973.

Don Miller: New Words on Old Westerns. In: «Focus on Film» Nr. 11. London 1972.

Tom Milne: The Western. In: «Sunday Times Magazine Cinema Supplements». London 1970.

George Mitchell: Thomas H. Ince. In: «Films in Review» Nr. 8. Oktober. New York 1960.

Jean Mitry: Gespräch über den Western (mit Gert Berghoff/Wolfgang Vogel). In: «Filmstudio» Nr. 37. November. Frankfurt 1962.

Jean Mitry: Thomas H. Ince. In: «Cahiers du Cinéma» Nr. 19. Januar. Paris 1953.

Gaston Modot: Quand j'etais cow-boy. In: «Cinéma 62» Nr. 68. Juli–August. Paris 1962.

Fausto Montesanti: Le origini del «Western». Crepuscolo di una mitologia. In: «Bianco e Nero» Nr. 1–2. Januar–Februar 1968.

A. Moran: The Western in the 70's. In: «Lumiere» Nr. 32. März. Melbourne 1974.

Roland Müller: Kleine Filmgeschichte. In: «Cinema» Nr. 42 (Vol. 9. Nr. 2). Adliswil 1965.

Jack Nachbar: A Bibliography of Published Materials on Western Movies. In: «The Journal of Popular Film» Nr. 4. Herbst. Bowling Green 1973.

Jack Nachbar: Riding Shotgun. The Scattered Formula in Contemporary Western Movies. In: «The Film Journal» Nr. 4. September. Hollins College, Virginia 1973. (Nachdruck in: Jack Nachbar (Hg.): Focus on the Western. Englewood Cliffs 1974.)

Jack Nachbar: Seventy Years on the Trail. A Selected Chronology of the Western Movie. In: «The Journal of Popular Film» Nr. 1. Winter. Bowling Green 1973.

Uwe Nettelbeck: Der Western und die amerikanische Rechte. John Wayne als Beispiel. In: «Filmkritik» Nr. 5. München 1965.

(. . .): Européen par excellence. In: «Cinema 65» Nr. 92. Januar. Paris 1965.

Guido Oldrini: Decadenza e crisi del Western nella storia odierna deglia USA. In: «Cinema Nuovo» Nr. 231. September–Oktober. Firenze 1974.

Mario Orsini: Western silenzioso. In: «Filmcritica» Nr. 186. Februar. Roma 1968.

Roberto Paolella: Go west young man. Mito e poesia del Western. In: «Bianco e Nero» Nr. 1. Januar. Roma 1954.

William Park: The Losing of the West. In: «The Velvet Light Trap» Nr. 12. Cottage Grove 1974.

Eno Patalas: Der Western und seine Regisseure. In: «Filmkritik» Nr. 2. München 1965.

Thomas H. Pauly: Howard Hughes and his Western: ‹The Maverick Queen› and ‹The Outlaw›. In: «The Journal of Popular Film» Nr. 4. Bowling Green 1978.

Gerald Peary: Selected Sound Westerns and Their Novel Sources. In: «The Velvet Light Trap» Nr. 12. Frühjahr. Cottage Grove, Wisconsin 1974.

Paulo Perdigão: Signos e politica do Neo-Western. In: «Film Cultura» Nr. 16. September–Oktober. Rio de Janeiro 1970.

Janey Place: Structured Cowboys. In: «Jump Cut» Nr. 18. August. Berkeley 1978.

John Pratt: In Defence of the Western. In: «Films and Filming» Nr. 2. November. London 1954.

Douglas Pye: Genre and Movies. In: «Movie» Nr. 20. Frühjahr. London 1975.

B. Rajnov: Legendata za «Divija Zapad». In: «Kinoizkustvo» Nr. 7. Nr. 8. Juli. August. Sofia 1974.

Bert Reisfeld: Come-back der Cowboys. In: «Deutsche Film-Illustrierte» Nr. 23 vom 5. Juni. Düsseldorf 1951.

Jean-Louis Rieupeyrout: La grande Route du Western de 1954 à 1959. In: «Présence du Cinéma» Nr. 2–3. Paris 1959.

Jean-Louis Rieupeyrout: Histoire et légende. In: «Cinéma 62» Nr. 68. Juli–August. Paris 1962.

Jean-Louis Rieupeyrout: Quand la tv va vers l'ouest. In: «Cinéma 61» Nr. 54. März. Paris 1961.

Jean-Louis Rieupeyrout: The Western. A Historical Genre. In: «The Quarterly of Film, Radio and Television» Vol. 7. Nr. 2. Berkeley 1952.

T. J. Ross: Death and Deliverance in the Western. From «The Virginian» to «The Man Who Shot Liberty Valance». In: «Quarterly Review of Film Studies» Vol. 2. Nr. 1. Februar. Pleasantville 1977.

T. J. Ross: Fantasy and Form in the Western. From Hart to Peckinpah. In: «December» Herbst. Chicago 1970.

Roy Rowland: The Western as History. In: «Films in Review» Nr. 5. Mai. New York 1952.

Tom Ryall: The Notion of Genre. In: «Screen» Nr. 2. März–April. London 1970.

Jean-Marie Sabatier: Profil exemplaire d'un genre «Bis»: le «Spaghetti Western». In: «La Révue du Cinéma Image et Son» Nr. 305. April. Paris 1976.

George Sadoul: Western. In: «Ciné Jeunes» Nr. 18. Paris 1959.

Rémy G. Saisselin: Poetics of the Western. In: «British Journal of Aesthetics» Nr. 2. London 1962.

Frank Scheide: Mythicized Gunfighters of the Old West. The Men Behind the Legends. In: «The Velvet Light Trap» Nr. 8. Madison, Wisconsin 1973.

Peter Schneider: Die sieben Regeln der Pferdeoper. In: «Film» Nr. 3. Velber bei Hannover 1965.

Peter Schneider: Vom Nutzen des Klischees. Betrachtungen zum Wildwest-Film. In: «Sprache im Technischen Zeitalter» Nr. 13. Januar–März. Stuttgart 1965.

Abraham Segal/Jacques Zimmer: Histoire du Western Films 1953–1972. 120 Diapositives. Supplement à «L'Avant-Scène du Cinéma» Nr. 164. Paris 1975.

Louis Seguin: Men of the West. In: «Positif» Nr. 30. Juli. Paris 1969.

Günter Seuren: Der Western – Amerikas Nationalballade. In: «Film» Nr. 4. Oktober–November. München 1963.

Jack Spears: The Indian on the Screen. In: «Films in Review» Nr. 1. Januar. New York 1959.

John Sturges: How the West Was Won. In: «Films and Filming» Nr. 3. Dezember. London 1962.

Roger Tailleur: Children of the West. In: «Positif» Nr. 32. Februar. Paris 1960.

Roger Tailleur: Un été prodigieux. Lettre à un ami américain. In: «Positif» Nr. 80. Dezember. Paris 1966.

Roger Tailleur: Petit dictionnaire des scénaristes. In: «Présence du Cinéma» Nr. 2–3. Paris 1959.

Roger Tailleur: Le Western comme antée. In: «Cinéma 69» Nr. 132. Januar. Paris 1969.

John Terraine: End of the Trail. In: «Films and Filming» Nr. 10. Juli. London 1957.

P.-L. Thirard: La métamorphose du cow-boy. In: «Présence du Cinéma» Nr. 2–3. Paris 1959.

Paul Thomas: Fin de la «Frontière», mort de l'épopée. In: «Jeune Cinéma» Nr. 49. September–Oktober. Paris 1970.

Joseph F. Trimmer: «The Virginian». Novel and Films. In: «Illinois Quarterly» Nr. 2. Dezember 1972.

Andrew Tudor: Genre. Theory and Mispractise in Film Criticism. In: «Screen» Nr. 6. London 1970.

Jon Tuska: The American Western Cinema: 1903 – Present. In: «Views and Reviews» Vol. 5. Nr. 3. Milwaukee, Wisconsin 1974. (Nachdruck in: Jack Nachbar (Hg.): Focus on the Western. Englewood Cliffs 1974.)

Parker Tyler: The Horse. Totem Animal of American Films. In: «Sight and Sound» Nr. 63. Herbst. London 1947.

Jean Wagner: La musique dans le Western. Des variations sur le folk song. In: «La Révue du Cinéma Image et Son» Nr. 258. März. Paris 1972.

Jean Wagner/Bertrand Tavernier/Jean A. Gili: Notes sur les Westerns importants. In: «Etudes Cinématographiques» Nr. 12–13. Paris 1961.

Jean Wagner: Le Western, l'histoire et l'actualité. In: «Etudes Cinématographiques» Nr. 12–13. Paris 1961.

Mike Wallington: The Italian Western. A Concordance. In: «Cinema» Nr. 6–7. August. London 1970.

Alan Warner: Six-Gun Scoring. In: «Films and Filming» Nr. 1. Oktober. London 1969.

Alan Warner: Western Heroes. In: «Films and Filming» Nr. 5. Februar. London 1972.

Robert Warshow: Helden aus dem Goldenen Westen. In: «Der Monat» Nr. 66. März. Berlin 1954. Unter dem Titel: Der amerikanische Mythos. In: «Film 58» Nr. 3. Frankfurt 1958.

Richard Whitehall: The Heroes Are Tired. In: «Film Quarterly» Nr. 2. Winter. Berkeley 1966/67.

Jürgen Wilcke: Der Western. In: «Filmstudio» Nr. 35. Mai–Juli. Frankfurt 1962.

Ralph Willett: The American Western. Myth and Anti-Myth. In: «Journal of Popular Culture» Vol. 4. Herbst. Bowling Green 1970.

Ken Wlaschin: Birth of the ‹Curry› Western: Bombay '76. In: «Films and Filming» Nr. 7. April. London 1976.

Frederick Woods: Hot Guns and Cold Women. In: «Films and Filming» Nr. 6. März. London 1959.

Christian Zimmer: Le Western byzantin. In: «Etudes Cinématographiques» Nr. 12–13. Paris 1961.

Jacques Zimmer: Notes sur l'authenticité. In: «La Révue du Cinéma Image et Son» Nr. 258. März, Paris 1972.

Register der Filmtitel

Kursive Seitenzahlen verweisen auf Abbildungen.

Personenregister

Kursive Seitenzahlen verweisen auf Abbildungen.

Film
lexikon

Film als Kunst
Film als Unterhaltung
Film als Sprache
Film als Mythos
Film als Ware
Film als Handwerk
Film als Technik
Film als Industrie
Alles über Film

rororo film lexikon

Filme A–J

1

Filmbeispiele, Genres, Länder, Institutionen, Technik, Theorie

rororo film lexikon

Personen R–Z

6

Regisseure, Schauspieler, Kameraleute, Produzenten, Autoren

Herausgegeben
von Liz-Anne Bawden
Edition der
deutschen Ausgabe
von Wolfram Tichy

Taschenbuchausgabe
in 6 Bänden
rororo handbuch
6234/DM 54,–
Jeder Band ist auch
einzeln zum Preis von
DM 10,80 erhältlich

Das rororo Filmlexikon erfaßt
in 3000 Stichwortartikeln das
Medium weltweit und in allen
seinen Aspekten – als Kunstform
und Unterhaltungsware, als
Technologie und Industrie –
von den Anfängen bis heute.
Kein anderes Nachschlagewerk
in deutscher Sprache bietet
dem Filminteressierten mehr
Informationen.

Die **Bände 1–3** behandeln
– etwa 800 Filme mit künstle-
rischer, kommerzieller oder
historischer Bedeutung

– Bewegungen, Stile und Genres,
wichtige theoretische und kritische Arbeiten, gesellschafts-
politische Rahmenbedingungen
(Zensur, Propaganda)
– Produktionsfirmen und Film-
länder
– technische Entwicklungen und
Verfahren

Die **Bände 4–6** beschreiben
die wichtigsten Personen der
Filmgeschichte und -gegenwart:
– Schauspieler, Regisseure,
Kameraleute
– Produzenten, Kritiker,

Theoretiker
– Drehbuchautoren, Komponisten,
Designer.

Bibliographische Hinweise zu
jedem Stichwort und ein umfas-
sendes Sach- und Filmregister
mit allen erwähnten Filmen nach
Verleih- und Originaltitel
sowie ein vollständiges Perso-
nenregister machen
das Lexikon auch zu
einem Arbeitsbuch
für alle, die sich
mit Film professionell
befassen.

rororo